이제는 길이 읽기

이 책에 나와 있는 아이들 이름은 모두 가명임을 밝힙니다.

이제는 깊이 읽기

양효준 지음

맘에 드림

아이들이 책을 좋아하게 할 수 없을까?

어릴 적 나는 우리 아이들처럼 책 읽기를 싫어했다. 그래서일까? '아이들이 책을 좋아하게 할 수는 없을까?' 하는 생각을 품게 되었고, 위험한(?) 깊이 읽기가 시작되었다. 학기가 끝났고, 운 좋게도 이렇게 책을 쓰게 되었다. 처음 책을 쓰면서 '역시 이렇게 도전하고 보니 좋은 결과가 생긴다'며 스스로 위안했다. 자신감 넘치게 시작된 작업은 '내가 수업을 하게 된 건 도전이 아니라 무지와 오만함이 아니었을까?', '좀 더 준비해서 수업을 할 걸'이라는 반성과 아쉬움으로 끝을 맺었다. 그럼에도 용기를 낸 이유는 나의 부끄러움을 인정하고, 이 책을 통해 보다 많은 선생님과 함께하고 싶은 마음에서이다. 바람대로 이 계기를 통해 선생님들과 손을 잡고 나아갔으면 좋겠다.

이 책은 7장으로 구성되어 있는데, 3장까지 깊이 읽기에 대한 개론을 밝히고 있고, 4장부터 7장은 수업에서 활용되는 깊이 읽기를 보여주고 있다. 1장에서는 깊이 읽기의 의미와 함께 효과를 설명하고 있다. 2장에서는 깊이 읽기에 참여한 학생, 학부모들의 반응과 선생님들의 궁금증 등을 인터뷰 형식으로 담았다. 3장에서는 깊이 읽기 수업을 하기 위한 책 선정을 비롯해 구체적인 수업을 하기 위한 준비 과정을 제시했다.

2015년 한 해 동안 아이들과 《자전거 도둑》(박완서), 《10대를 위한 정의란 무엇인가》(마이클 샌델), 《이 세상에 태어나길 참 잘했다》(박완서)를 읽었다. 4장부터 6장까지 각각 이 책들로 수업한 교실 상황, 마지막 7장에서는 학년군별 특징을 살려 수업이 가능한 사례를 담았다. 1~2학년군 수업에서는 의정부 배영초등학교 김동현 선생님과 공동 협의를 통해 수업한 상황을 참고했고, 5~6학년군 수업은 방학 중 5~6학년 책 읽기 수업에서 진행한 수업을 참고했다.

이 책은 깊이 읽기를 다루고 있지만, 지난해 나와 함께한 아이들과의 수업 기록이기도 하다. 2015년은 설렘과 행복이 가득한 한 해였다. 짧은 1년 동안 '깊이 읽기'를 통해 이렇게 큰 변화가 있을 줄은 상상도 하지 못했다.

아이들은 어느 수업보다 국어 수업을 손꼽아 기다렸고, 호기심

으로 가득 찬 수업은 웃음이 넘쳤다. 학부모들 역시 "우리 아이가 꿈이 없었는데 국어 선생님이 되고 싶다고 해요.", "책 읽고 싶다고 사 달라고 해요."라며 이야기를 전했다. 그런 변화는 지난 1년 동안 내가 교사로 살아 있다는 것을 느끼게 했다.

부족한 원고를 긍정적으로 평가해 주신 방득일 대표님, 정성으로 교열해 주신 신윤철 주간님, 수업에 대한 지지를 해 주신 청성초 교직원 분들, '청성 어벤저스' 선생님들, 성심성의껏 도와준 전은정 선생님, 김동현 선생님, 바쁜 와중에 이 책이 나올 수 있도록 해 준 나의 정신적 멘토 김선희 선생님 외 많은 분께 감사의 인사를 전한다.

마지막으로 지금은 졸업을 해서 같이 수업하며 웃을 수 없지만, 한 해 동안 행복한 시간을 보낸 78회 청성초등학교 6학년 아이들에게 사랑의 말을 전한다. 이제 세상에 하나뿐인 이야기로 채워질 아이들의 책이 자못 궁금해진다.

2016년 2월 설레는 마음으로

양호준

깊이 읽으니 사람이 온다

민족의 명절 설을 바로 앞두고 고향에 가기 전에 이메일을 확인했다. 인터넷이 되지 않는 고향에서 급하게 일을 해야 할 상황을 미연에 방지하기 위함이었다. 받은편지함에는 10여 개의 읽지 않은 메일들이 있었다. 차례대로 읽어 가며 강의 요청한 곳에 먼저 원고를 보냈다. 원고를 비롯한 자료를 다 보내고 나니 하나의 이메일이 남았다. 그 이메일은 '안녕하세요. 교사 양효준입니다.'라는 제목으로 시작하고 있었다.

양효준, 낯선 이름이다. 자료를 요청하거나 질문이 담긴 내용이려니 했다. 2015년 학습연구년을 보내며 전국의 여러 학교를 찾아다니며 강의와 독서 모임을 했는데 다녀오고 나면 질문과 더불어 자료를 요청하는 경우가 많아서 응당 그러려니 했다. 이메일 내용은 아홉 줄로 간단했다. 먼저 내 책 《교육과정에 돌직구를 던져라》를 감명 깊게 읽었다고 인사를 전하고는 국어 시간에

교과서를 던지고 소설이나 비문학 책을 가지고 1년간 수업을 진행했는데 그 내용을 담아 책을 내려고 하니 추천사를 써 달라고 부탁했다. 긍정적인 답변을 기다리겠다는 말을 끝으로 전화번호가 남겨져 있었다. 기간도 그리 넉넉하지 않았다. 명절 끝나고 바로 보내야 했다.

　선뜻 전화를 못 했다. 지난해 너무 쉼 없이 달려서 명절만이라도 좀 편하게 쉬고 싶은 마음이었다. 물론 고생하는 아내를 생각하면 마음 편히 쉴 수도 없다. 그래도 눈치껏 거들고 나면 몸을 누일 수 있기에 명절을 기다리던 참이었다. 그런데 책 한 권 분량의 원고를 읽고 추천사를 써야 한다고 생각하니 썩 반가운 소식은 아니었다. 그래도 거절할 수 없었다. 내가 책을 낼 때도 그랬다. 2014년 11월이었으니 그리 오래 된 일도 아니다. 당시 나도 출판사가 부탁한 추천사를 써 주실 분을 찾고 부탁하느라 마음 졸였던 기억이 아직도 생생하다. 대충이라도 원고는 훑어보고 답을 해야 할 것 같아 남겨 놓은 연락처로 원고를 보내 달라는 문자를 보냈다. 원고를 보냈다는 답장이 바로 왔고, 나는 이메일에 담긴 원고를 내려 받아 설을 쇠러 고향집으로 갔다.

　명절 연휴 기간 틈나는 대로 읽었다. 오랜만에 만난 가족이 모여앉아 윷놀이도 하며 와자지껄하게 보내느라 집중해서 읽기가 쉽지 않았다. 그러나 시간은 촉박했다. 어떻게든 읽어야 했다. 짬짬이 원고를 읽어 가며 나는 서서히 글에 빠져들었다. 원고의 각 장에는 뭉클한 감동이 있었다. 이 감동이 없었더라면 그 어수선한 분위기에서 읽기 쉽지 않았으리라. 다음엔 어떤 감동이 숨어 있는지 궁금하여 모두 잠든 새벽에 일어나 원고를 마저 읽었다.

'이 책을 놓쳤으면 큰일 날 뻔했다!'

원고를 다 읽고 내 입에서 튀어나온 말이다. 나는 이 기운이 사라지기 전에 서둘러 추천사를 써 내려갔다. 짧은 글일수록 더 어렵다. 썼다 지웠다 몇 번을 되풀이했다. 몸이 고단하니 생각도 정리가 잘 되지 않았다. 아무래도 더 좋은 글은 나오기가 쉽지 않을 것 같았다. 좋은 책을 써 주어서 고맙다는 인사와 더불어 내 처지가 이러하니 비문과 글의 분량은 알아서 조절하라는 내용을 덧붙여 이메일을 보냈다. 그리고 먼동이 터 올 무렵 나는 깊은 잠에 빠져들었다.

일면식도 없는 사람이었지만 이 책을 읽으며 양효준 선생님의 매력에 푹 빠졌다. 경력이 얼마 안 된 교사인 것 같은데 '깊이 읽기'를 매개로 학교를 풋풋하게 만들어 가는 과정이 감동이었다.

책을 읽으며 많이 배웠다. 마치 내가 하는 것처럼 생생하게 묘사한 수업 상황은 '내가 교육과정이다', '나도 할 수 있겠다'는 자신감을 갖게 했다. 이 책에 소개한 내용은 수업뿐 아니라 교사들의 독서 모임에 활용해도 좋을 것 같다. 함께 마주 앉아 깊은 속내를 나누다 보면 행정 업무와 문서 작업에 짓눌렸던 무력감을 떨치고 서로를 교육과정 · 수업 · 평가의 달인으로 치켜세우며 교사로서의 자존감을 회복할 것이다. 그 결실을 맛보기 위해 이제는 함께 깊이 읽자.

이튿날 양효준 선생님으로부터 고맙다는 답장이 왔다. 나도 고맙다고 답장을 했다. 그러나 여기서 끝난 게 아니었다. 양효준 선생님은 다음 날 다시 전화를 했다. 내가 원고를 읽는 과정을 페이스북에 올린 적이 있는데 그 글을 양효준 선생님이 읽었나 보다. 오탈자 하나마저도 꼼꼼하게 살피며 책을 읽는 과정에 감동했다며 책 표지 뒷면에 들어가는 짤막한 추천사 대신 추천 서문을 써 주면 좋겠다고 다시 부탁을 했다. 난감했지만 사정을 듣고 보니 또 거절할 수 없었다. 그러기로 하고 조건을 두 개 제시했다. 하나는 내가 참여하고 있는 실천교육교사모임을 소개하고 앞으로 이 모임에 참여해 달라는 것이었다. 다른 하나는 내가 이 책을 읽으며 그랬던 것처럼 저자를 찾는 사람이 많을 테니 페이스북의 계정을 한글로 바꾸어 달라는 것이었다. 당시 양효준 선생님의 페이스북 계정은 영문으로 되어 있어 내가 쉽게 찾지 못했었다. 양효준 선생님은 흔쾌히 내 제안을 수용했고 우리는 공정하게 재계약을 맺었다. 다시 내게 숙제가 주어졌다.

'추천 서문은 또 어떻게 써야 할까?' 걱정이 앞섰다. 내가 이 분야에 대해 학문적으로 알고 있는 것은 없다. 더구나 저자에 대해 특별히 아는 것도 없다. 이메일과 전화통화 그리고 문자 몇 개가 오간 것이 전부다. 그래도 책을 읽고 나니 양효준 선생님이 같은 학교에서 근무하는 마음 맞는 동료 교사처럼 가깝게 느껴졌다. 책 속에 그만큼 상세하게 그의 생각과 삶이 진솔하게 녹아 있었기에 가능한 일이었다.

돌이켜 보면 책이란 내게 너무 많은 선물을 가져다 줬다. 내가 쓴 책을 다시 읽어 보면 지금 쓰는 이 글처럼 많이 부끄럽다. 그렇지만 학교의 소소한 기록들을 모아 책에 담지 않았다면 이렇게

열정 가득한 젊은 교사를 어떻게 알게 되었을까? 실천교육교사모임이 지향하는 바도 이와 같다. 교육의 실행 주체인 교사들이 교육학의 소비자가 아니라 능동적인 생산자가 되자는 것이다. 내가 이 책을 읽으며 느꼈던 것처럼 교사들의 실천적 지식은 서로를 북돋아주며 다시 교사로 서는 데 무한한 용기를 준다.

머지않아 실천교육교사모임을 통해 양효준 선생님을 만날 것을 생각하면 설렌다. 그때 나는 양효준 선생님을 덥석 안으며 이렇게 말하리라. 학습연구년을 마치고 교직 후반전을 뛰기 위해 학교로 돌아가는 지금 선생님 덕분에 두려움을 떨치고 다시 힘차게 교단에 선다고.

좋은 책에 시시콜콜한 사연을 나열한 것이 누가 될까 두렵다. 그러나 내 이야기 뒤에는 양효준 선생님과 아이들의 진솔한 학교 이야기가 한가득이다. 그 이야기를 듣다 보면 누구나 깊은 감동에 빠져들 것이다. 교육과정, 수업, 평가의 변화를 모색하는 교사는 물론이고 예비 교사, 학부모, 교육행정가, 교육학자들에게도 학교를 이해하는 좋은 자료가 될 것이다. 우리 교육이 한 걸음 더 나아가기를 바라는 사람이라면 꼭 읽어 보기를 권한다.

깊이 읽으니 사람이 온다. 교사인 나도 이런데 감수성 예민한 아이들이라면 오죽하겠는가?

이리동남초등학교 교사, 실천교육교사모임 대표

정성식

차 례

3장 깊이 읽기, 어떻게 할까?

4장 깊이 읽기 예시(1) 《자전거 도둑》

이제는 깊이 읽기

7장 학년군에 따른 깊이 읽기

1장

왜 깊이 읽기인가?

깊이 읽기의 시작은 부담스러운 국어 수업을 어떻게 하면 개선할 수 있을까 고민하면서 시작되었다. 학생들은 국어 수업을 유독 지겨워했다. 어떻게 하면 국어 수업을 재미있게 할 수 있을까?

유치원 선생님이 유치원생 아이들 앞에 앉아 그림책을 읽어 주는 모습을 보고, 우리 아이들에게도 책을 읽어 주면 어떨까 하는 생각이 머릿속에 번뜩였다. 나는 도서관으로 달려갔고, 6학년 학생들의 수준에 맞는 책을 골라 국어 수업을 시작했다.

처음 해 보는 수업 방식이었고, 구체적으로 어떻게 해야 하는지 물어 볼 이도 없었지만, 무작정 시작했다. 수업이 진행되면서 깊이 읽기를 구체화했고, 학생들과 1년간 책 3권을 함께 읽었다. 그 과정에서 깊이 읽기의 형태가 잡혀 갔다.

아이들은 '수업' 같지 않은 수업, 일상생활이자 놀이 같은 수업에 반응하기 시작했고 즐거워했다. 나는 비로소 내가 가야 할 방향을 알 수 있었다. 아이들에게 내가 해 주고 싶은 수업은 아이들의 '삶과 하나 된 수업'이라는 것을.

1. 우리의 교실 속 수업은?

교실 속 국어 수업을 개선하기 위해서는 학생들이 생각하는 국어 수업의 문제점을 분석할 필요가 있었다. 그래서 내가 가르치는 청성초등학교 6학년 학생들을 대상으로 국어 교과서에 대해 학생들이 어떻게 생각하는지 실태 조사를 했다. 1학기 첫째 주 금요일인 2015년 3월 6일과 1학기 마지막 주 금요일인 7월 24일에 6학년 전체 학생 19명 중 도움반 학생 2명을 제외한 17명을 대상으로 조사를 실시했다. 먼저 3월에 실시한 설문 조사 결과를 살펴보자.

<표1> 국어 수업에 대한 생각을 묻는 설문지(2015년 3월 6일)

1. 평소 나는 책 읽기를
① 좋아한다. ② 싫어한다. ③ 그저 그렇다.

2. 평소 자신의 독서량은?(1주 기준)
① 0권 ② 1권 ③ 2권 ④ 3권 ⑤ 4권 ⑥ 5권 이상 (   )권

3. 자신이 책을 읽는 이유는?
① 책이 재미있어서 ② 학교 숙제 때문에
③ 부모님이 읽으라고 해서 ④ 기타(   )

4. 평소 국어 교과서에 있는 문학작품에 대해 어떻게 생각하나요?
① 재미있다. ② 재미없다.

4-1. 그 이유를 적어 주세요

5. 국어 교과서에서 작품을 읽고 교과서 문제를 푸는 것이 자신의 국어 실력에 어떤 도움을 주는지 적어 주세요.

6. 학교에서 진행되는 '책나라 여행'이 자신의 글쓰기와 국어 습관에 어떤 영향을 미치는지 쓰고, 그 이유를 적어 주세요.

7. 자신이 6년간 국어 수업을 하면서 재미있거나 인상 깊었던 내용 및 활동에 대해 적어 주세요.

8. 자신이 원하는 국어 수업에 대해 적어 주세요.

깊이 읽기 수업을 하기 이전인 3월 설문 조사에서 국어 수업 하면 떠오르는 단어를 쓰는 문항에서 많은 학생은 이렇게 답했다.

'따분함', '염소선생님', '발표', '예시', '스티커', '받아쓰기', '지루함', '귀찮음'

설문지 1~3번 문항은 학생들이 책에 대해 갖고 있는 생각을 묻는 질문이고, 4~8번 문항은 국어 수업 및 학교 독서 프로그램에 대해 어떻게 인식하고 있는지 묻는 질문이다. 학생들이 책에 대해 갖고 있는 생각을 확인하기 위한 1번과 2번 문항의 결과를 살펴보면, 1번 '평소 나는 책 읽기를'이라는 문항에 '좋아한다'는 1명, '그저 그렇다'는 12명, '싫어한다'는 4명이 답했다. 2번 '자신이 책을 읽는 이유는?'에서는 '숙제'가 3명, '재미있어서'가 3명, '부모

국어 수업 설문지

0. 나는 평소 책 읽기에 대해.
① 좋아한다. ✔️ 싫어한다. ③ 그저 그렇다.

1. 평소 자신의 독서량은?(1주 기준)
① 0권 ✔️ 1권 ③ 2권 ④ 3권 ⑤ 4권 ⑤ 5권 이상(권)

2. 자신이 책을 읽는 이유는?
① 책이 재미있어서 ② 학교 숙제때문에 ✔️ 부모님이 읽으라고 해서
④ 기타(   )

3. 평소 국어 교과서에 있는 문학 작품에 대해 어떻게 생각하나요?
① 재미있다. ✔️ 재미없다.

3-1. 그 이유를 적어주세요.

> 많이 읽고 봤어도, 별로 새그런건 이해까되며 않다.

4. 국어 교과서에서 작품을 읽고 교과서 문제를 푸는 것이 자신의 국어 실력에 어떤 도움을 주는지 적어주세요.

> 도움을 주지않다. 교과서 에나온 작품에대해 문제를풀어도 다읽어봐도 잊어버린다.

5. 학교에서 진행되는 '책나라 여행'이 자신의 글쓰기와 독서 습관에 어떤 영향을 미치는지를 고르고, 이유를
적어주세요.
① 아주 긍정적 영향을 미친다. ㉯ 긍정적 영향을 미친다. ④ 보통이다. ✔️ 부정적 영향을 미친다.
⑤ 매우 부정적 영향을 미친다.

> 글쓰기랑 독서 습관을 늘리는데에 지장이없다. 그전보다책이 싫어 지고,
> 더게구해 졌다.

6. 자신이 6년간 국어 수업을 하면서 재미있거나 인상깊었던 수업 및 활동에 대해 적어주세요.

> 없다 / 재미있는 수업이 없었다.

7. 자신이 원하는 국어 수업에 대해 적어주세요.

> 책에대한 이야기를 더 재밌게 표현하는 수업이좋을것같다.

〈그림1〉 국어 수업에 대한 학생들의 생각을 보여 주는 설문지(2015년 3월 6일)

님의 강요' 때문이라고 답한 학생은 11명이었다.

　학기 초 학생들은 대부분 책을 부정적으로 생각했다. 학생들에

게 책은 재미없거나 그저 그런 존재였고, 책을 읽는 이유는 대부분 부모님의 강요나 학교 숙제를 해결하기 위해서였다. 부모님의 강요와 독서 감상문 숙제가 없다면 과연 학생들은 자발적으로 책을 읽을까?

학생들의 응답을 보면, 초등학교 국어 교과서를 따분하고 지루하다고 생각하는 내용이 많았다. 비단 우리 반 학생들만 국어 수업을 이렇게 느끼는 것일까?

그렇다면 학생들은 왜 국어 수업을 지루해할까 고민하다 다음과 같은 이유 3가지를 찾을 수 있었다.

첫째, 초등학교 국어 교과서는 1학년부터 6학년까지 모두 비슷한 구성 방식을 취하고 있다. 그 때문에 학습자는 해가 갈수록 교과서에 대해 권태를 느끼게 되는 것이다. 현재의 초등학교 국어 교과서 읽기 단원은 매 차시마다 지문이 제시되고, 그에 따른 내용 이해 중심의 문제 풀기 활동이 주를 이룬다. 심지어 개정 교육과정에서는 교과서 간 통일성을 위해 같은 편집 형식을 고수하고 있다. 이는 학생들이 6년간 같은 형태(지문 제시 후 내용 이해 확인 문제)를 접한다는 것을 의미한다. 이런 단편적인 구성으로 인해 학생들은 학년이 높아질수록 국어 교과를 지겨워하고 수업에 싫증을 느낀다. 무엇보다 교과서에 제시된 질문은 학생들이 내용을 이해하거나 확인하는 수준에서 그친다. 학생들이 지문의 내용을 자신의 삶과 연관 지을 수 있게 심화된 수준으로 이어지지 않는 것이다.

둘째, 교과서에 제시된 읽기 지문이 학생들의 관심을 끌기 어려운 내용이 있다. 이는 특히 비문학 지문에서 두드러진다. 6학년 2학기 '7. 다양한 생각' 단원에서 '수명을 다한 인공위성'이라는 제재의 글이 대표적인 예다. 학생들의 삶과 동떨어진 내용이라 교사용 지도서에서 동기 유발 활동으로 인공위성에 대해 알고 있는지 물어 보는 것으로 수업을 시작하라고 제시한다. 이렇게 학생들의 삶과 이질적인 제재의 글은 학생들이 내용을 이해하는 수준 정도에서 나아가 삶을 통찰하고 지혜를 얻는 계기로 유도하지 못한다.

셋째, 지문이 분절적으로 제시되어 있다. 원문을 분절적으로 발췌한 방식은, 교과서 집필진이 오랜 연구 끝에 선정한 질 높은 문학작품임에도 학생들로 하여금 이야기에 몰입할 수 없게 한다. 이런 방식으로 작품을 읽다 보면 그 문학적 가치를 인식하기보다는 문학작품을 단순히 일회적 수업 자료로 느끼게 한다. 또한 분절적 제시 방식으로 인해 학생들은 지문의 문맥을 이해하며 '읽는' 것이 아니라 해당 단원의 성취기준을 달성하기 위한 수단으로서 작품을 '읽게' 된다.

초등학교 국어 교과의 수업 시수는 408~448시간[1]으로, 학생들은 보통 주당 6시간의 국어 수업을 듣는다. 여러 교과목 가운데 수업 시수가 가장 많은 만큼 학생들에게 중요한 교과이다.

---

1. 1~2학년군 448시간, 3~6학년군 408시간이며 교과군별 20% 범위 내에서 시수 증감하여 운영 가능하다(교육부, 2015 개정 교육과정, 국어과 교육과정).

학생들이 주당 3시간 수업하는 체육보다 매일 수업하는 국어 시간을 기다리게 할 순 없을까? 재밌는 국어 수업 덕분에 매일 학교 가는 것을 설레게 할 수는 없을까?

2. 깊이 읽기란?

기존의 국어 수업은 발췌한 텍스트로 구성된 교과서로 수업을 하기 때문에 학생들이 내용을 내면화하는 데 한계가 있다. 깊이 읽기는 이 한계를 극복하기 위해 고안한 대안적 수업 방법이다. 깊이 읽기는 선정한 책 한 권을 아이들과 꾸준히 함께 읽으면서 교과 교육과정의 성취기준을 학습하는 수업이다. 지문의 양이 대폭 증가하기 때문에 1차시나 2차시에 걸쳐 읽는 것이 아니라 한 달 혹은 한 학기 동안 한두 권의 책을 읽으면서 수업을 한다.

교과서에 분절적으로 제시된 지문들 대신 책 한 권을 꾸준히 읽어 가는 과정에서 각 교과의 성취기준들이 유기적으로 연결된다. 예를 들어 6학년 1학기 국어 수업을 문학작품인 《자전거 도둑》(박완서)과 비문학 《10대를 위한 정의란 무엇인가》(마이클 샌델 원저)를 통해 깊이 읽기를 진행한다고 하자. 《자전거 도둑》에서 학생들은 작품 속 인물·배경·사건을 파악하고, 인물에게 공감하는 과정은 글·그림·음악·신체로 표현하는 활동, 토의하기 활동 등으로 다채롭게 구현된다. 다양한 활동을 통해서 학생들은 국어과의 '문학 · 읽기 · 쓰기 · 말하기' 영역 성취기준과 체육, 미술, 음악 교과 등의 성취기준에 도달하게 된다.

《10대를 위한 정의란 무엇인가》에 나오는 다양한 딜레마를 토론해 보고 토의하는 과정에서 '자기와의 대화-타인과의 대화-자기와의 재대화'[2] 과정을 겪는다. 이 과정에서 일상 · 사회 속 딜레마 문제 해결하기, 주장하는 글쓰기, 딜레마 상황 뉴스로 표현하는 활동 등이 구현된다. 한 권의 책을 읽어 가면서 흥미를 끄는 활동을 통해 학생들은 책을 친근하게 느낀다.

깊이 읽기는 단순히 내용을 이해하기 위한 수업이 아니다. 내용 이해를 바탕으로 텍스트 속에 담긴 인물의 삶을 공감하고 타인과 소통하며 자신의 삶을 통찰해 가는 과정이다. 이 과정에서 책은 학생들에게 지식 습득의 도구나 강요에 의한 과제물이 아닌 친근하고 재미있는 대상으로 다가온다. 그뿐 아니라 학생들은 책에 어떻게 접근해야 하고 어떻게 읽어야 하는지 알게 된다.

학생들의 삶 속으로 책이 들어오게 되고, 책 속에 담긴 지혜가 학생들을 변화시키게 된다. 깊이 읽기는 국어 수업에서 배워야 할 내용을 배우면서 책과 친구가 되는 수업이다.

---

2. '자기와의 대화-타인과의 대화-자기와의 재대화'는 이 책 5장에서 확인할 수 있다.

3. 텍스트를 통해 삶을 이해하기

우리가 비문학작품을 읽는 이유는 지식을 확장하기 위함이다. 우리들 생활 속에 있었지만 우리가 잘 몰랐던 지식들이 비문학작품 속에 녹아 있다. 비문학작품을 읽으면서 우리는 모르던 것을 알게 되고 지금보다 더 확장된 세계에서 살아가게 된다.

문학작품을 읽는 이유는 책 속의 인물과 공감하고 소통하기 위함이다. 어린아이들은 TV 속 영웅들과 자신을 동일시하려는 경향이 있다. 영웅이 위기에 처하면 같이 아파하고, 영웅이 악당을 물리치면 같이 기뻐한다. TV 속 주인공에 '나'를 투영하기 때문이다. 아이들의 모습은 문학작품을 보며 슬퍼하고, 위로받고, 감동받는 우리들의 모습과 닮았다.

이렇듯 비문학과 문학을 아우르는 책은 우리 삶의 이정표와 같다. 그러나 언제부턴가 우리에게 책은 불편한 존재가 되어 버렸다. 비문학작품의 지문은 암기와 내용 이해를 위한 수단이 되고, 문학작품의 지문은 해석 방법을 익히기 위한 수단이 되어 버렸다. 수단으로서의 책이 목적을 위한 도구로 변했다. 결국 우리는 책에서 필요한 부분만 골라서 읽고, 목적을 달성하면 다시 꺼내 읽지 않는다. 책이 '필요'에 의해서만 읽는 대상으로 전락한 것이다.

깊이 읽기는 책을 수단이 아닌 이야기에 나오는 삶을 바라보게 하는 수업 방법이다. 깊이 읽기를 통해 우리는 책 속에 담긴 지혜에 주목하여 삶과 끊임없이 연관 짓는다. 비문학작품을 통해서 일상생활의 문제나 상황에 대해 논리적으로 생각하고, 문학작품을 통해서 책 속의 주인공에게 공감하고 소통한다.

깊이 읽기로 비문학 수업을 하면 논리적 사고가 길러지는데, 이는 삶을 통찰하는 지혜로 이어질 수 있다. 청성초등학교 김영승 학생은 "깊이 읽기 수업을 통해 생각이 깊어졌어요. 상황마다 어떤 판단과 선택이 맞는지 많은 생각을 하게 되었어요."라고 말했다. 비문학 텍스트로 선정된 《10대를 위한 정의란 무엇인가》를 읽은 후 학생들은 다양한 딜레마 상황에서 고민하기 시작했다. 이 책을 통해 길러진 '생각하는 습관'이 일상에서 발휘되는 것이다.

깊이 읽기로 문학 수업을 하면 작품의 배경을 고려하게 되고 등장인물의 행동과 말을 유심히 관찰하게 되며, 등장인물들의 감정과 생각에 공감하게 된다. 깊이 읽기 수업을 한 전병준 학생은 "저에게 책은 엄마 같은 존재예요. 마음속 갇혀 있던 감정을 깨워주기 때문이에요"라고 말했다. 학생들은 등장인물에 공감하여 같이 슬퍼하고 같이 웃곤 했다. 《이 세상에 태어나길 참 잘했다》(박완서)에서 주인공 복동은 자신에 대해 비관하는 태도에서 벗어나 자신이 소중한 존재라고 느끼게 된다. 복동의 성격 변화처럼 학생들 역시 책을 다 읽은 후에는 이 세상에 태어나길 잘했다며 복동에게 편지도 쓰고, 자신에게 주어진 삶에 대해 감사하는 글도 썼다.

비문학작품을 통한 '생각하기'와 문학작품을 통한 '공감하기'를 통해 학생들은 삶을 이해하게 된 것이다.

4. 책을 바라보는 관점 바꾸기:
   부담감에서 친근감으로

문화체육관광부에서는 2년마다 우리나라 국민의 독서 실태를 조사한다. 2013년에 실시된 이 독서 실태 조사에서 성인 연평균 독서량은 9.2권, 학생 연평균 독서량은 32.3권(초등학생 65.1권, 중학생 22권, 고등학생 9.8권)으로 나타났다. 2011년과 비교했을 때 성인은 0.7권 감소했고, 학생은 8권 증가(초등학생 20권 증가, 중학생 8권 증가, 고등학생 6권 감소)했다. 전국 16개 시도 초등학교 4~6학년을 모집단(초·중·고 3000명)으로 조사한 이 통계 결과는 '양적 수치'로서 학생들의 평균적인 독서량을 말해 준다. 그러나 질적으로 '책을 바라보는 학생들의 관점'에 대해서는 설명하지 못한다.

초등학생의 독서 계기를 설문 조사한 응답 결과를 보면 '스스로 알고 싶어서(29.7%)', '학교 숙제나 독후감 때문에(25.3%)'라는 응답이 대부분을 차지하고 있다. 이 결과를 통해 학생들이 책에 대해 흥미를 갖는 것만큼이나 의무와 부담으로 책을 읽고 있음을 확인할 수 있었다.

초등학생(65.1권), 중학생(22권), 고등학생(9.8권), 성인(9.2
권)으로 연령대가 높아질수록 연평균 독서량이 급격하게 떨어지
는 이유는 무엇일까? '책은 마음의 양식이다'라는 구호 아래 독서
교육을 받은 성인들의 연평균 독서량이 9.2권에 그친 것을 '여가
시간이 부족해서'라는 이유로 충분히 설명할 수 있을까?

종종 학부모님과 상담을 하다 보면 "우리 아이는 왜 책을 읽지
않을까요? 책 읽어야 할 시간에 왜 나가서 놀고, 친구들과 놀까
요?"라는 말을 자주 듣는다. 학부모와 교사 모두 학생들에게 독
서가 도움이 된다는 것은 알고 있지만, 학생들에게 독서를 습관
화시키는 것은 어렵다.

> 학생 시절 국어 수업 중 시를 배운 수업 시간을 떠올려보자.
> 한 편의 시를 이해하기 위해 우리는 시인의 전기, 시인의 시적
> 경향, 시인의 시기별 작품 경향 등을 학습하고, 그 시에 나타나
> 있는 표현법, 시의 형태상 특성, 내용상 특성 등 선생님이 말한
> 것을 적는다. 그리고 그 시의 소재와 주제를 정리하는 순으로
> 공부했다. 이 과정에서 가장 문제가 있는 점은 학생들의 자발
> 적이고 주체적인 감상의 기회가 배제되었다는 점이다. 교사는
> 전문적인 연구자들에 의해 결정된 해석 내용을 그대로 전수하
> 고, 학생들은 그 내용을 일방적으로 받아들이면서 암기하는 수
> 업으로 이루어졌다.[3]

---

3. 최미숙 외, 《국어 교육의 이해》, 사회평론, 2008

중·고등학교 시절 많은 시와 시적 표현, 작가들에 대해 배웠지만 정작 가슴이 울릴 정도로 감명받아 마음속에 담은 시는 손에 꼽는다. 우리가 지금 시를 읽지 않는 이유는 수업 시간에 시를 친구로 바라본 것이 아니라 샅샅이 분석해야 할 대상으로 여겼기 때문이다. 시뿐 아니라 다른 장르도 마찬가지다. 즉 우리들이 시 한 편, 문학작품 하나 읽지 않는 것은 독서가 어렵고 불편하기 때문이다. "책은 좋아. 많이 읽어야 좋아. 지금 빨리 읽어."라고 우리 역시 학생들을 옭아매고 있지는 않은가? 우리는 경험을 통해 독서가 생활화되기 어려운 이유를 잘 알고 있으면서 정작 아이들에게는 우리가 겪은 과오를 반복하게 하고 있다.

　인간은 누구나 자신이 좋아하는 것을 하고 싶어 한다. 학생들이 책을 읽지 않는 문제에 대해 전문가에게 해결책을 구한다 해도 학생들이 자발적으로 책을 읽고 싶어 하지 않으면 독서를 하게 만들 수 없다. 부모님과 선생님 앞에서 책을 읽는 시늉은 하지만 책을 읽고 싶은 마음이 없는 학생들은 금방 책을 덮는다. 덮인 책은 학생들이 성인이 될 때까지 결코 열리지 않는다. 어떻게 하면 아이들이 스스로 책을 펼쳐 읽을 수 있을까?

　이러한 악순환의 고리를 끊는 방법은 책을 친구로 만드는 것뿐이다. 학생들이 성인이 되었을 때 책을 자신의 친구처럼 자주 찾게 하려면 책이 부담스러운 존재가 아니라 친근한 존재라는 것을 일깨워 주면 된다.

　깊이 읽기를 통해 책에 대한 아이들의 생각이 어떻게 변화했는지 파악하기 위해 지난해 1학기 마지막 주 금요일인 7월 24일 다시 설문 조사를 실시했다. 학기 초 3월에 실시된 설문 조사는 기존의 국어 수업에 대한 학생들의 인식을 알아보기 위함이었고, 7월의 설문 조사는 한 학기 동안 깊이 읽기를 통해 학생들이 국어 수업과 책에 대해 어떻게 느끼게 되었는지 파악하기 위해서였다.

〈표2〉 국어 수업에 대한 생각을 묻는 설문지(2015년 7월 24일)

1. 6학년 국어 수업이 유익하다고 생각하나요?
① 매우 아니다. ② 아니다. ③ 보통이다.
④ 그렇다. ⑤ 매우 그렇다.

1-1 자신이 선택한 번호의 이유를 적어 주세요.

2-1. 5학년 때까지 국어 수업 하면 떠오르는 단어 5개만 적어 주세요.

2-2 '깊이 읽기' 수업을 하고 나서 국어 수업 하면 떠오르는 단어 5개만 적어 주세요.

3. '깊이 읽기' 수업 전과 지금을 비교하면 국어 수업이 어떻게 느껴지나요?

4. 책에 대해 어떻게 생각하나요?
① 매우 유익하지 않다. ② 유익하지 않다.
③ 보통이다. ④ 유익하다. ⑤ 매우 유익하다.

5. 자신이 책을 읽는 이유를 고르시오.
① 유익해서 ② 부모님의 강요로
③ 학교 숙제로 ④ 재미있어서 ⑤ 기타

6. 자신이 책을 읽는 정도를 선택하세요.
① 1주일 3권 이상 ② 1주일에 1~2권
③ 1달에 2권 ④ 1달에 1권 ⑤ 기타

7. '깊이 읽기' 수업을 통해 자신이 변화된 점을 써 보세요.

8. '깊이 읽기' 수업을 해 보니 좋았던 점을 써 보세요.

9. '깊이 읽기' 수업을 해 보니 아쉬웠던 점을 써 보세요.

10. '깊이 읽기' 수업을 해 보고 앞으로 바라는 점을 써 보세요.

11. 나에게 책이란?

12. 앞으로 국어 시간의 깊이 읽기 수업에 대해
① 계속하고 싶다. ② 상관없다. ③ 교과서 ④ 기타

문항 4번 '책에 대해 어떻게 생각하나요?'라는 질문에 대해 '보통이다'에 4명, '유익하다'에 6명, '매우 유익하다'에 7명이 응답했

다. 3월 설문 조사 문항 1번 '평소 나는 책 읽기를'이라는 질문에 '좋아한다'에 1명, '그저 그렇다'에 12명, '싫어한다'에 4명이 답했던 결과와 비교하면, 책을 읽는 것에 대한 부정적인 태도가 없어진 것을 알 수 있다. 3번 문항 '깊이 읽기 수업 전과 지금을 비교하면 국어 수업이 어떻게 느껴지나요?'라는 질문에 학생들 17명은 다음과 같이 답했다.

'재밌다.'
'국어가 더 재미있어졌다.'
'전에는 부정적 이미지가 강하지만 지금은 그 주제가 기다려지고 기대된다.'
'전에는 정말 지루했는데 지금은 지루하지 않고 그 수업에 빠져든다.'
'교과서보다 이런 책이 자신의 생각을 더 잘 말할 수 있다. 또 생각을 많이 하게 되고 교과서보다 흥미를 갖게 한다.'
'재미있고 책에 빠져드는 것 같다.'
'재밌고, 교과서 토의보다 더 재미있다.'
'전에 국어 수업이 쉬웠다. 지금은 철학만 아니면 재미있다.'
'더 유익하고 깊이 생각해서 좋은 것 같다.'
'머리는 아프지만 더 똑똑해진 것 같고 더 책이 재미있어졌다.'
'훨씬 더 재미있고 유익하고 재미있고 새롭다.'
'생각을 많이 한다. 조금 어렵다.'

이 설문지는 '깊이 읽기' 수업에 관한 설문지입니다. 익명성이 보장되니 자유롭고 솔직하게 설문에 응답해주세요. 이 자료는 '깊이 읽기' 자료로 사용됩니다.

1. 6학년 국어 수업이 유익하다고 생각하나요?
① 매우 아니다 ② 아니다 ③ 보통이다. ④ 그렇다 ⑤ 매우 그렇다

1-1 자신이 선택한 번호의 이유를 적어주세요

자신의 의견이나 생각을 책에 적고 말하고 모둠끼리 토의하는 것이 재미있기도하고 그냥 그리서로 함께보다 기억에 더 트러남는다

2-1. 5학년 때까지를 떠올려보며 국어 수업하면 떠오르는 단어 5개만 적어주세요.

지루함 읽기,쓰기, 말하기 , 책나라 여행4

2-2. '깊이 읽기'수업을 하고 나서 국어 수업하면 떠오르는 단어 5개만 적어주세요.

신선하다 , 재미있다 생각, 책을 읽고싶다

3. '깊이 읽기' 수업 전과 지금을 비교하면 국어 수업이 어떻게 느껴지나요?

그라서보다 이런책이 자신의 생각을 더 잘 말할수 있다 흥미을 강개한지

4. 책에 대해 어떻게 생각하나요?
① 매우 유익하지 않다 ② 유익하지 않다 ③ 보통이다 ④ 유익하다. ⑤ 매우 유익하다.
⑥ 기타( )

5. 자신이 책을 읽는 이유를 고르시오.
① 유익해서 ② 부모님 강요로 ③ 학교 숙제로
④ 재미있어서 ⑤기타 ( )

6. 자신이 책을 읽는 정도를 선택하세요.
① 1주일 3권 이상 ② 1주일 1권~2권 ③ 1달에 2권 ④ 1달 1권 ⑤ 기타

---

4. '책나라 여행'은 청성초등학교에서 진행하는 독서 감상문 활용과 독서 특성화 활동을 말한다.

7. '깊이 읽기' 수업을 통해 자신이 변화된 점을 써보세요.

생각이나 느낌 쓰는 것을 중요하게 되었다

8. '깊이 읽기' 수업을 해보니 좋았던 점을 써보세요.

지루하지 않고 흥미로운느낌다

9. '깊이 읽기' 수업을 해보니 아쉬웠던 점을 써보세요.

발표가 자신이 없어서 아쉽다.

10. '깊이 읽기' 수업을 해보고 앞으로 바라는 점을 써보세요.

더 생각을 많이하는 수업을 하면 좋겠다

11. 나에게 책이란?

재미있는 친구

12. 앞으로 국어시간과 깊이 읽기 수업에 대해
① 계속하고 싶다. ② 상관없다. ③ 교과서 ④ 기타

〈그림2〉 국어 수업에 대한 생각을 보여 주는 설문지(2015년 7월 24일)

'내 머릿속에 비유적 표현 말이 많이 들어온다.'

'옛날에는 책으로 안 읽고 교과서로 했는데, 오늘은 책으로 읽고 생각을 적는다.'

'그저 그렇다.'

〈표3〉 '깊이 읽기' 이후 '국어 수업'에 대한 인식 변화

5학년 때까지 '국어 수업' 하면 떠오르는 단어 5개	'깊이 읽기' 수업 이후 '국어 수업' 하면 떠오르는 단어 5개
• 재미없다. 졸리다. 글 쓰는 게 싫다. 도깨비 • 선생님, 발표, 교과서, 읽기, 듣말쓰 • 염소선생님, 따분하다. 예시가 너무 뻔하다. 재미없다. • 토끼, 염소선생님, 듣기, 말하기, 쓰 기 • 스티커, 받아쓰기 등 • 교과서, 듣기, 말하기, 쓰기, 지루함 • 걱정, 따분하다. 따뜻하다. 시끄럽 다 • 오른발, 왼발 / 동시 / 동물 친구나 선생님 / 동화 / 느낀 점 • 읽기, 듣기, 말하기, 쓰기 • 귀찮다. 슬프다. 짜증난다. 지루하 다. • 귀찮, 짜증, 힘듦, 지루, 로봇 • 지루하다. 의견 쓰기, 동화, 맞춤법 • 읽기, 말하기, 쓰기, 편지, 육하원칙 • 지루함, 책나라 여행, 글쓰기, 의견 쓰기, 재미없는 책 이야기(책 속) • 지루함, 책나라 여행, 글쓰기, 재미 없는 활동, 개인 활동 싫음	• 재밌다. 책을 읽고 싶다. 책이 좋다. 글 쓰는 게 나쁘지 않다. 칸트, 밀, 벤담 • 자초지종, 신선하다. 연민, 우두커니, 정녕(수업 중 사전에서 찾은 단어를 연상) • 공리주의자, 자유지상주의자, 도덕주의자, 생각, 고민 • 비유적 표현, 공리주의, 배려, 집중 • 공리주의, 자유주의, 벤담, 샌델, 돈 등 • 수남이, 정의, 자신의 의견이나 생각, 발표, 재미, 비유적 표현 • 군더더기, 이성, 을씨년스럽다. 정의, 행복 • 수남, 공리주의, 자유지상주의, 도덕주의, 남자애 들 • 정의, 생각, 이유, 공리주의, 자유지상주의, 수남 • 안짱다리, 수남이. 길수, 벤담, 칸트, 밀 • 웃음, 기분, 재미, 머리, 긍정 • 자유지상주의자, 도덕주의자, 칸트, 밀, 을씨년 • 재미있다, 어떤 내용이 나올지 궁금하다, 조금 힘 들었다, 책 읽는 시간이 빨리 간다 • 민들레꽃, 정의, 할머니, 공리주의, 자유지상주의 등 • 자전거도둑, 자유지상주의자, 칸트, 벤담, 자유주 의자 • 자전거도둑, 밀, 벤담, 칸트, 정의란 무엇인가

'더욱더 재미있어졌고 글 쓰는 게 재미있어졌다.'

'예전 국어보다 지금 책으로 하는 수업이 더 유익하다고 느껴진다.'

문항 2-1 '5학년 때까지 국어 수업 하면 떠오르는 단어 5개만
적어 주세요.'와 2-2 "깊이 읽기' 수업을 하고 나서 국어 수업 하

면 떠오르는 단어 5개만 적어 주세요.'를 통해 학생들의 변화된 인식을 확인할 수 있었다. 그리고 1학기가 끝나면서 전 과목 수업에 대한 생각을 묻는 설문 조사에서 학생들은 가장 재미있었던 과목으로 국어를 선택했다.

책을 읽는 이유에 대한 3월 조사와 7월 조사 응답 결과를 비교하면 학생들의 태도가 훨씬 더 능동적으로 변화했음을 알 수 있다.

〈표4〉 '깊이 읽기' 이후 책을 읽는 이유의 변화

자신이 책을 읽는 이유는?	
3월 설문 조사 응답	7월 설문 조사 응답
숙제 3명 부모님 강요 11명 재미있어서 3명	숙제 0명 부모님 강요 3명 재미있어서 14명

5. 질적으로 향상되는 독서: 양에 치중하는 독서에서 벗어나기

책을 많이 읽을수록 아는 것이 많아진다. 아는 게 많을수록 텍스트를 빠르게 독해할 수 있고 정확하게 요약할 수 있다. (중략) 글을 잘 쓰고 싶다면 독서광이 되어야 한다.[5]

---

5. 유시민, 《유시민의 글쓰기 특강》, 생각의길, 2015., 79쪽

《유시민의 글쓰기 특강》에서 말하는 것처럼 다독은 분명 좋은 독서 방법이다. 그러나 다독의 전제는 책을 눈으로 읽는 것이 아닌 머리와 마음으로 읽는 것이다. 머리와 마음으로 읽는 책이 많아질 때 학생들의 삶은 풍요로워진다. 지금의 독서 교육은 학생들로 하여금 머리와 마음으로 책을 읽게끔 하고 있을까?

독서 교육과 관련해 학교에서 학생들에게 주로 장려하는 활동은 '도전 책 읽기 100권', '주1회 독서록 작성하기' 등이다. 학생들은 읽은 책의 수만큼 교실 뒤편에 스티커를 붙이고, 학교에서는 목표량을 달성한 학생들에게 상장을 준다. 1년 동안 100권을 읽은 학생이 다시 1년이 지났을 때 그중 몇 권이나 기억하고 있을까? 학생들의 심금을 울린 책은 과연 몇 권이나 될까?

청성초등학교 6학년 한석훈 학생은 기존의 독서 방법에 대해 이렇게 말했다.

"일주일에 한 편씩 독후감을 내야 하는 숙제 때문에 주말마다 책 뒤편에 있는 내용 요약과 그림만 대충 보고 독후감을 지어 내곤 했어요."

정량적 방식에 치중한 독후 활동으로는 학생이 책의 내용을 얼마나 이해했는지, 책의 내용에 얼마나 공감했는지, 책을 읽으며 얼마나 많은 생각을 했는지 파악할 수 없다. 심지어 학생 본인도 잘 모를 수 있다.

책이 주는 감동의 깊이를 알기 위해서는 정성적으로 접근할 필요가 있다. 그러나 우리는 학생들의 독서를 정량적인 척도로만 평가하고 있다. 학생들이 책을 읽고 얼마나 깊은 영향을 받았는지 어떻게 알 수 있을까? 감명받은 내용은 기억하려고 애쓰지 않아도 오래 기억 속에 남는다. 그것은 책이 우리들의 '삶'으로 들어왔기 때문이다. 독서의 질은 한 권의 책을 읽고 학생이 얼마나 자신의 삶을 돌아봤는가, 그리고 얼마나 자신의 삶을 변화시켰는가를 통해 알 수 있다.

청성초등학교 6학년 학생들에게는 독후감 숙제가 없다. 3월 첫 등교일, 독후감을 안 써도 된다는 말이 내 입에서 나오자마자 학생들은 억압된 굴레에서 해방된 것처럼 소리를 질렀다. 그 후로 1년 내내 나는 책을 읽으라는 강요도, 조언도 하지 않았다. 3월 첫 해방 이후 9개월이 지난 12월, 학생들은 모두 자신이 읽고 싶은 책을 스스로 읽고 있다.

진정한 독서 교육은 학생 스스로 책을 읽게 하는 것, 그리고 그 과정이 지속적으로 이어지게 하는 것이다. 책을 읽는 만큼 우리에겐 감동과 지혜가 쌓여 간다. 아이들에게 그 기쁨을 느끼게 해 주는 것이 바로 우리가 해야 할 독서 교육의 방향이다.

6. 유기적 텍스트 이해를 위한 책 읽기

유기적 텍스트란 전체를 구성하고 있는 각 부분이 밀접하게 관런지어 이해되는 것을 말한다. 국어 교과에서 학습하는 지식, 능력, 태도가 어우러져 하나의 텍스트를 통해 이해되어야 한다. 이번에는 실제 초등학교 국어 교과서를 살펴보면서 이야기해 보자.

현행 초등학교 국어 교과서의 질문들은 단원 성취 내용에 맞게 달라지지만 등장인물의 생각, 등장인물이 특정한 행동을 한 까닭, 등장인물의 속마음을 묻는 내용을 확인하는 질문이 많다. 예를 들어 3학년 2학기 (가) '칠판 앞에 나가기 싫어' 지문의 3번 질문은 '새로 오신 미술 선생님의 말씀에 '내'가 손을 번쩍 들고 칠판 앞으로 나간 까닭은 무엇일까요?'라고 묻고 있다.

깊은 사고는 충분한 이해를 전제로 한다. 현행 교과서에 있는 내용 이해 질문은 기본적인 이해를 확인하는 수준에 그친다. 기본 이해 질문에 추가해 심화된 질문을 하기 위해서는 40분이라는 수업 시간이 부족하다. 교사가 단일 차시를 연 차시로 재구성해 보다 다양하고 심화된 독후 활동을 유도할 수도 있지만 모든 지문을 이런 방식으로 할 수는 없다.

차시별로 제시되는 제재 글은 모두 다르다. 내용의 연계성이 아니라 학습목표의 연계성에 초점을 맞춰 수록했기 때문이다. 그 결과 학생들은 매 차시마다 새로운 텍스트를 읽게 되어 이전 차시의 제재 글 내용은 잊어버리기 십상이다. 2009 개정 국어 교과서는 유기적인 이해를 추구하고 있지만, 실제로는 분절적인 이해를 부추기는 상황인 것이다. 텍스트의 분절은 이해의 분절을 일으킨다.

《마당을 나온 암탉》(황선미)은 2009 개정 교육과정 5학년 2학기 국어 (가) '1. 문학이 주는 감동' 단원에 수록되어 있다. '이야기를 읽고, 이야기에 대한 생각이나 느낌을 서로 비교하기'라는 성취기준에 도달하기 위해 《마당을 나온 암탉》이 분절적으로 발췌되어 수록되어 있다. 일반적인 국어 수업 상황에서는 발췌된 지문을 개인이나 전체가 읽고 내용에 대한 이해 여부를 묻는 질문으로 해결한다. 그 후 서로의 감상을 나누고 다음 텍스트로 넘어간다.

반면에 깊이 읽기는 텍스트를 지속적으로 읽는다. 깊이 읽기는 텍스트의 일부만 발췌해서 읽는 것이 아니라 원저 전체를 읽는 것이다. 학생들은 원저 전체를 읽고 텍스트를 총체적으로 이해하기 위해 노력해야 한다. 전체 텍스트를 이해하기 위해 유기적인 수업을 하기 때문에 학생들은 텍스트의 전체 맥락을 이해할 수 있다. 책을 읽는 활동은 책과 대화를 하는 과정이다. 깊이 읽기 안에서의 다양한 활동과 교사의 발문은 책의 내용을 이해함과 동시에 맥락을 파악하여 책과 대화를 하도록 한다. 책과 대화를 할 때 학생들은 책의 내용을 수용하기도 하며, 자신의 생각을 생산하는 상호 복합적 작용을 경험한다. 예를 들어 《마당을 나온 암탉》이라는 하나의 텍스트로 5학년 1학기 국어 수업을 한다고 가정해 보자.

책의 내용	활동 구성	학습목표(5학년 1학기)
잎싹은 난용종 암탉으로 닭장 속에서 알을 낳으며 늙어 간다. 그런 삶에서도 잎싹은 병아리의 탄생을 보고 싶다는 꿈을 꾼다.	- 잎싹이 알아보기 1. 작품 속 말하는 이 알기 - 작가와 구별되는 말하는 이 2. 말하는 이의 관점 알기 - 잎싹은 어떤 삶을 꿈꾸는지 알아보기 - 잎싹의 삶의 태도 알아보기	12단원. 문학에서 찾는 즐거움 단원 학습목표 : 말하는 이의 관점을 생각하며 감상할 수 있다.
잎싹은 족제비의 위협에서 탈출했다. 청둥오리와 만난다. 잎싹은 마당으로 들어가지만 마당 식구들에게 쫓겨 떠돌게 된다.	- 잎싹을 도와주자! 1. 토의 절차에 따라 토의하기 - 집 없이 떠도는 잎싹이 자신의 꿈을 이루고 살 수 있는 방법 토의하기 2. 토의 결과를 바탕으로 제안하는 글쓰기 - 잎싹에게 해결책이 들어간 편지 쓰기	2단원. 토의 절차와 방법 단원 학습목표 : 알맞은 절차와 방법으로 토의를 하고 그 결과를 글로 나타낼 수 있다.
잎싹은 강가 찔레덤불 속에 있는 알을 발견하고 품고, 청둥오리는 알의 부화를 위해 족제비를 유인하다 죽음을 당한다. 잎싹은 태어난 오리를 자신의 아기처럼 키운다.	- 내가 잎싹이라면? 1. 작품 속에 나타난 인물의 생각 알기 - 왜 잎싹은 남의 알을 품었을까? 2. 이야기 흐름 생각하며 글을 읽고 생각 평가하기 - 내가 잎싹이라면? 촌극하기	1. 인물의 말과 행동 단원 학습목표 : 작품을 읽고 인물의 생각에 대한 자신의 생각을 표현할 수 있다.
(중략)		
독서 후 활동	'마당을 나온 암탉' 감동 표현하기 1. 짧은 글, 그림, 음악 등으로 자신의 생각·느낌 표현하기	4. 작품에 대한 생각. 단원 학습목표 : 좋아하는 작품에 대한 자신의 생각을 담은 글을 쓸 수 있다.

이러한 예시처럼 깊이 읽기 수업에서는 책 전체를 읽으면서 다양한 활동을 통해 성취기준에 도달하게 된다. 이러한 방식은 책을 읽어 가는 흐름 안에서 다양한 단어의 의미(지식)와 등장인물

의 생각(경험)을 알고 책에 대한 흥미(태도)를 느끼게 되는데, 이 과정에서 통합적인 이해가 가능하게 된다.

2장

대안으로서
깊이 읽기에 대한 반응

깊이 읽기는 다양한 국어 수업 방식 중 하나이다. 깊이 읽기를 처음 도입할 때는 시행착오를 많이 겪었는데, 1년간 깊이 읽기 수업을 진행하면서 학생, 학부모, 교사 등의 의견을 적극적으로 반영하며 정제된 형태의 수업으로 만들어 갔다.

1. 학생들의 반응: "책에 흠뻑 빠져들어서 재미있었어요"

3월 초, 학생 17명과 깊이 읽기 수업을 시작하면서 여러 가지 걱정이 들었다. 교과서를 버리고 책으로 수업하는 이 방식이 과연 효과적일까? 학생들이 낯선 수업 방식에 잘 적응할 수 있을까? 이러한 고민은 3월부터 시작되어 수업이 정착되어 가는 5월까지도 이어졌다. 두려움을 극복하고 1년간 깊이 읽기를 진행할 수 있었던 원동력은 바로 학생들의 반응이었다. 다른 과목에 비해 적극적으로 발표하고 참여하려는 학생, 일기에 읽은 책 내용을 쓰는 학생, 평소 독서를 싫어했는데 도서관에서 책을 빌려 읽는 학생 등 다방면에서 나타난 아이들의 변화는 칠흑 같은 밤바다를 비추는 등대처럼 깊이 읽기가 나아가야 할 방향을 제시해 주었다.

1. 깊이 읽기 수업을 하고 자신이 달라진 점은?
   - 책을 읽어 보려는 동기가 생겼어요. 그전에는 한 권도 읽지 않았어요. 읽다 말긴 했지만 두 권을 읽게 되었어요. 두꺼워서 읽다가 반납 기한 때문에 다 읽지는 못했어요.
   - 예전에 책을 읽을 때는 잡생각이 많았는데, 요즘은 몰입이 되는 것 같아요. 책이 좀 더 친숙해진 것 같아요. 책을 읽을 때 모르는 단어가 나오면 사전으로 찾아봐요. 그 단어를 따로 쓰진 않지만요.
   - 글을 읽을 때 많이 버벅거렸는데, 이제는 덜 버벅거리는 것 같아요.
   - 예전 독후감 숙제 있을 때 책 뒤에 있는 서평 보고 그림만 보고 다 안 읽고 대충 적었어요. 지금은 스스로 읽고, 독후감 숙제 없어서 책 읽는 게 부담스럽지 않아요.

2. 깊이 읽기 수업과 다른 국어 수업과의 차이점은?
   - 예전 국어 수업은 지루했어요. 비슷한 내용을 읽고, 쓰고, 평소 읽는 활동이 매번 똑같았는데, 깊이 읽기 수업은 달라요. 한 문장을 엄청 생각하고, 친구들과 이야기도 하니까요. 잘 안 떠오르고 어렵긴 한데 재미있고, 지루하지 않아요. 그래서 국어 수업이 기대돼요. 체육 다음으로 음악, 국어 순서로 재미있어요. 시끌시끌하고 이런 수업을 계속하고 싶어요.

3. 기억나는 수업은 ?
   - 오래 지나서 가물가물한데, 〈시인의 꿈〉에서 이로운 곤충과 해로운 곤충을 나누는 것 가지고 친구들과 토론했던 수업이 기억에 남아요.

4. 깊이 읽기 수업에서 어려웠던 점은?

  - 사전에서 모르는 단어를 찾는 것이 익숙하지 않아서 어려웠어요. 그래서 친구들이 쓴 내용을 보고 베꼈는데, 지금은 익숙해져서 사전 찾기가 편해졌어요.

5. 깊이 읽기 수업을 마무리한 후 생각은?

  - 다른 선생님들도 이 수업을 많이 해 줬으면 좋겠어요. 재미있어서 국어 수업이 좋아지니까요.

인터뷰 : 청성초등학교 6학년 한영준

한영준 학생은 학기 초 말하기 활동에 어려움이 많았다. 수업 시간에 발표하려는 마음이 앞서 버벅거리거나 작은 목소리로 말끝을 흐리곤 했다. 모둠 토의 활동을 할 때에도 영준은 모둠에서 주도적으로 참여하는 모습보다는 다른 것들을 만지작거리다 가끔씩 토의에 참여하는 모습을 보이곤 했다. 기어들어 가는 목소리와 말끝을 흐리고 버벅거리는 습관이 잘 고쳐지지 않았다. 깊이 읽기 수업을 진행할 때 학생들이 돌아가면서 책을 소리 내어 읽는 순서가 있는데, 영준처럼 바르게 발표하는 습관을 형성하는 게 필요한 학생들에게는 더 많은 기회를 주었다. 학생들의 변화된 모습을 질적으로 분석하기 위해 학생들에게 인터뷰를 요청했을 때 예상외로 가장 먼저 응한 학생은 영준이었다. 주말임에도 자전거로 20여 분 걸리는 학교까지 와 주었다.

2학기가 되자 영준에게서 읽기 습관이 개선되어 가는 모습이

눈에 띄었다. 특히 영준은 문장의 줄이 바뀌면 읽어 내려가는 것을 어려워했었다. 예를 들어 《이 세상에 태어나길 참 잘했다》 14쪽에 서술된 다음과 같은 내용을 또박또박 읽지 못했다.

> 나는 내 이름이 우습지도 부끄럽지도 않았지만
> 그 울림이 슬픈 적이 종종 있다.

영준은 이것을 처음에는 "나는 내/ 이름이 우습지도 부끄럽지도 않지만 그 울림이 슬픈 적이 종/ 종 있다"라고 읽었는데, 자신의 생각에도 의미가 맞지 않자 버벅거렸다. 그러나 2학기가 되자 "나는/ 내 이름이/ 우습지도/ 부끄럽지도/ 않았지만// 그 울림이/ 슬픈 적이/ 종종 있다"라고 또박또박 읽기 시작했다. 버벅거리는 습관이 개선되면서 책의 흐름을 놓치지 않고 읽게 되었고, 스스로 책을 읽는 습관을 가지게 되었다.

영준은 책을 읽으면서 사유(思惟)하기 시작했다. 영준의 꿈은 수의사다. 토끼, 거북이, 거미, 열대어 등을 집에서 키울 만큼 동물을 좋아했다. 그래서인지 영준은 〈시인의 꿈〉이라는 글을 읽고 곤충을 이로운 곤충과 해로운 곤충으로 나누는 활동이 가장 인상 깊었다고 했다. 그리고 수업 시간에 인간 중심의 효용성을 기준으로 곤충을 구분하는 것에 대해 문제를 제기했다. 또한 곤충을 이로운 곤충과 해로운 곤충으로 나누는 것은 안 되며, 곤충은 모두 인간만큼 가치 있는 존재라고 일기에 적었다. 이렇듯 영준은 책 내용에 몰입하면서 곤충뿐 아니라 '인간 중심의 효용성',

'생명을 가진 것들의 가치'로 사고의 폭을 넓혀 나가고 있었다.

1. 깊이 읽기 수업을 하고 자신이 달라진 점은?
   - 그 전에는 읽기 싫어서 대충 읽다 보니 내용도 잘 안 들어오고 그랬는데, 깊이 읽고 나니 책의 내용을 더 잘 파악하게 된 것 같아요.
   - 1학기 때 읽고 싶은 책을 골라서 읽었는데, 옆에 공책을 펴서 내용들에 대한 생각을 쓰면서 읽었어요.
   - 책이 예전보다 확실히 좋아졌어요.
   - 국어 수업이 지루해서 별로 좋아하지 않았는데, 이젠 국어 수업이 체육 다음으로 제일 재미있어요.

2. 깊이 읽기 수업과 국어 수업과의 차이점은?
   - 교과서는 답이 정해져 있는 것 같은데, 깊이 읽기는 답이 정해지지 않아서 계속 생각하고 이야기하는 것이 달라요.

3. 기억나는 수업은?
   - 《이 세상에 태어나길 참 잘했다》 '작가의 말'에 나온 단서를 가지고 책의 이야기가 어떻게 이어질지 친구들끼리 상상해서 모둠 칠판에 써 본 수업이요. 《자전거 도둑》 읽고 뒷이야기 써 본 활동도 기억에 남아요.

4. 깊이 읽기 수업에서 어려웠던 점은?
   - 책을 읽으면서 선생님의 질문에 대해 답할 생각도 안 나고, 어떻게 써야 할지 너무 막막했어요.

이영은 학생은 우리 반 똑순이다. 자신이 맡은 일은 책임감을 갖고 임하며, 성격이 원만해서 친구들의 이야기를 잘 들어 준다. 영은은 생각이나 의견을 바로 말하기보다 곰곰이 생각해 보고 말하는 성격이었다. 생각을 끝낸 뒤 말을 하다 보니 모둠 활동에서 어려움을 느꼈다. 모둠 친구들은 서로 자신의 생각을 말하고 영은에게도 의견을 말하라고 독촉하는데, 자신의 머릿속은 정리가 안 되니 많이 답답했을 것이다.

깊이 읽기 수업을 시작한 지 한 달쯤 지나자 영은은 자신만의 방법을 찾았다. 영은은 친구들과 다른 방법으로 수업에 임했다. 수업 시작 전 책상 위에 교재, 사전, 공책을 펴 놓았다. 수업이 시작되면 수업 시간에 생각해 볼 만한 문제, 자신이 생각한 내용, 모르는 단어 등을 배움 공책에 꼼꼼히 기록했다. 다 정리하지 못한 생각이나 생각해 볼 만한 문제는 집에 돌아가서 채워 넣었다.

"거봐라. 이제 와서 즈그 애비 찾는 거. 그러게 내 뭐랬냐? 좋은 자리 나섰을 때 저 녀석 걱정 말고 시집가라 안 했냐? 지 새끼도 버리고 가는 세상에 조카자식을 뭘 믿고. 어리석은 것. 기를 사람이나 없다면 또 몰라. 내가 기를 테니 걱정말라고 안 하더냐. ② 촌수로 따져서도 할미가 이모보다 가까우니라. 부자지간엔 더군다가 핏줄이라는 게 땡길 거구. 며칠 같이 있어 보고 못 내보내겠다. 안 오겠다, 이렇게 나오면 넌 어쩔래?"

① 할머니는 입에서 침까지 튀겨가며 화를 내셨다.[1]

11월 16일 3교시 국어 시간에 읽었던 지문이다. 이 내용을 읽고 외할머니가 화를 내는 이유를 추론하는 활동과 촌수를 알아보는 2가지 활동을 진행했다. ①을 통해 외할머니가 화를 내게 된 원인을 복동, 이모, 아버지로 구분하여 찾아보도록 했다.

두 번째 활동은 ②을 통해 외할머니와 이모의 촌수를 비교해 보는 활동을 했다. '부모님 – 나'의 촌수, '나 – 형'의 촌수 등을 고민해 보고 촌수를 정리했다. 영은의 공책 필기를 보면 외할머니가 화난 이유와 촌수에 대한 관계도를 확인할 수 있다.

할머니가 가신 후 이모는 내가 묻기 전에 먼저 이것저것 내가 궁금해하던 것, 미처 모르고 있던 이모 자기 얘기를 해주었다.

"이모가 이모 주제도 모르고 ③ 눈만 높지 않니?"

이모 주제란 다리를 전다는 것이라는 것쯤은 나도 안다. 그래서 중매로도 연애로도 파토가 나고만 결혼이 내가 일곱 살 때 될 뻔한 적이 있었다고 한다.[2]

---

1. 박완서, 《이 세상에 태어나길 참 잘했다》, 어린이작가정신, 2009., 86쪽
2. 《이 세상에 태어나길 참 잘했다》, 87쪽

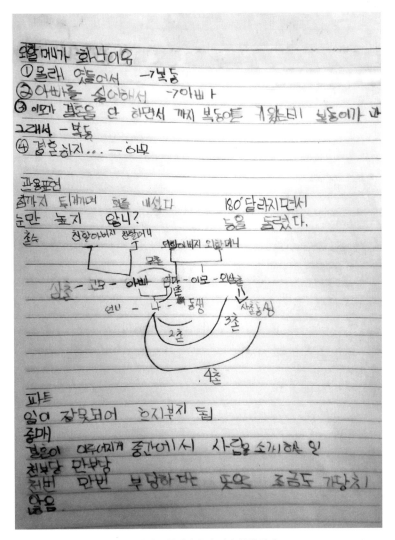

〈그림1〉 청성초등학교 6학년 이영은 학생의 국어 시간 공책 필기

관용적 표현에 대해서는 이미 지난 단원에 학습한 상태였는데, ③의 '눈만 높지 않니?'를 읽자 영은은 스스로 '관용 표현'이라고 필기하며 자신이 배운 내용을 점검했다. 공책 필기 하단에 적은 '파토', '중매', '천부당 만부당'은 처음 보는 단어를 정리한 것이다.

국어 영역의 지도 순서가 말하기, 듣기, 읽기, 쓰기 순서임을 감안할 때, 일반적으로 학생들은 쓰기를 가장 어려워한다. 그런데 영은은 말하기 대신 쓰기를 자신의 방법으로 활용하여 읽으면서 떠오르는 생각들을 정리했다. 이러한 영은의 변화는 다른 책을 읽을 때도 공책을 펴 놓고 읽는다는 인터뷰 내용에서 알 수 있다. 영은은 공책에 자신의 생각을 정리함으로써 책을 이해한다고 표현했고, 스스로 효과적인 방법이라고 말했다. 영은은 자신만의 독서 방법을 정립한 것이다.

2. 학부모들의 반응: "아이들이 자기 주도적으로 공부하게 되었어요."

경제협력개발기구(OECD), 유네스코(UNESCO), 한국교육개발원에서 제시한 역량 중 공통되는 부분이 자기 주도력이다. 깊이 읽기를 진행했을 때, 학부모들이 느끼는 가장 큰 변화는 학생들의 자기 주도력이었다. 학부모들은 아이들이 스스로 책을 찾아서 읽고, 스스로 모르는 단어를 찾고, 스스로 궁금한 것을 알아보는 변화된 태도를 보게 된다. 자신이 하고 싶어 하는 공부, 자신이 읽고 싶은 책을 읽는다는 것은 결국 자신이 삶의 주체가 되는 것을 의미한다. 이것이 바로 자기 주도적 학습이다.

1. 깊이 읽기 수업을 통해 학생들의 달라진 점은?
   - 자기 주도적으로 생각을 구체화시키는 방법을 알게 된 것 같아요. 그런 결과로 자신의 주장과 근거를 타당하게 이야기하더라고요. 자신이 주장하는 내용과 왜 이 주장을 하는지 목적이 분명해졌어요. 스스로 공부하는 것을 재미있어 해요.

2. 깊이 읽기 수업의 효과는?
   - 어쩌면 우리들 세대가 의무와 피동적인 학습을 했다면 지금 우리 아이들 미래는 스스로 배우게 할 수 있는 학습이 꼭 필요하다고 생각해요. 이렇게 창의적이고 열린 사고를 하게 해 주는 열린 교육이 깊이 읽기라고 생각해요. 이 수업을 통하여 성장한 아이들이 세상 어디에선가 주목받게 될 것만 같아요. 이 아이들이 누구도 알지 못했고 생각하지도 못했던 일들을 상상이 아닌 현실로 만드는 주역이 되지 않을까요?

3. 깊이 읽기 수업에 대한 만족도는?
   - 모험적이고 도전적인 수업 방식에 만족해요. 우리 가족은 깊이 읽기와 같은 학생 중심의 교육을 원했어요. 이러한 학생 중심 교육을 통하여 성장한 아이는 분명 차별화가 될 거라 믿어요.

　우리 반에서는 학생들끼리 합의를 통해 정한 규칙을 어길 경우 모의 법정이 열린다. 유용대 학생은 전교어린이회장이면서 반에서는 검사 역할을 맡고 있다. 용대는 학급 모의 법정에서 가장 높은 기소율을 통해 우리 반을 평화로운 학급으로 만든 유능한 검사다.

　용대는 깊이 읽기 두 번째 책인 《10대를 위한 정의란 무엇인가》를 읽을 때 가장 눈이 빛났다. 이 책에 나오는 제레미 벤담, 존 스튜어트 밀, 칸트, 로버트 노직 등과 같은 철학자들의 논리를 보면서 많은 것을 깨달았나 보다.

　용대가 친구들과 대화하는 모습을 보면 작은 철학자 같다. 장난으로 넘어갈 수 있는 사소한 일에 대해서도 하면 안 되는 이유를 또박또박 설명한다. 이런 행동은 자신만의 생각을 날카롭게 다듬어 가는 과정의 결과물인 것이다.

용대는 비단 국어 교과뿐 아니라 다른 교과에도 흥미를 느끼며, 자신이 궁금하고 알고 싶어 하는 내용에 대해 스스로 분석하고 학습한다. 궁금한 내용이 있으면 관련된 책을 찾아보려고 한다. 용대는 관련 정보를 더 얻기 위한 방법으로 독서를 활용하고 있는 것이다.

철학자 데카르트는 '모든 양서를 읽는다는 것은 지난 몇 세기 동안에 걸친 가장 훌륭한 사람들과 대화를 하는 것과 같다'고 말했다. 용대는 이미 독서를 통해 가장 훌륭한 사람들과 대화를 하고 있는지도 모른다.

---

1. 깊이 읽기 수업을 통해 학생들의 달라진 점은?
   - 궁금한 것에 대한 질문이 많아지고 문제 해결에 있어서 스스로 시도해 보려는 마음이 생겼어요. 이해가 되지 않는 부분에 대해서 이해가 될 때까지 물어보는 끈기도 생기고 자신의 생각을 말하는 기회가 많아졌어요. 귀찮다고 불평하기보다는 해야할 일을 스스로 알아서 하고 신나게 즐거운 모습으로 하는 행동이 나타나요.

2. 깊이 읽기 수업의 효과는?
   - 어려운 낱말을 찾아보고 익히는 습관이 들어서 어떤 문제가 주어졌을 때 스스로 해결해 보려는 자기 주도적인 학습을 하는 효과가 있는 것 같아요. 하나의 주제에 대해 깊이 생각해 볼 수 있는 효과도 있는 것 같아요. 하나의 주제에 대해 깊이 생각해

볼 수 있는 탐색의 시간을 통해 나름대로 주관적인 생각을 가지고 말하며 표현력이 길러지는 효과도 생기는 것 같아요. 하나에서 시작된 자신감은 둘, 셋으로 이어져 더 긍정적이고 밝은 모습으로 아이의 성격까지 좀 더 업그레이드되었다고 할까. 남을 이해하는 폭이 넓어지고 옳지 못한 것에 대해서 스스로 판단해 볼 수 있는 효과도 생겨난 것 같아요.

3. 깊이 읽기 수업에 대한 만족도는?

　- 아이들에게 판에 박힌 수업은 머리로만 이해하는 지식을 집어넣는 수업인 것 같아요. 책을 통해서 그 안에서 배워야 할 것들을 연구해 보고 찾아보고 익히면서 아이들이 마음으로 다양한 정보를 받아들이게 해 준다는 점에서 저는 이 수업에 대해 만족해요. 머리로만 이해하는 차가움보다 마음에 남는 따뜻함이 깊이 읽기 수업의 장점이 아닐까 생각해 봅니다.

4. 깊이 읽기 수업에 대한 총체적 생각은?

　- 저 역시 그랬고 아이가 교과서가 아닌 문학책을 가지고 국어 수업을 하리라는 상상은 안 해 봤으니까. 어쩜 아이보다 저 자신이 오히려 깊이 읽기 수업에 더 궁금하고 설레었던 것 같아요. 하지만 아이가 수업한 내용을 책에서 봤을 땐 모르는 낱말에 밑줄을 긋고 뜻을 써 놓으며 이 부분은 무엇에 해당하는지 단순히 작은 참고서를 만들고 있나 싶었고 내가 중·고등학교 시절 하던 주입식 국어 수업을 하는 건 아닌지 염려가 되는 부분도 있었어요. 그러나 이것은 단지 깊이 읽기 수업을 해 보지 않은 사람의 우려일 뿐이었어요. 아이는 수업을 통해 성장하고 있었으니까요. 아이는 배움이라는 것이 얼마나 큰 행동인지

잘 모르는 것 같지만 자신의 행동에서 보여 주고 있더라고요. 아이가 어려운 책을 만날 때 스스로 고민도 해 보고 어렵다며 울상 짓는 귀여운 모습이 사랑스럽기만 해요. 깊이 읽기 수업이 다양한 모험 속에 아이들의 꿈을 찾아가는 도전의 길이 되길 바랍니다.

인터뷰 : 청성초등학교 6학년 홍가연 학생 학부모

학부모들은 학생들이 수업한 책을 보고 작은 참고서가 아닌가 하는 의문이 들 수 있다. 자신이 모르는 단어에 밑줄을 그어 뜻을 쓴 부분과 내용을 이해하느라 잔뜩 표시해 둔 것들을 보면 그럴 수 있다. 그러나 이 필기는 모르는 단어, 표현법(비유적, 관용적 표현)을 비롯해서 자신의 경험과 생각, 친구들이 낸 의견의 흔적이다. 즉 책과 대화를 하는 과정을 기록한 것이다.

홍가연 학생은 우리 반에서 감정이 가장 섬세한 학생 중 한 명이다. 섬세하다는 말은 작은 것에 감사하거나 슬퍼하고 기뻐할 수 있는 감수성을 가졌다는 말이다. 《이 세상에 태어나길 참 잘했다》를 가지고 깊이 읽기 수업을 할 때, 학생들 각자 학교 교정에서 잡초 하나를 골라 그 잡초에 이름을 붙인 뒤 관찰하여 그림으로 나타내는 활동을 했는데, 그때 그 어떤 상황에서보다도 몰입하는 가연의 모습을 볼 수 있었다.

깊이 읽기 수업 이후 이 학생의 부모님은 아이가 스스로 궁금한 것을 찾아보고 혼자 해결해 보려는 변화의 모습을 느꼈다고 한다. 부모님 말씀에 따르면, 가연은 자신이 하고 싶은 공부를 하기 때문에 이해가 되지 않으면 물어보고, 자신의 생각을 말해 보는 활동을 통해 생각을 명확하게 하는 것이다. 공부를 자기 주도적으로 하게 된 것이다.

또한 가연은 타인(친구들)의 이야기를 경청하고, 타인의 경험을 공감하는 능력이 뛰어나다. 그래서 그런지 가연의 일기를 보면 친구들과의 관계에 대한 이야기가 많다. 다양한 성격의 등장인물과 복잡한 상황 속에서 엮어진 문학작품을 읽는 과정을 통해 가연의 공감 능력이 높아진 것이다. 부모님이 깊이 읽기를 따뜻한 감성 수업이라고 말한 이유를 여기서 찾을 수 있다.

《자전거 도둑》 중 〈옥상의 민들레꽃〉의 주인공 꼬마는 섬세한 감수성을 지닌 소년이다. 자살하기 위해 옥상에 올라갔지만, 바닥 벽돌 사이 손톱만 한 흙에서 피어난 민들레꽃을 보고 생명의 소중함을 느끼는데, 이 소년과 가연이 참 많이 닮았다.

3. 교사들의 반응: "책을 제대로 읽고 생각할 수 있다."

"교육과정을 충분히 소화할 수 있다"

김건수 선생님은 내가 지금 근무하는 청성초등학교에서 연구

부장으로 활동하며 교육과정을 치열하게 고민하고 아이들을 가르치고 있는 선생님이다. 나와는 서로의 수업을 참관하면서 상호보완적으로 성장하고 있는 '수업 친구'다.

교사는 누구나 좋은 수업을 꿈꾼다. 학생들이 즐겁고 행복한 수업, 학생들이 몰입하고 바람직한 변화를 이끌어 내는 수업, 나 또한 언제나 생각하고 바라는 수업이다. 하지만 실천하고 노력하는 것은 쉽지 않다. 또 실천하고 노력한다 하더라도 내가 원하는 수업이 되는 것은 매우 어렵다. 마지막으로 양효준 선생님의 깊이 읽기를 통한 국어 수업을 참관했을 때, 아이들은 너무 즐거워했다. 마치 체육 수업처럼 학생들의 모습은 행복해 보였다. 이 모습만으로도 깊이 읽기 수업은 의미가 있지 않을까?

양효준 선생님이 처음 깊이 읽기를 통해 국어 수업을 진행한다고 했을 때는 걱정이 매우 앞선 것이 사실이다. 나의 걱정은 일반적인 수업을 하는 다른 교사들의 걱정과도 같을 것이다. 과연 책 한 권으로 한 학기를 나아갈 수 있을지, 깊이 읽기를 통해 수업을 진행한다면 교육과정에서 제시하는 성취기준에 맞게 학생들을 가르칠 수 있을지, 단지 한 명의 교사가 한 학기 동안 수업을 이끌어 갈 텍스트를 선정하는 데 문제는 없을지 의문이었다.

수업을 통해 변화하고 성장하는 아이들처럼 나 역시 양효준 선생님의 수업을 참관하고 이야기를 들으며 깊이 읽기에 대한 생각이 많이 변하였다. 양효준 선생님이 선택한 책 한 권은 단순히 읽고 끝내는 책 한 권이 아니었다. 그 책 속의 한 문장이 한 시간의 수업을 이끌어 나갈 수 있다는 경험은 나에게 놀라운 일이었다. 그리고 학생들이 깊이 읽기 수업을 통해 점차 변화하는 모습을 보며 그 책 한 권은 교사의 열정과 노력이 집약되어 교사와 학생이 함께 호흡하는 홀륭한 교재로 느껴졌다.

깊이 읽기 수업을 준비하는 동안 양효준 선생님은 열심히 교육과정을 분석하였다. 어떻게 하면 성취기준을 적용할 수 있을까 고민하고 또 고민하였다. 그리고 결국 가장 버리기 아까운 교과서를 포기하고, 재구성을 통하여 깊이 읽기 수업 중심의 국어 교과 교육과정을 적용하였다. 같은 학교 교사로서 양효준 선생님의 노력하는 모습과 실천하는 과정을 지켜보며 교사가 가장 좋은 교재가 될 수 있다는 것을 다시 한 번 깨닫게 되었다.

학생에게 가장 알맞은 텍스트를 교사 혼자 선택하는 것이 옳은 일인가에 대해서는 아직 의문이 남아 있는 게 사실이다. 하지만 인간을 바람직한 방향으로 변화시킨다는 교육의 목적을 위해 끊임없이 교육에 대해 고민하고, 그 고민을 해결하기 위해 노력하고 실천하는 것이 교사의 존재 이유라고 생각한다. 양효준 선생님이 실천한 한 학기 동안의 깊이 읽기 수업을 통해서 끊임없이 고민하고 노력하며 실천하는 교사의 모습을 볼 수 있었고, 느낄 수 있었다.

청성초등학교 교사 김건수

이 글은 김건수 선생님이 1학기 동안 우리 반의 깊이 읽기 수업에 5회 이상 참관한 후 마지막 깊이 읽기 수업을 보고 쓴 교직 일기에서 인용한 것이다. 김건수 선생님은 깊이 읽기 수업을 보며 처음에는 걱정이 많았지만 한 학기 동안 깊이 읽기 수업을 참관하면서 긍정적인 느낌을 받았다고 밝혔다. 김건수 선생님은 올해 자신의 수업에도 깊이 읽기를 적용하려고 준비 중이다.

교사는 끊임없이 자신이 가르치는 학생들이 교과별 성취기준에 도달했는지 확인하며 수업을 한다. 이를 위해 수시로 평가를 하기도 한다. 많은 교사가 학생들이 책 한 권을 읽는 것만으로 교육부의 교육과정이 요구하는 성취기준에 도달할 수 있는지, 그리고 그것을 어떻게 확인할 수 있는지에 대해 부담감을 가지고 있다. 깊이 읽기를 통해 한 학기 수업을 진행한다고 말씀드렸을 때 김건수 선생님도 그런 걱정을 했던 것 같다.

그러나 여러 가지 우려 속에서 1년간 깊이 읽기 방법으로 수업을 진행한 내 경험에 따르면, 독서와 책에 대한 학생들의 부담감은 눈에 띄게 줄어들었고, 국어 수업에 대한 흥미도와 참여도는 높아졌다. 깊이 읽기가 기존의 수업 방식보다 학생 중심의 수업에 더 가깝다는 것은 틀림이 없다. 다만 깊이 읽기 수업에서는 단답형 방식으로 평가하는 것은 불가능하다. 자신의 생각을 쓰는 서술형, 논술형 형태인 정성적인 평가로 접근해야 한다. 깊이 읽기 수업과 교과서를 재구성한 수업 간의 성취기준 도달 정도의 차이에 대해서는 연구가 더 필요하다.

"제대로 책을 읽고 생각할 수 있다"

최동길 선생님은 춘천교육대학교 국어교육과를 졸업하고 20여 년 가까이 초등학교에서 학생들을 가르치고 있다. 지금은 춘천교육대학교 수업 실습 학교로 지정된 강원도 횡성의 성북초등학교에서 5년째 예비교사들을 맞고 있는데, 특히 새로운 교육 경향과 동향에 관심이 많다.

1. 깊이 읽기 수업의 효과

초등 학생들에게 독서는 자아를 형성하고 삶을 바람직한 방향으로 이끄는 매우 중요한 도구이다. 독서를 통해 기초적인 읽고 쓰는 능력으로부터 시작하여 타인과의 대화 및 공감 능력 향상, 가치관의 형성이나 인성, 삶의 방향 설정 등 그 효과는 매우 광범위하다고 할 수 있다.

그러나 대부분 학생들의 책 읽기는 그들의 흥미나 관심, 욕구 등에 의해 단순히, 맹목적인 읽기 활동으로 전락한 지 오래되었고 스마트 기기의 발달과 그에 대한 학생들의 맹목적 의존은 깊이 있는 책 읽기에 큰 장애가 되고 있다. 이와 같은 현상으로 학생들은 학교에서의 읽기 시간에 중요한 내용을 파악하거나 글의 이면에 담긴 뜻을 이해하지 못하거나 등장인물의 성격이나 특성을 파악하는 데에도 어려움을 겪는다. 본 교사가 판단하기에는 수업 시간 중 글의 내용을 파악하는 학생들은 평소 깊게 책 읽기를 한 친구들이고 지문에 제시된 내용조차 파악을 못 하는 학생들은 대부분 책을 멀리하거나 깊이 읽지를 못하는 경우이다.

따라서 초등학교에서 교사의 교육과정 재구성을 통한 깊이 읽기 수업은 학생들에게 생각할 수 있는 힘을 길러 줄 것이다. 아울러 깊이 읽기는 스스로 생각하고 문제를 해결하며, 타인과의 협력 및 공감으로 삶의 방향을 결정할 수 있는 능력을 향상시킬 것이다.

성북초등학교 교사 최동길

최 선생님이 말하는 것처럼 학생들에게 책 읽기가 관심과 흥미가 없는 이질적인 활동이 될 경우 내용 파악조차 힘들어하게 된다. 책을 읽는 능력뿐 아니라 책에 대한 인식과 태도마저 부정적으로 변하게 된다.

깊이 읽기 과정에서는 기초적인 읽기와 쓰기를 비롯해 대화하기, 공감하기 등 활동이 진행되는데, 이런 과정을 거치면서 책을 제대로 읽게 된다. 책을 기피하던 학생들이 책을 찾는 것처럼 학생들은 책을 읽게 되고 그 과정에서 자아를 형성하며 삶의 바람직한 방향을 형성하게 된다.

"감상하고 탐구할 수 있는 시간을 갖게 된다"

김선희 선생님은 나와 같은 대학교 학과 동기로 현재 서울창림초등학교에서 학생들을 가르치고 있다. 김 선생님은 2015년 5학년 학급 담임을 맡아 토의·토론 수업 등 학생 중심의 수업을 했다. 내가 깊이 읽기 수업을 하고 있다는 소식을 듣고 자신의 수업에 내 수업 방식을 적용해 보고 싶어 했다.

> 1. 깊이 읽기 수업의 효과
> 깊이 읽기는 교과서를 버리는 데서 시작하지만 효과는 그것에 그치지 않는다. 수업의 매체를 바꾸는 것에서 시작한 작은 시도는 교사와 학생 모두가 만족할 수 있는 효과를 불러온다.

첫째, 깊이 읽기 수업은 교사의 독서 지도 부담을 줄여 준다. 대부분 초등학교 담임교사들은 독서록을 활용하여 학생들이 독후 활동을 하도록 하고 교사가 코멘트를 적어 주는 방식으로 독서지도를 한다. 그러나 학생들의 독후감은 시간이 갈수록 감상은 사라진 채 줄거리만 남아 있기 일쑤이다. 깊이 읽기 수업은 단순히 책을 읽는 데 의의를 두는 기존의 독서 지도 방식에서 벗어나면서도 동시에 좀 더 높은 수준의 효과를 가져온다. 교사가 확인하고 검사하지 않아도 아이들이 스스로 책을 읽기 시작한다. 또, 책 속 곳곳에서 아이들은 교사가 예상하지 못했던 수많은 가슴 떨림을 느끼고 표현한다.

둘째, 깊이 읽기 수업은 학생들에게 수업 시간에 통찰과 탐구를 경험하게 한다. 기존의 국어 교과서에 따른 읽기 수업은 아이들이 생각에 잠기는 것을 허용하지 않았다. 제재 글 속에 빠져들어야 의문을 갖고 마치 나의 이야기인 것처럼 진정한 공감도 할 수 있지만 그러는 동안 수업 진도를 진행할 수 없기 때문이다. 깊이 읽기는 그동안의 모순적인 수업 구조의 한계를 놀랍게 깨트려 버렸다. 깊이 읽으면서 제재 글 속에 빠져드는 시간은 자연스럽게 허용되고, 아이들은 그 과정에서 자신이 마치 책 속 인물이 되는 것 같은 '자기화'를 느낀다.

셋째, 깊이 읽기 수업은 궁극적으로 아이들의 삶을 보는 안목을 변화시킨다. 책 읽는 즐거움을 느끼기 시작한 학생들은 책이 주는 참된 배움을 몸소 깨닫고, 작은 일에도 "왜 그렇지?" 질문할 수 있게 된다. 질문이 익숙한 학생들은 삶의 다양한 곳곳을 주의 깊게 관찰하게 되고 결국엔 자신의 내면에도 말을 걸 수 있는 사람이 된다.

서울창림초등학교 교사 김선희

많은 교사가 현재 운영되는 독후 활동의 실효성이나 의미를 무비판적으로 수용하고 있다. 그러나 과연 지금 하고 있는 방법이 의미 있는 독후 활동인지에 대해 의문을 가져야 한다. 깊이 읽기는 학교나 교실에서 진행되는 별도의 독후 활동을 대체할 수 있다. 책을 읽은 후의 감정이나 느낌이 기존보다 심화하며 형식적인 틀에 갇힌 것이 아닌 삶으로 들어오는 독후 활동을 경험할 수 있다. 이것이 '자기화'의 과정이며 삶을 바라보는 안목으로 이어진다는 것을 놓쳐서는 안 된다.

"저학년에도 적용할 수 있을까?"

깊이 읽기 수업을 접해 보지 못한 최동길(횡성 성북초등학교 재직) 선생님에게 깊이 읽기에 대한 내용을 설명했다. 그 내용을 바탕으로 최 선생님이 깊이 읽기 방식에 대한 생각과 궁금증에 대해 처음 접하는 교사의 입장을 대변할 수 있도록 인터뷰를 진행했다. 최 선생님은 깊이 읽기의 수업 방식이 내용 이해를 토대로 하여 다양한 활동으로 확장되기 때문에 5~6학년군에 적합하다고 말씀했다.

2. 깊이 읽기에 대한 생각

첫째, 깊이 읽기 수업을 적용할 대상 선정을 고려해야 한다. 깊이 읽기 수업을 학생들에게 적용할 때 가장 먼저 생각할 것은 학생들이 스스로 글을 깊이 읽을 수 있는 능력이 형성되어 있는가 하는 것이다. 초등학교 저학년 학생들 중에는 글을 읽고 쓰는 것조차 어려운 학생이 많다. 그들에게 적용하는 것은 무리라고 생각한다. 따라서 깊이 읽기 수업을 적용할 수 있는 대상으로는 고학년이 적합할 것이다.

둘째, 깊이 읽기에 사용되는 책(혹은 책의 일부)을 선정할 때는 교사의 객관적이고 합리적인 판단이 작용해야 하며 무엇보다 국가 수준 교육과정에서 요구하는 성취기준에 부합하는 내용을 포함해야 할 것이다. 단순히 글의 일부분을 통해 적용할 수 있다면 굳이 다른 책을 선정하여 깊이 읽기를 할 필요는 없다고 본다. 교육과정에서 제시하는 내용을 통해서도 교사의 의도적인 지도로 깊이 읽기가 가능할 수 있을 것이다.

셋째, 누구나 동의할 수 있는 깊이 읽기가 전개되어야 한다. 지역에 따라, 혹은 교사에 따라 깊이 읽기 방법이나 내용이 달라진다면 교사들(혹은 학생들)의 동의를 구하지 못할 것이다. 따라서 체계적이고 전문적인 방법을 구안하여 적용할 수 있도록 다양한 방면을 통해 그 효과를 검증받아야 할 것이다.

넷째, 깊이 읽기 수업은 현행 교육과정에서 다루는 읽기 방법이 교육과정 성취기준에는 부합할 수 있으나 학생들의 흥미나 호기심, 그들의 읽기 능력을 향상시키는 데는 부족하다는 판단에서 시도되는 수업일 것이다. 그렇다면 현행 교육과정의 바람직하지 않은 점에 대한 구체적인 검증(단순히 설문지를 통한 설명보다)이 뒤따라야 하고, 추후 그러한 논의가 충분히 이뤄진다면 교육과정에 반영하는 것이 바람직하다고 여긴다.

3. 깊이 읽기 수업에 대한 궁금증 및 걱정

첫째, 현재 교실에서 수업을 전개하고 있는 교사 대부분이 깊이 읽기 수업에 대해 거의 모른다고 봐야 할 것이다. 따라서 그들에게 깊이 읽기 수업을 전개하도록 하기 위해서는 먼저 깊이 읽기에 대한 연수가 선행되어야 할 것이다. 이는 기존 체제에 안주하며 살고 있는 교사들에게는 심적 부담을 줄 우려가 크다. 이를 극복하기 위해서는 깊이 읽기 수업에 대해 앞서 나가려는 선생님의 부단한 노력과 주변 교사들에게 전파하고자 하는 노력 또한 요구될 것이다. 보다 빠르게 확산되려면 교육부나 지역 시도 교육청 차원에서의 적극적인 행정적, 재정적 노력이 필요할 것이다. 그러나 관 주도의 깊이 읽기는 교사들의 저항을 가져올 수도 있으므로 일선 교사라는 밑바탕(기초)부터 차츰 확산될 수 있는 방안을 강구하는 것이 바람직하다고 생각한다.

둘째, 일부 교사는 깊이 읽기 수업을 진보적 성향의 교사들이 학생들의 사고를 진보적 성향으로 만들기 위한 도구로 이용한다고 생각할 수 있다. 흔히들 이야기하는 편향된 주입식 교육이 학생들의 사고를 고착화시킨다고 하듯이, 교사에 따라 다른 이념을 주입할 수 있는 부분을 말하는 것이다. 따라서 깊이 읽기 수업을 전개하는 것은 학생들의 발전을 위한 것임을 인식하고 이념적 성향을 떠나 모든 교사가 함께 참여할 수 있는 문을 넓혀 같이 연구하고 노력할 수 있는 통로를 만들어야 할 것이다.

성북초등학교 교사 최동길

1~2학년은 언어적 상상력이 발달하는 시기로, 입말을 주로 하기 때문에 정확한 글자 습득이 중요하다. 3~4학년은 객관적 지식이나 논리를 이해하고 수용하는 시기로 줄거리 간추리기, 글 속에서 낱말의 뜻, 중심 문장 추려 내는 활동들을 주로 한다. 5~6학년은 지식들을 이용하여 관계를 파악하는 초보적 비평 활동이 가능한 시기이다.[3]

최 선생님이 말한 것처럼 깊이 읽기 방식을 적용하기 위한 가장 적합한 학년은 5~6학년군일 것이다. 그렇다고 해서 깊이 읽기를 1~4학년군에는 적용할 수 없고, 적용해 봤자 의미가 없다는 말은 아니다. 5~6학년군이 깊이 읽기 수업을 통해 가장 큰 변화를 얻을 수 있는 학년이라고 한다면, 그 이하 학년군을 대상으로는 깊이 읽기를 준비하는 수업을 할 수 있다. 1~2학년은 깊이 읽기 수업을 통해 책과 친구가 되는 단계(눈높이에 맞는 깊이 읽기), 3~4학년군은 깊이 읽기 수업을 이해하는 단계(내용 심화를 위한 깊이 읽기), 5~6학년은 깊이 읽기를 적용하는 단계(성찰을 통한 내면의 깊이 읽기)라고 할 수 있다.[4]

---

3. 박지희, 《초등국어수업》, 에듀니티, 2013 참조.
4. 학년군별 깊이 읽기의 구체적인 사례는 이 책 7장에 자세히 소개되어 있다.

"교사의 개인적 주관에 따라
교육과정에 혼란을 주지 않을까?"

깊이 읽기 수업은 국가 수준의 교육과정에 대한 반박이 아닌 국어 교육과정을 효과적으로 이행하기 위한 수업 방안이다. 따라서 기존의 교육과정에 대한 반박보다는 교육과정이 현장에서 실제적으로 구현되고 있는가에 대한 반박이 필요하다. 깊이 읽기는 현행 독서 교육의 문제점을 보완하고 국어과 교육과정을 보다 잘 녹여 내기 위한 대안적 수업의 형태이다.

어떤 수업 방식이 알려지는 방법은 다양하다. 책, 연수, 다큐멘터리 등 다양한 방법으로 소개될 수 있다. 이 책은 그러한 노력의 하나이다. 이것은 깊이 읽기 방법을 확산하기 위한 첫걸음이며 앞으로도 더 체계적인 계획과 노력이 필요한 것이 사실이다. 교육부나 지역 시도 교육청 차원에서도 깊이 읽기 수업에 대한 교육적인 검토와 함께 지원이 필요하다. 그러나 이러한 계획보다 중요한 것은 깊이 읽기를 적용하는 주체인 교사이다. 깊이 읽기 수업이 많은 학생에게 행복감을 주기 위해서는 선생님들의 역할이 크다.

최 선생님은 교사들로부터 시작해 교육청으로 퍼져나가는 상향식 변화를 위해 교사들의 동기를 고취시킬 만한 방안이 필요하다고 말한다. 국어 수업에 혁신을 원하는 선생님, 국어 수업의 변화를 기대하는 학생들이야말로 기존의 수업을 변화시키기 위한 원동력이 아닐까?

어떤 생각으로, 어떤 교재를, 어떤 방식으로 지도하느냐에 따라 수업 방식과 내용이 달라지기 때문에 깊이 읽기 수업에는 진행하는 선생님의 이념이 자연스레 녹아난다. 교사의 성향에 따라 이념적으로 편향되어서는 안 되지만, 학생들의 자기 주도적인 학습을 돕기 위해서는 수업에 어떤 방식을 적용할 것인가, 무엇을 어떻게 읽을 것인가 하는 문제는 학생들을 직접 가르치는 교사의 판단과 책임에 의존하지 않을 수 없다.

"깊이 읽기를 진행하기에 너무 성급한 것이 아닐까?"

깊이 읽기 수업을 하기 위해서는 교사의 전문성 함양과 함께 시도 교육청 등의 재정적, 행정적 지원이 필요하다.

깊이 읽기 수업은 국어 수업에 대한 하나의 패러다임으로, 이러한 패러다임에 공감하는 교사들의 자발적인 수업 방식으로, 자신만의 색깔로 실현된다. 한 권의 책을 가지고 교사 100명이 깊이 읽기 수업을 한다면 100가지 다른 형태의 수업으로 나타나야 한다. 최 선생님은 이 과정에서 준비되지 않은 수업이 진행되는 않을까 걱정하고 있는 것이다. 전문성이 없는 깊이 읽기 수업은 목표 없이 떠다니는 배와 같은 수업으로, 허울만 좋은 수업이 될 수 있기 때문이다.

최 선생님은 검증하는 방법은 어렵겠지만 깊이 읽기 방식에 대한 검증은 필요하며, 그 후 교사들에게 적용되어야 한다고 말한다. 책을 읽을 때 사람마다 감명받는 부분이 다르듯이 깊이 읽기 역시 같지는 않더라도 교사에 따라 아무렇게나 깊이 읽기를 지도할 수는 없는 부분이므로, 일정한 검증 과정을 거쳐 교사들 간 협의된 내용을 지도할 필요가 있다는 의미라고 추가 인터뷰에서 밝혔다.

최 선생님이 말하는 것처럼 깊이 읽기에 대한 검증은 필요한데, 그 방법은 집단지성의 형태로 해결할 수 있다. 현재 깊이 읽기 수업의 형태와 유사하게 수업을 하고 있는 교사들이 있지만 수업 방식에 대한 이해나 실제적인 사례에 대한 공유 및 분석은 제대로 되지 않은 상황이다. 깊이 읽기가 확산 및 심화되기 위해서는 네트워크 형성이 필수적이다. 그러기 위해서는 시도 교육청 차원에서 깊이 읽기를 검토하고, 이후 실효성이 인정되면 적극적으로 지원을 해야 한다. 각 교육지원청에 따라 연구회를 구성하고, 그 연구회가 지속적으로 운영·확산될 수 있도록 해야 한다. 다양한 깊이 읽기 수업을 계속하고 있는 교사들과 이제 막 입문해 어려움을 겪는 교사들 간 멘토-멘티 관계를 만들고 깊이 읽기에 대한 궁금한 점이나 애로사항을 해소할 수 있는 창구를 만들어야 한다.

지역 교육청은 학교에서 깊이 읽기 수업을 하는 학년에 학생당 1권씩 교재를 지원할 수 있도록 해야 한다. 깊이 읽기 수업을 하려면 학생당 1권의 책이 필요하다. 수업 시간 내내 학생들은 책과 끊임없이 대화를 하는데, 그 과정을 책에 기록하기 때문이다.

도서관에서 대여하는 책은 필기를 할 수 없어 깊이 읽기 수업에 적합하지 않다.

깊이 읽기 수업을 하기 위해 책을 사려면 학급운영비를 지출해야 하지만, 1인당 1권씩 사기에 학급운영비는 턱없이 모자라는 실정이라 교사 개인의 사비를 지출해야 하는 경우가 생긴다. 따라서 깊이 읽기 적용 학급에 대한 1인당 1권씩 도서를 살 수 있도록 재정적 지원이 필요하다.

"교육과정에 대한 동학년 교사들의 협의가 가능할까?"

2. 깊이 읽기에 대한 우려

양효준 선생님의 깊이 읽기 수업을 지켜보면서 나 또한 교사로서 도전해 보고 싶은 매력을 느낄 수 있었다. 그러나 아직까지 몇 가지 한계가 보이는 것 또한 사실이다.

첫째, 교육청 단위 및 학교 교육과정은 차치하더라도, 아직까지는 학교에서 담임교사의 단독적인 교육과정 재구성이 어렵다. 매년 동학년 교사들은 학년 교육과정을 수립한다. 깊이 읽기 수업이 진행되려면 이 과정에서 동학년 교사 전체의 공감대가 형성돼야만 한다. 한 학급에서 단독적으로 깊이 읽기 수업을 진행한다 하더라도, 때에 따라 학년의 결정 사항을 따를 수밖에 없다면 이는 반쪽짜리 깊이 읽기 수업일 뿐이다. 사실상 양효준 선생님이 깊이 읽기 수업을 자유롭게 추진할 수 있는 것도 단일 학급이라는 환경적 조건이 유리하게 작용했기 때문일지 모른다.

둘째, 텍스트를 선정하고 활용하는 데 교사의 높은 전문성과 합리성이 요구된다. 다시 말하면 교육과정 성취기준에 부합한 텍스트를 선정하고, 선정된 텍스트가 적합한지 검증하는 과정이 다소 주관적일 수도 있다. 따라서 여러 교사가 함께 협력하는 과정을 통해 텍스트 선정 및 검정, 활용의 객관성을 높여야 할 것이다.

깊이 읽기 수업이 보다 체계적으로 운영되려면 교육청 차원의 행정적 지원이 뒷받침돼야 한다. 그러나 그러한 제도적 변화는 교사들 사이에서 교육적 공감대가 형성되고 아래로부터의 변화를 꾀한 후에야 가능할지 모른다. 양효준 선생님의 이러한 교육적 시도에 많은 교사들의 힘이 보태지길 바란다.

서울창림초등학교 교사 김선희

사실 내가 깊이 읽기 수업을 과감하게 시도할 수 있었던 데에는 2가지 중요한 조건이 있었다. 첫째, 청성초등학교가 전체 6개 학급으로 된 소규모 학교라 같은 학년에 다른 교사가 없었다. 둘째, 모험적인 학급 교육과정에 대해 교장, 교감 선생님을 포함한 다른 선생님들의 전반적인 이해가 있었다. 따라서 교사 개인이 하고 싶다고 한 학년에 여러 반이 있는 학교에서는 깊이 읽기 수업을 즉각적으로 교육과정에 반영하기엔 무리가 있다.

학급 수가 많은 학교에서 깊이 읽기를 하려면 가장 먼저 동학년 선생님들 간의 깊이 읽기에 대한 합의와 노력이 필요하다. 수평적인 학교 문화를 토대로 깊이 읽기를 적용해 보고 싶은 선생님은 동학년 학년부장에게 건의를 하거나 전문적 학습공동체의 형태로 깊이 읽기에 대한 선행 공부를 통해 다른 선생님들에게 깊이 읽기를 알려야 한다. 깊이 읽기 수업은 동학년 선생님들의 공감을 이끌어 낼 때에만 진행될 수 있다. 이것마저도 힘들다면 자신만의 학급에서 자율적으로 분량이 적은 책을 선정하여 부분적으로 깊이 읽기를 적용해 보는 것도 좋다. 아주 작은 양의 차이가 결과적으로 매우 큰 차이를 만들 수 있다는 나비효과 이론을 기억하자.

마지막으로 김선희 선생님은 텍스트를 선정하는 데 교사 개인의 높은 전문성과 합리성이 요구된다는 점을 지적하고 있다. 이것은 다른 두 분 선생님이 우려하는 것과도 상당히 깊은 연관성을 갖고 있다. 텍스트 선정 방법에 대해서는 이 책 3장에서 자세히 설명하고자 한다. 3장에서 제시한 텍스트 선정 방법을 이용해 나는 《자전거 도둑》, 《10대를 위한 정의란 무엇인가?》, 《이 세상에 태어나길 참 잘했다》를 선정하였다. 이 3권의 책 말고도 깊이 읽기를 효과적으로 할 수 있는 책은 많다. 깊이 읽기는 한 학기에 한두 권을 읽기 때문에 짧은 시간에 다양한 도서 사례를 축적하기는 어렵다. 다양한 텍스트 분석을 통해 효과적인 책을 찾는 것 역시 깊이 읽기 수업을 할 교사들의 숙제이기도 하다. 따라서 앞으로 많은 교사가 자신이 선정한 책들로 수업을 해 보고 그에 따른 수업 사례가 확장되고 공유되어야 한다.

3장

깊이 읽기,
어떻게 할까?

깊이 읽기는 아직까진 구체화된 수업 모형이 아니다. 이 책을 통해 깊이 읽기를 안다고 하더라도 그 수업을 적용해 보는 교사마다 수업의 모습과 방식은 다양하게 나타날 것이다. 앞에서 말했다시피 같은 책, 같은 학년으로 수업을 한다고 해도 교사마다 생각과 수업 방식이 다르기 때문에 같은 모습으로 구현되지는 않을 것이다. 여기서 제시하는 방법은 내가 깊이 읽기 수업을 적용해 보는 과정에서 여러 시행착오를 겪으며 느낀 점들을 정리한 것뿐이다. 따라서 깊이 읽기 준비 과정을 참고하여 교사마다 자신의 개성과 상황에 맞게 '나만의 수업'으로 구현해야 할 것이다.

1. 깊이 읽기 첫걸음: 독서관 확립

먼저 교사는 자신만의 독서관을 정립하고 있어야 한다. 이것은 책을 왜 읽어야 하느냐에 대한 물음으로 이어진다. 우리는 책을 왜 읽어야 하는 걸까?

첫째, 이성적 사고를 기르기 위해서다. 비문학으로 대표되는 장르(예술, 철학, 인문, 종교 등)의 책을 읽는 목적은 새로운 내용과 관점을 쌓기 위함이다. 이 과정에서 인간은 사고를 하고 논리성을 배우게 된다. 문학작품에 나와 있는 삶의 상황에서 인물의 행동과 판단에 공감하면서 되새기고 고민해 보는 과정에서도 이성적 사고를 기를 수 있다.

둘째, 감수성을 기르기 위해서다. 문학(시, 소설, 에세이 등)은 인간의 삶을 투영(投影)한 결과물이다. 문학작품에는 등장인물이라는 가상의 존재가 나오지만 사실 책 속의 이야기는 우리 이야기다. 우리가 책을 통해 희로애락을 느끼는 것은 결국 책을 읽으면서 자기화(自己化)가 일어나기 때문이다. 우리가 실제 삶을 살아가며 기쁨, 슬픔 등 다양한 감정들을 느끼는 것처럼 책이라는 간접 경험을 통해서도 다양한 감정을 느낄 수 있다. 문학은 삶에 대한 감수성을 확장시켜 주는 보물이다.

편중된 독서로 인해 이성적 사고나 감수성 중 어느 한쪽으로 더 많이 치우치는 사람도 있다. 어느 쪽에 더 치중해야 한다는 정답은 없다. 다만 이성과 감성을 조화롭게 버무려 지혜로운 삶을 살아가기 위해서는 두 영역을 균형적으로 기르기 위한 독서관이 필요하다. 그렇다면 우리 아이들에게 필요한 독서관은 무엇일까? 아이들을 가르치는 교사에게 필요한 독서관은 무엇일까?

사회가 다변화된 만큼 복잡한 문제에 직면할 수밖에 없는 우리에게는 지식이 아닌 지혜가 필요하다. 최근 인문학 서적이 인기를 끄는 현상은 이러한 시대적 요구에 따른 결과라고 볼 수 있다. 이성적 사고와 감수성을 기를 수 있는 가장 손쉬운 방법은 바로 독서다. 우리가 경험하는 현실과 과거에 있었던 삶의 지혜가 모두 책에 담겨 있기 때문이다.

2. 깊이 읽기를 위한 책 선정

깊이 읽기를 위한 책 선정은 시간과 노력이 많이 드는 과정이다. 선정한 책에 따라 수업이 확연히 달라지기 때문에 학생들과 교사에게 맞는 선택이 중요하다.

학생들 수준에 맞게

나는 실제 수업에서 《그 많던 싱아는 누가 다 먹었을까》(박완서), 《나의 라임오렌지나무》(마우루 지 바스콘셀로스), 《자전거 도둑》을 놓고 고민한 적이 있다. 《그 많던 싱아는 누가 다 먹었을까》는 저자의 어린 시절을 토대로 일제강점기와 6·25전쟁을 배경으로 진행되는 이야기다. 청소년이 읽어야 할 추천 도서로 손꼽히는 이 책은 역사 수업과 연계도 가능하고 순우리말이 많이 쓰여 교육적이다. 그러나 내가 실제로 깊이 읽기 수업을 하고자 읽어 본 결과 우리 반 학생들의 수준에 비해 어려운 어휘가 너무 많았고, 읽는 방법도 모르는 상태에서 분량이 많아 적용하기에 무리가 있었다.

깊이 읽기 수업에서 읽어야 할 책을 교사가 선정할 때는 가장 먼저 해당 책이 학생들의 학습 수준에 맞는지 유의해야 한다. 학생들의 학습 수준보다 너무 쉬운 책을 선정할 경우 학생들은 재미를 잃고 시시해하기 때문에 재미없는 수업이 된다. 또한 학생들의 학습 수준에 비해 너무 어려운 책을 선정하게 되면 책 읽는 속도도 느려지고, 학생들의 해석보다는 선생님의 설명 시간이 많아져 교사 설명 중심의 수업이 될 가능성이 크다.

학습 수준 외에도 정서나 문화적 배경에 대한 고려도 필요하다. 《나의 라임오렌지나무》는 어린 제제와 뽀르뚜까, 라임오렌지나무인 밍기뉴와의 이야기를 다룬 책이다. 추천 도서로 많이 꼽히는 책이지만 문화적 차이를 설명하는 데 많은 시간이 소모될 것 같아서 제외했다.

《자전거 도둑》은 단편집으로 구성되어 있어 깊이 읽기 수업을 처음 시작하는 교사가 부담스럽지 않게 시작할 수 있다는 점에서 좋았다. 작가가 각 단편에 녹여낸 주제들이 학생들의 정서 함양에도 큰 도움이 될 것 같았다. 또한 학생들이 모르는 어휘가 한 페이지에 3개 이상을 넘지 않은 수준이었고 순우리말이 많이 사용되어 선정하게 되었다.

추천 도서/ 교과서 수록 작품을 중심으로

(1) 추천 도서

대한출판문화협회에서는 2014년 우리나라 신간 출판 도서가 4만 7589종이라고 밝혔다. 그중 아동 도서는 7269권으로 15.27%를 차지하고 있다. 학생들을 대상으로 출판되는 많은 도서 가운데 어떤 책을 먼저 읽어야 할지 망설여진다면 다음과 같이 다양한 기관에서 추천한 도서 목록을 참고하는 것도 좋다.

- 도립·시립 도서관에서 추천 또는 권장하는 도서 목록을 확인한다.
- 온라인 도서 구매가 늘어나고 있는 추세를 반영하여 온라인 서점(예를 들면 교보문고, 알라딘, 예스24 등) 베스트셀러 혹은 추천 도서를 확인한다.
- 교육부, 한국아동문학인협회에서 추천한 도서 목록을 확인한다.

권위 있는 기관이나 단체에서 추천을 했다고 해서 무조건 적절한 책이라고 할 수는 없다. 교육적이고 삶에 도움이 되는 책이면서 학생들의 상황에 적합하고 교육과정과 연계할 수 있는 도서여야 한다. 따라서 추천 목록의 책들을 직접 교사가 살펴보고 여건에 맞는 최적의 도서를 선정하는 것이 중요하다.

(2) 교과서 수록 작품

교과서에 수록된 작품들은 교과서 집필진이 오랜 연구 끝에 선정한 것들이다. 국어 교육 전문가들이 충분한 논의 끝에 선정한 작품들이므로 작품성을 인정할 수 있다. 따라서 교과서에 수록된 좋은 작품 가운데 깊이 읽기 텍스트를 선정하면 집필진들이 오랜 연구 끝에 선정한 문학작품의 진정한 가치를 찾아보게 할 수도 있고, 텍스트 선정 과정에 소요되는 시간과 노력을 줄일 수도 있어 효과적이다. 다음은 교과서에 수록된 학년별 대표 작품 목록이다.

1-2 국어 (가) 《구름빵》(백희나)

1-1 국어 《바람이 좋아요》(최내경)

2-1 국어 (가) 《으악, 도깨비다!》(손정원)

2-2 국어 (나) 《팥죽 할멈과 호랑이》(박윤규)

3-1 국어활동 (나) 《아씨방 일곱동무》(이영경)

3-1 국어활동 (나) 《짜장 짬뽕 탕수육》(김영주)

4-1 국어활동 (나) 《잘못 뽑은 반장》(이은재)

4-1 국어 (가) 《집 안 치우기》(고대영)

5-2 국어 (가) 《책과 노니는 집》(이영서)

5-1 국어(가) 《아들과 함께 걷는 길》(이순원)

6-2 국어 (가) 《마당을 나온 암탉》(황선미)

6-2 국어 (가) 《마사코의 질문》(손연자)

위에 나열한 것들은 2009 개정 교육과정 교과서에 수록된 작품들이다. 이전 2007 개정 교육과정에 따른 《읽기》 교과서에 수록된 것까지 확장하면 선택할 수 있는 작품의 폭이 넓어진다.

다양한 교과와 연계할 수 있는 방향으로

교과별 통합의 장점은 크게 2가지다. 첫째, 학습의 효과성이다. 학생들이 학습하는 내용의 공통부분이 많아질수록 학습은 깊이 있게 진행된다. 둘째, 수업 시간의 효율성이다. 국어 2차시, 사회 2차시의 수업을 재구성하여 수업을 한다고 하자. 3차시로 통합하여 수업을 하면 수업 시수에서 1차시의 여유가 생기게 된다.

수업 운영을 효과적이고 효율적으로 하기 위해서는 다양한 교과와 연계하는 것이 좋다. 따라서 다양한 교과와 연계가 가능한 텍스트를 선정해야 한다.

미술, 음악, 체육 교과는 표현 활동이 많다는 점에서 쉽게 연계할 수 있다. 이외에도 사회, 도덕 같은 교과와 연계할 수 있다.

《10대를 위한 정의란 무엇인가》로 깊이 읽기를 할 때는 사회과나 도덕 교과와 연계가 가능하다. 구체적으로 사회 교과에서는 5~6학년군 성취기준인 '생활 속에서 참여와 민주주의를 실천하는 태도를 지닌다'와 도덕 교과의 5~6학군 내용 요소인 '일상생활에서 공정하게 생활하려는 자세'와 '공정하게 행동하고 공정한 사회를 만들기 위한 실천 방안'을 연계하여 수업했다.

《이 세상에 태어나길 참 잘했다》는 현대를 배경으로 주인공 복동이 가족의 소중함과 사랑을 깨닫는 내용이다. 이 소설의 공간적 배경은 한국에서 미국으로 바뀐다. 세계의 문화와 우리나라의 문화 차이를 비교할 수 있는 부분을 통해 사회과 5~6학년의 성취기준인 '문화적 차이를 존중하는 자세를 지닌다'와 연계하여 미국 문화와 우리나라 문화를 비교해 보고 문화적 차이를 존중하는 수업을 계획하였다.

　이외에도 역사를 배우는 5~6학년의 경우는 사회과 교육과정 (역사)과 연관하여 다양한 시대상을 경험할 수 있는 소설을 선정할 수 있다. 이를테면 《괭이부리말 아이들》(김중미)은 태동기의 근대 한국 사회를 다룬다는 점에서 선정 가능하다.

〈표1〉 깊이 읽기 책 선정 과정

① 교과서에 수록된 원본 작품이나 국내 관련 기관들에서 추천하는 작품들을 고른다.

② 교육과정 재구성을 위하여 과목별 학년 성취기준을 상기한다.
　－ 여기서 다른 교과의 성취기준도 필요하다. 교과 간 재구성이 부담스럽다면 국어 과목에만 한정할 수 있다.

③ 책을 읽으면서 성취기준과 연관 지을 수 있는 내용을 고민하면서 읽는다. 성취기준을 중심으로 연결 가능한 내용을 찾으며 읽어 가되 학생들의 수준을 고려하며 학생들의 삶과 유기적인지 고민하며 읽는다.
　－ 추천 도서와 교과서 수록 도서를 중심으로 교과서 단원 내 교육과정 성취기준과 핵심 내용의 요소를 연결한다. 교육과정 성취기준과 핵심 내용을 체크리스트로 만들어 체크하면서 책을 읽어보는 것도 적합한 도서를 선정하는 데 효과적이다.

④ 마지막으로 교사 자신만의 특색 있는 방법(UCC 제작, 토론, 그림 등)을 살릴 수 있는 점을 고려해야 한다.
　－ 예를 들어 UCC 제작 교육이 자신의 특색이라면 UCC 제작 활동을 할 만한 주제가 있는지 살펴보는 것이다. 토론 수업이라면 갈등 상황이나 대립 상황이 있는지 살피고, 그림을 많이 그리고 싶다면 작품 속 풍경 묘사나 다양한 작품으로 표출할 수 있는 부분이 있는지 살피면서 읽는다.

3. 교사 간 유대 형성하기

교사 자신만 돋보이기를 바라는 교사는 없다. 교사 집단에서는 자신이 알고 있는 것을 같이 나누고 같이 공부하는 모습을 자주 볼 수 있다. 각 지역의 교과교육연구회를 비롯해 자율적으로 운영되는 전문적 학습공동체가 그 예다. 모임 속에서 교사들은 가치관 및 경험을 공유하면서 집단지성의 힘을 발휘한다. 교사들은 다른 교사들을 만나 유대관계를 형성하며 더 심도 있는 연구를 하고 함께 전문성을 기른다.

깊이 읽기를 시작하고 싶지만 망설이는 교사들이 있다면, 아마 혼자 진행할 경우 부담스럽고 막연하기 때문일 것이다. 그럴 때 동료 교사는 큰 힘이 된다. 자신과 뜻이 맞는 교사들과 함께 깊이 읽기를 준비해 보면 어떨까? 혹은 망설이는 교사들의 손을 잡아 주는 건 어떨까?

깊이 읽기 수업을 하기 위해서는 오랜 준비 과정이 필요하다. 교사 자신의 독서관을 찾고 학생들에게 길러 줄 독서관을 정립해야 한다. 그 후 책을 선정하는 과정과 교육과정을 재구성하는 과정까지 더한다. 차시별 수업 개요도 짜 보고 수업에 적용해 보겠다는 용기도 뒷받침돼야 한다.

앞서 이 책 2장에서 김선희 선생님이 인터뷰에서 밝힌 것처럼 같은 학년에 여러 학급이 있는 경우 자신의 학급만 깊이 읽기로 수업을 한다면 다른 반 교사들의 눈총을 피하기 어렵다. 이럴 때 먼저 용기를 내 선생님들께 깊이 읽기를 소개하고, 자신이 하고 싶은 마음을 보여 주며 협력을 요청해 보자.

단일 학급인 경우는 '혼자 할 수 있을까' 하는 부담감이 존재한다. 이럴 경우 국어 수업 전체를 바꾸려고 하지 말고, 국어 교과 중 몇 개의 단원을 선정해 작은 단편 소설로 시도해 볼 필요가 있다. 《자전거 도둑》은 단편집인데 〈자전거 도둑〉, 〈달걀은 달걀로 갚으렴〉, 〈시인의 꿈〉, 〈옥상의 민들레꽃〉, 〈할머니는 우리 편〉, 〈마지막 임금님〉 총 6편의 단편으로 이루어져 있다. 책 한 권을 전부 깊이 읽기로 수업하는 것이 아니라 교육과정의 성취기준과 교과서 단원에 맞게 하나의 단편을 선정하여 재구성해 보는 것도 큰 도움이 된다. 굳이 《자전거 도둑》이 아니라도 깊이 읽기를 시작하는 데 부담스럽지 않을 만한 분량의 책이면 충분하다.

같은 학년군 선생님들과의 유대를 통해서 진행하는 방법도 있다. 2009 개정 교육과정에서 학년군 제도를 도입한 이유도 학년 간 연계성을 강화하고 탄력적으로 운영할 수 있는 자율권을 보장하기 위해서이다. 같은 학년군 선생님들끼리 협력한다면 깊이 읽기를 도입하기가 수월할 것이다.

더 나아가서는 학교 내 전문적 학습공동체를 만들거나, 학교 간 네트워크를 활용해 관심 있는 선생님들끼리 모임을 만들어 오프라인에서 교류하는 방법이 있다. 현재는 없지만 깊이 읽기의 사례를 공유하고 연구하는 연구회까지 만들어 갈 수 있다.

'기쁨은 나누면 배가되고 슬픔은 나누면 반이 된다(Sharing joy

increases joy. Sharing sorrow decrease sorrow).'라는 말이 있다. 함께하는 유대의 힘은 바로 여기에서 시작된다. 개인이 모여서 '1+1=2'가 아니라 그 이상의 결과를 낼 수 있는 것이 공동체의 힘 이다.

4. 깊이 읽기 수업 준비

학생들의 삶 이해하기

A교사: 이 영상은 아프리카 아이들의 기아 문제에 대한 뉴스입 니다.

B교사: 선생님이 옛날에 배고파서 너무 힘들었던 일이 있었는 데, 이야기해 줄까?

A교사와 B교사의 동기 유발 중 아이들의 흥미를 끌 만한 것은 무엇일까? A교사는 뉴스를 제시하고 B교사는 이야기를 한다는 점에서 차이가 생길 수 있지만, 이 사례에서 말하는 바는 나와 관 계가 먼 사람이나 관심 없는 이야기는 학생들의 학습 동기를 이 끌어 낼 수 없다는 것이다. 따라서 학생들을 적극적으로 수업에 참여시키려면 텍스트를 아이들의 삶과 연결하는 것이 중요하다.

자신과 거리가 먼 텍스트가 아니라 자신의 이야기, 우리 주변의 이야기라고 생각하는 순간 텍스트를 바라보는 아이들의 시선이 변한다.

가령 텍스트에 '어제 우리는 자전거 현장 체험학습을 갔다. 나는 가기 전날 무척 설렜다'라는 문장이 있다고 하자. 우리 반이 현장 체험학습으로 어디에 갔다 왔는지, 그때의 감정은 어땠는지, 또 간다면 어디로 가고 싶은지 등 여러 이야기를 나누면서 텍스트에 접근하는 것이 삶과 연결 짓는 과정이다. 이러한 접근 방식이 가능하려면 우리 반 아이들의 삶을 알아야 한다. 아이들이 자라 온 가정환경과 학업 수준, 좋아하는 활동에 대한 분석이 먼저 필요하다. 학생들의 삶을 분석한 뒤 구체적인 발문을 통해 아이들의 삶과 텍스트를 씨실과 날실처럼 엮어 내야 한다. 아이들의 삶과 연관되지 않은 텍스트와 발문은 아무런 감동도 일으킬 수 없음을 명심하자.

A학교 학생들	6학급 규모의 소규모 학교 학생들은 도시에 대한 동경이 강하며, 시골에 대한 부정적인 관점이 있음
B학교 학생들	30학급 규모의 큰 학교 아파트 단지 사이에 있는 학교로 학생들이 자연을 접할 수 있는 기회가 적음

A학교와 B학교를 비교해 보자. 두 학교는 주변 환경, 문화 여건, 교육 환경에서 차이가 존재한다. 이런 학교의 특수성을 고려하여 학교별 교육과정이 다른 것처럼 A학교와 B학교의 학생들에

게는 다른 방식의 깊이 읽기 수업이 진행되어야 한다.

A학교 학생들은 도시의 삶을 공감하기 어렵다. 《자전거 도둑》 중 〈달걀은 달걀로 갚으렴〉이라는 단편소설은 시골에 사는 봄뫼와 오빠 한뫼가 도시를 바라보는 관점을 다룬다. 한뫼는 열심히 닭을 키워 달걀을 팔아 그 돈으로 도시로 수학여행을 간다. 한뫼는 자신이 소중하게 키운 달걀이 도시 사람들에게 무가치하고 우스운 물건이 되는 것을 괴로워하고, 동생 봄뫼가 도시로 수학여행을 가지 못하게 막는다. A학교 학생들도 봄뫼처럼 도시를 동경하고 자신이 살고 있는 고향에 대해 부끄러워한다. 이 학생들에게 〈달걀은 달걀로 갚으렴〉이라는 단편소설을 선택하여 가르친다면 공감할 수 있고, 나아가 자신들의 고장에 대해 재평가할 수 있는 기회가 될 수 있다.

한편, B학교 학생들은 물질문명에 소외되는 인간적 가치에 대해 쉽게 공감할 수 있다. A학교에 비해 물질만능주의 사회 속에서 인간적 가치가 소외된 사례를 쉽게 접할 수 있기 때문이다. 《자전거 도둑》 속 〈시인의 꿈〉이라는 단편은 물질문명 사회에서 점점 소외되어 가는 시를 포기하지 않는 '시인'의 이야기다. 시인은 무허가 폐차 속에서 살면서 사라져 버린 곤충들을 그리워하며, 풍족한 생활에 도움은 되지 않지만 사람들로 하여금 살맛나게 하는 '시'를 쓰겠다는 꿈을 꾸며 살아간다. 이러한 환경적 배경은 B학교 학생들로 하여금 더 쉽게 공감을 자아낸다. 이를 바탕으로 B학교 학생들은 물질문명에서 소외된 다양한 경험을 이야기해 보고, 이를 통해 시를 쓰거나 캠페인을 하는 등의 활동을 구상할 수도 있다.

이처럼 깊이 읽기 수업은 학생들의 삶으로 들어가기 위한 과정이며, 따라서 학생들의 삶에 대한 분석과 이해가 선행되어야 하는 것이다.

책을 이해하기

교육과정과 학생들의 삶을 이해할수록 학생들이 책 속으로 깊게 빠져 들어갈 수 있는 좋은 요건이 형성된다.

학생들의 삶을 이해했다면 그다음은 책 선정이다. 이 장 '2. 깊이 읽기를 위한 책 선정'에서 밝힌 것처럼 교육과정의 성취기준을 충분히 녹여 낼 수 있으면서 아이들의 삶과 연관된 텍스트(교재)를 선정해야 한다.

여러 책을 읽어 본 뒤 교사가 하나의 책을 선정했다고 해서 끝나는 것이 아니다. 다시 한 번 읽으면서 깊이 있는 들여다보기가 필요하다. '구슬이 서 말이라도 꿰어야 보배'라는 말이 있다. 아무리 좋은 책을 선정하더라도 교사는 책 속 작가의 관점, 작가가 전달하고자 하는 주제, 시공간적 배경, 인물의 말과 행동, 인물에 대한 묘사와 그 이유 등에 대한 이해가 필요하다. 책에 대한 교사의 이해가 따라오지 않으면 좋은 수업이 나올 수 없다.

〈표2〉 문학작품을 감상하는 관점

문학작품을 감상하는 관점에는 내재적 관점과 외재적 관점이 있다. 내재적 관점은 작품의 내적 요소를 중점적으로 감상하는 방법으로, 작품의 구조와 표현, 화자 등을 이해하며 감상하는 방법이다. 외재적 관점은 작품의 외적 요소를 중점적으로 이해하는 방법으로 효용론적 감상, 반영론적 감상, 표현론(생산론)적 감상 방법이 있다. 초등 수준의 학생들에게는 이러한 접근법을 가르치지 않지만, 책을 이해하는 과정에서 교사는 다양한 접근법을 통해 가르칠 문학작품을 깊이 있게 감상해야 한다.

내재적 관점은 작품 내부의 구성 요소를 파악하는 방법이다. 시에는 운율, 이미지, 비유법 등이 있고 소설(이야기)에는 인물, 사건, 배경, 갈등 구조, 시점 등이 있다. 초등 교육과정에서는 이러한 내재적 관점의 학습 요소들을 분절적으로 세분화해 학습하지 않는다. 내재적 관점으로 작품을 감상하면 작품 속 단어와 문장의 의미를 알고 이를 통한 맥락 이해가 가능하다. 이러한 장점이 있기 때문에 교사는 문학작품을 세부적으로 분석할 필요가 있다.

반영론적 관점은 작품 속 시공간적 배경이 반영하고 있는 것을 중점적으로 파악하는 감상 방법이다. 이야기의 배경을 통해 독자는 당대 사회제도, 시대 상황, 역사적 상황들을 알 수 있다. 반영론적 관점이 잘 투영된 텍스트는 사회과 수업과 연계하면 효과적인 수업이 가능하다. 예를 들어 근현대사를 다루고 있는 작품을 통해서 사회(역사) 시간에 배웠던 내용을 보다 깊이 있게 이해하는 것이 가능하다.

　효용론적 관점은 독자가 얻은 느낌, 교훈, 감동, 흥미를 중점으로 감상하는 방법이다. 깊이 있게 읽을수록 작품은 독자의 삶(태도, 가치관, 관념)을 변화시킨다. 감동도 없는데 느낀 점을 쓰라는 것은 부담스럽지만 감동을 받은 상태에서 느낀 점을 쓰는 것은 편안한 대화를 하는 것과 같다. 책을 읽은 후에 느낀 감상을 몸짓, 글, 리듬, 가락, 선, 형, 색 등으로 표현하게 하는 것은 효용론적 관점에서 유의미한 독후 활동이다. 교사는 미리 책을 읽으며 학생들이 생각의 변화를 느끼거나 감명받을 수 있는 포인트를 파악해서 효과적으로 감상하기 위한 계획을 세워야 한다.

　표현론적 관점은 작가의 의도를 파악하는 감상 방법이다. 작가의 의도를 파악하기 위해서 작가가 쓴 다른 작품들을 읽어 보는 것은 큰 도움이 된다. 학생들에게 표현론적 관점을 알려 주고자 나는 깊이 읽기 수업에 적용한 《자전거 도둑》의 후속 작품으로 《이 세상에 태어나길 참 잘했다》를 선택했다. 더 흥미로운 수업 활동이 가능한 책도 있었지만 이 책을 선정한 이유는 작가를 보다 심층적으로 이해할 수 있기 때문이다. 같은 작가가 쓴 여러 가지 책을 접하게 하여 학생들이 자신이 좋아하는 작가가 생기면 그가 쓴 여러 가지 책들을 읽어 가는 재미를 느끼게 해 주고도 싶었다.

여기서 그치는 것이 아니라 《굴비 한 번 쳐다보고》, 《부숭이는 힘이 세다》, 《나의 어릴 적에》 등을 읽으면 박완서 작가의 섬세한 감정을 좀 더 이해할 수 있다. 따라서 교사는 선정된 책의 작가가 쓴 다른 작품들을 읽어 보는 것이 좋다. 학생이 박완서의 작품을 모두 읽는다면 박완서 작가의 감성을 보다 심도 있게 이해할 수 있게 된다.

수업의 깊이는 교사가 책을 이해한 수준에서 결정될 것이다. 그런 의미에서 우리는 아담 브룩스의 말을 되새겨야 한다.

'교육의 질은 교사의 질을 능가할 수 없다(*The quality of education cannot go beyond the quality of teacher*).'

깊이 읽기 수업설계

책을 선정했고, 책을 통해 가르쳐야 할 내용이 정해졌다면 실제 국어 수업에 적용하기 위한 구체적인 계획이 필요하다. 책 선정 과정에서 책을 읽으면서 교육과정 성취기준과 연결하여 수업 아이디어를 교육적 목적에 맞게 연결시키는 과정은 거시적 접근법이다. 반면에 수업에 적용하기 위해 그 아이디어를 언제, 어떻게 각 차시에 구현할지 구체화하는 과정은 미시적 접근법이다. 깊이 읽기 수업을 위해 수업 시수표와 진도표를 구성하는 가장 일반적인 방법은 다음과 같다.

① 깊이 읽기 수업에 활용할 책의 목차를 쓴다.

② 국어 교과서의 단원별 성취기준과 내용 요소를 파악하고, 접착용 메모지에 하나씩 적는다.

③ 책의 내용과 연결 지을 수 있는 성취기준을 붙이고, 교과 간 통합이 가능한지 살펴본다.

④ 목차와 단원이 연결되면 성취기준을 중심으로 어떤 질문을 할 수 있을지, 어떤 활동을 할 수 있을지 생각해 본다. 문학 텍스트를 다룰 때 문학과 관련된 교육과정 성취기준으로만 접근하는 것에서 나아가 주장하는 글, 기사문, 연설문 등에 관한 교육과정 성취기준과 연관 지을 수 있다. 예를 들어 책 속에 나와 있는 사건들을 가지고 기사문을 써 보는 방식으로 진행할 수 있으며, 등장인물이 되어 주장하는 글을 써 보는 활동도 할 수 있다. 즉 선정하는 텍스트에 따라 수업은 다채로워진다. 〈표4〉의 〈잎새에 이는 바람〉에서는 국어 교과 내 '매체를 활용한 발표'와 통합한 수업계획 사례를 볼 수 있다.

⑤ 교사가 주 단위로 진도표를 작성해 본다.

〈표3〉 주 단위 진도표

책 목차	단원명	차시	쪽	진도 일자(계획)
꽃잎으로 쓴 글자	6-1 6. 낱말의 분류	1~2	11~15	10월 19일 3~4교시(국어)
		3~4	15~19	10월 21일 1~2교시(국어)
		5~6	19~21	10월 23일 3~4교시(국어)
		7	22~26	10월 26일 3교시(국어)
		8~9	독후 활동	10월 30일 5~6교시(미술)
마사코의 질문	6-2 1. 인물의 삶을 찾아서	1	174~180	10월 28일 1교시(국어)
		2~3	180~186	10월 30일 3~4교시(국어)
		4~5	186~191	11월 2일 3~4교시(국어)
		6~7	191~196	11월 4일 1~2교시(국어)
		8	196~198	11월 6일 3~4교시(국어)
		9~10	독후 활동	11월 9일 3~4교시(사회)

〈표4〉 깊이 읽기 연간 계획표

책 목차	단원별 성취기준	활동 - 핵심 질문	교과 간 통합
꽃잎으로 쓴 글자	6-1 6. 낱말의 분류 문법: 고유어, 한자어, 외래어의 개념과 특성을 알고 국어 어휘의 특징을 이해한다. 읽기: 여러 가지 독서 방법이 있음을 알고 이를 적용한다.	꽃잎으로 고유어 표현하기 (한글의 가치 이해하기)	미술: 대지미술 만들기 자연을 활용한 미술 작품
잎새에 이는 바람	6-2 11. 문학의 향기 문학: 작품의 일부분을 바꾸어 쓰거나 다른 갈래로 바꾸어 쓴다 쓰기: 자신이 쓴 글을 내용과 표현을 중심으로 고쳐 쓴다.	시를 이야기로 바꾸어 쓰기 (시 속 이야기 파악하기)	미술: 시화 그리기 음악 통합: 시에 어울리는 음악 찾기
	6-2 2. 자료를 활용한 발표 듣기 말하기: 매체를 활용하여 효과적으로 발표한다. 쓰기: 적절한 설명 방법을 사용하여 대상의 특징이 드러나게 글을 쓴다.	윤동주 외의 독립투사 조사하여 매체를 활용한 발표하기	도덕: 민족애

긴 하루	6-2 5. 이야기 바꾸어 쓰기 문학: 작품 속 인물, 사건, 배경 의 관계를 파악한다. 쓰기: 자신이 쓴 글을 내용과 표현을 중심으로 고쳐 쓴다.	등장인물을 바꾸거나 배경을 바꿔서 이야 기 써 보기	사회: 근현대사 8·15 광복
마사코의 질 문	6-2 1. 인물의 삶을 찾아서 문학: 자신이 좋아하는 문학작 품을 들고 그 이유를 말한다. 문학: 자신의 성장과 삶에 영향 을 미치는 작품을 즐겨 읽는 태 도를 지닌다.	등장인물 소개 카드 만들기	사회: 우리나라와 이 웃 나라와의 문제와 해결

5. 피드백을 위한 평가

평가 목적과 방법의 선정

주입식 교육으로 대표되는 행동주의나 인지주의 교육사조에서 구성주의 교육사조로 변화되면서 평가 방식에서도 변화가 있었다. 주입식 교육이 팽배할 당시 평가 방식은 5지 선다형의 선택형 문제였고, 평가의 목적은 학생들을 서열 짓기 위함이었다. 당시 학급 혹은 학년 단위에서 석차는 학생들의 실력을 가늠하는 중요한 척도였다. 그러나 이러한 평가 방식은 학생들의 정의적 요소(태도, 관심, 흥미)와 인지적 요소(내용을 이해하는 정도)를 객관적으로 파악할 수 없다는 한계가 있다. 이에 최근 평가 방식은 5지 선다형에서 서술형 평가로 변화되고, 평가의 목적도 서열

화가 아니라 학생들의 성취기준 도달 정도를 평가하고 그에 적합한 피드백을 제공하려는 것으로 변화하는 추세이다.

> 평가를 하는 목적은 교육의 주체인 교사·학생 모두의 성장에 있다. 학생들의 국어 능력에 대한 상세하고도 체계적인 평가가 이루어질 때 교사는 평가 결과를 바탕으로 교수 학습을 개선할 수 있으며, 학생의 국어 능력에 대하여 구체적으로 지도하고 조언할 수 있다. 학생의 입장에서 볼 때는 자신의 국어 능력이 어떤 수준이며 어느 정도인지 구체적인 정보를 접할 수 있을 것이다.[1]

깊이 읽기 방식에 대해 대략적인 수업 계획과 준비 방법은 알았지만 실제로 적용하는 것이 망설여진다면, 그것은 평가 때문일 수도 있다. 깊이 읽기로 수업을 했으니 평가 또한 왠지 특별하게 치러야 할 것만 같은 생각이 든다. 그러나 깊이 읽기는 교육과정의 학년군별 성취기준에 도달한다는 점에서 기존 방식의 수업 목적과 다르지 않다. 바꿔 말하면, 깊이 읽기 수업을 한다고 해서 새로운 평가 방식이나 방법을 개발하고 적용해야 한다는 것이 아니다.

깊이 읽기 수업에서의 평가는 수업 내용에 맞게 기존의 평가를 적절하게 활용하면 된다. 예를 들면 3~4학년군 '이야기의 흐름을 파악하여 이어질 내용을 상상하고 표현한다'라는 성취기준을 깊

---

1. 최미숙 외, 《국어 교육의 이해》, 사회평론아카데미, 2012

이 읽기 방식으로 접목하여 신체적 표현, 미술적 표현, 음악적 표현 활동으로 재구성한다. 수업 과정에서의 학생들 태도는 관찰 평가를 통해 평가하며, 신체·미술·음악에 대한 결과물에 대해서는 실기 평가를 실시하는 것이다. 지속적으로 학생들의 변화를 관찰할 수 있는 경우 포트폴리오를 진행한다. 기존의 평가 방법을 적절하게 녹여내는 것이 중요하다.

나는 깊이 읽기 수업 평가를 다음과 같이 4단계에 걸쳐 진행했다.

① 무엇을 물을 것인가?

— 교사가 수업 재구성을 통해 가르친 핵심 성취기준과 내용 요소를 중점으로 평가 내용을 정한다.

② 어떤 방법으로 평가할 것인가?

— 평가 방법은 논술형, 서술형, 관찰법, 포트폴리오법, 객관식, 구술법 등 매우 다양하므로 평가 목적, 내용, 상황에 알맞은 평가 방법을 선택해야 한다.

③ 평가 문항은 어떻게 만들 것인가?

— 최근 논술형, 서술형 평가가 많이 이루어지고 있고 각 시도 별 교육청에서 평가 연수를 실시하는 한편 예시 문항을 만들어 일선 학교에 배포하고 있다. 이러한 자료들을 활용하여 교사가 평가 내용에 부합하는 문항을 만들어야 한다.

④ 평가 결과를 어떻게 해석할 것인가?

— 교사의 입장에서 평가 결과는 교사의 전문성을 보완하기 위

한 방법이 될 수 있고, 학생의 입장에서는 평가 결과를 통해 자신이 부족한 부분을 채울 수 있다. 따라서 교사는 평가 결과를 통해 자신의 수업에서 취약한 부분을 보완하면서 학생에게는 성취도가 낮은 영역에 대해서 적절한 피드백을 위한 자료로 쓰면 된다.

평가 문항 만들기

(1) 서술형 평가

서술형 문항의 특징은 미리 정해진 하나의 답을 전제로 하는 것이 아니라, 학생들이 자유롭게 자신의 생각을 쓰도록 유도한다는 것이다. 선택형 문항이 이미 정해진 하나의 답을 선택하도록 하는 것과 달리 서술형 문항은 스스로 자신의 생각을 구성하여 쓰는 문항이라는 점에서 특징이 있으며, 따라서 학습자의 사고 내용과 사고 과정을 잘 드러낼 수 있도록 문항을 구조화하는 것이 중요하다.[2]

서술형 평가는 학생들이 문항의 조건에 맞게 자신의 생각을 서술하는 유형의 평가다. 깊이 읽기 수업을 통해 이루고자 하는 성취 기준을 묻는 문항을 출제한다. 학생들이 자신의 생각을 구성하여 쓸 수 있도록 조건을 명확하게 제시해야 한다. 제시한 조건은 굵은 글씨와 밑줄을 쳐 한눈에 들어올 수 있도록 편집하는 것이 좋다.

---

2. 최미숙 외, 《국어 교육의 이해》, 사회평론아카데미, 2012

〈표5〉 6학년 1학기 1단원 - 서술형 평가 예시 1

성취기준	작품에 나타난 비유적 표현의 특징과 효과를 이해한다.
평가방법	서술형 평가, 오픈 북 형식
평가문항	(1) 단편 〈자전거 도둑〉 11~20쪽에서 **비유적 표현이 들어간 문장**을 찾아 쓰시오. (2) (1)에서 작성한 비유적 표현에서 **두 대상 사이의 공통점**은 무엇인지 쓰시오. <table><tr><td></td><td>표현하려는 대상</td><td>비유되는 대상</td></tr><tr><td></td><td></td><td></td></tr><tr><td>공통점</td><td colspan="2"></td></tr></table> (3) 비유적 표현을 사용하면 **좋은 점을 2가지 이상** 쓰시오.

〈표6〉 6학년 1학기 1단원-서술형 평가 예시 1 답안

(1) 그러면 아무리 막돼먹은 손님이라도 선생님 꾸지람에 떠는 초등학생처럼 풀이 죽어서 수남이에게 진심으로 미안해했다.(14쪽)

(2)

비유적 표현	표현하려는 대상	비유되는 대상
	아저씨	초등학생
공통점	선생님 꾸지람에 떠는 것처럼 아저씨들도 주인아저씨의 불호령에 떤다.	

(3) - 말로 설명하기 어려운 것을 더 쉽게 이해할 수 있다.
 - 그냥 하는 말보다 비유적 표현을 사용하면 더 쉽게 기억할 수 있다.

다음은 같은 '① 작품에 나타난 비유적 표현의 특징과 효과를 이해한다. ② 자신이 쓴 글을 내용과 표현을 중심으로 고쳐 쓴다.'라는 성취기준을 묻는 서술형 문항의 다른 예시이다. 조건에 맞춰 시를 쓰는 문항인데, 예시 1번의 답안보다 정답의 폭이 넓다.

〈표7〉 6학년 1학기 1단원-서술형 평가 예시 2

성취기준	작품에 나타난 비유적 표현의 특징과 효과를 이해한다. 자신이 쓴 글을 내용과 표현을 중심으로 고쳐 쓴다.
평가방법	서술형 평가, 오픈 북 형식
평가문항	(1) 〈보기〉에서 글감을 선택하고 비유적 표현을 3가지 이상 활용하여 시를 쓰시오. 〈보기〉 부모님, 가족, ○○초등학교, 6학년, 선생님, 자기 자신

〈표8〉 6학년 1학기 2. 다양한 관점 단원-서술형 평가 예시

성취기준	적절한 이유나 근거를 들어 주장하는 글을 쓴다. 글에 나타난 글쓴이의 관점이나 의도를 파악한다.
평가 내용	자신의 생각을 적절한 이유와 근거를 들어 말한다.
평가 방법	논술형 평가, 오픈 북 형식

학교 운동장·강당, 주민들에게 개방해야 하나

　최근 서울시의회에 서울 시내 1300여 개 초·중·고교 시설을 지역 주민 등에게 개방하도록 준비하고 있다. 현재 서울 학교들이 교실이나 강당, 체육관 등 시설을 '교육·체육·문화' 활동에 한정해 주민에게 빌려 주는데, 이 내용에서 확대하여 모든 경우에 이용할 수 있도록 바꾸자는 것이다.

　◎ 찬성 : 학교는 국민 모두의 재산이다.
　학교 시설 개방을 찬성하는 측은 "학교는 국민 세금으로 지은 국민들 모두의 재산"이라고 말하고 있다. 서울의 한 주민은 "우리 세금으로 학교를 지어 놓고 왜 우리가 못쓰냐"며 말했다. 지금의 사용을 확대하면 더 많은 이용이 예상된다. 또한 학교가 일정한 사용료를 받고 시설을 빌려 주면 학교 측도 상당한 '수익'을 올릴 수 있어 학교의 부족한 예산을 추가로 사용할 수 있다고 말한다.

　◎ 반대 : 학부모·학교가 아수라장이 될 수 있다.
　학교 시설을 개방하게 되면 종교 단체나 정치 모임 등 다양한 단체들이 학교에 일정한 사용료만 내면 체육관이나 강당, 교실 등 학교 시설을 이용하게 된다. 학부모들은 "지금도 학교에 외부인 출입 통제가 잘 이뤄지지 않아 도난이나 시설 훼손, 학생 폭행 같은 심각한 문제가 끊이지 않고 있습니다. 외부 단체에 무분별하게 학교 시설을 내주면 학생 안전은 물론 교육 활동에도 큰 지장이 생길 수 있습니다"라며 반대했다. 이달 초 본드에 취한 40대 남성이 서울 한 초등학교에 침입해 교사를 성추행하는 등 여전히 학교 내 외부인 침입 범죄에 대한 우려가 높은 상황에서 이러한 개방 확대는 너무 이르다고 말한다.

〈조선일보〉 2015. 7. 16.

---

1. 다음 글을 읽고, 아래의 관점을 가진 학자들은 어떤 입장일지 쓰시오. - 서술형 문항

공리주의자
자유지상주의자

(2) 논술형 평가

논술형 평가는 문제에 주어진 논제에 대해 자신의 주장과 근거를 논리적으로 쓴 글을 평가하는 방식이다. 논술형 평가는 정해진 답이 없고 자유롭게 서술한다는 점에서 서술형 평가에 포함되지만, 서술형 평가에 비해 설득력 있게 자신의 의견을 표현해야 한다는 점에서 차이가 있다. 논술형 평가의 경우 서론-본론-결론의 구조적 형태를 맞춰야 하는 특징이 있기 때문에 주장하는 글쓰기를 지도한 후에야 평가를 할 수 있다.

다음은 《10대를 위한 정의란 무엇인가》를 통해 수업한 내용을 토대로 6학년 1학기 '2. 다양한 관점' 단원에 대한 논술형 평가 문제이다.

이 문항은 '표8'과 동일한 예시로서, 〈조선일보〉(2015. 7. 16.) 사회면에 실린 내용을 부분 편집하여 출제한 문제이다. 신문 원문의 내용을 살리되 학생들이 어려워할 만한 어휘를 쉬운 어휘로 수정했다. 학생들의 답안은 '평가 결과의 해석'에서 확인할 수 있다.

(3) 자기평가

단원의 성취기준이나 학습목표에서 정의적 측면에 대한 성취기준은 자기평가를 활용하는 것이 좋다. 자기평가는 교사의 개입을 배제하고 학생 스스로 자신의 언어 사용 습관, 행동 실천 여부와 태도 등을 평가하도록 한다. 학년별로 자기평가가 적합한 단원과 그 단원의 학습목표를 제시한다.

〈표9〉 6학년 1학기 2. 다양한 관점 - 논술형 평가 예시

성취기준	적절한 이유나 근거를 들어 주장하는 글을 쓴다. 글에 나타난 글쓴이의 관점이나 의도를 파악한다.
평가 내용	자신의 생각을 적절한 이유와 근거를 들어 말한다.
평가 방법	논술형 평가, 오픈 북 형식

학교 운동장·강당, 주민들에게 개방해야 하나

최근 서울시의회에서 서울 시내 1300여 개 초·중·고교 시설을 지역 주민 등에게 개방하도록 준비하고 있다. 현재 서울 학교들이 교실이나 강당, 체육관 등 시설을 '교육·체육·문화' 활동에 한정해 주민에게 빌려주는데, 이 내용에서 확대하여 모든 경우에 이용할 수 있도록 바꾸자는 것이다.

◎ 찬성 : 학교는 국민 모두의 재산이다.

학교 시설 개방을 찬성하는 측은 "학교는 국민 세금으로 지은 국민들 모두의 재산"이라고 말하고 있다. 서울의 한 주민은 "우리 세금으로 학교를 지어 놓고 왜 우리가 못쓰냐"며 말했다. 지금의 사용을 확대하면 더 많은 이용이 예상된다. 또한 학교가 일정한 사용료를 받고 시설을 빌려 주면 학교 측도 상당한 '수익'을 올릴 수 있어 학교의 부족한 예산을 추가로 사용할 수 있다고 말한다.

◎ 반대 : 학부모·학교가 아수라장이 될 수 있다.

학교 시설을 개방하게 되면 종교 단체나 정치 모임 등 다양한 단체들이 학교에 일정한 사용료만 내면 체육관이나 강당, 교실 등 학교 시설을 이용하게 된다. 학부모들은 "지금도 학교에 외부인 출입 통제가 잘 이뤄지지 않아 도난이나 시설 훼손, 학생 폭행 같은 심각한 문제가 끊이지 않고 있습니다. 외부 단체에 무분별하게 학교 시설을 내주면 학생 안전은 물론 교육 활동에도 큰 지장이 생길 수 있습니다"라며 반대했다. 이달 초 본드에 취한 40대 남성이 서울 한 초등학교에 침입해 교사를 성추행하는 등 여전히 학교 내 외부인 침입 범죄에 대한 우려가 높은 상황에서 이러한 개방 확대는 너무 이르다고 말한다.

〈조선일보〉2015. 7. 16.

2. 다음 글을 읽고, 학교 운동장과 강당을 주민들에게 개방하는 문제에 대해 자신의 주장 (찬성, 반대)을 밝히고 적절한 이유와 근거를 들어 쓰시오. - 논술형 문항

〈표10〉 자기평가가 적합한 학년별 대표 단원과 학습목표

학년	단원	단원 학습목표
4-2	3. 대화를 나누어요	알맞은 대화 예절을 지키며 대화를 할 수 있다.
5-2	8. 언어 예절과 됨됨이	고운 말과 품위 있는 말의 중요성을 알고 올바르게 사용할 수 있다.
6-2	7. 다양한 생각	글쓴이의 생각을 파악하며 다양한 읽을거리를 찾아 읽을 수 있다.

(4) 상호평가

상호평가는 학생들이 서로를 평가하는 방식을 말한다. 상호평가의 구체적인 기준이 없을 경우 학생들은 친분에 따라 주관적으로 평가할 가능성이 있다. 교사는 학생들이 객관성을 견지하고 평가할 수 있도록 구체적인 기준과 체크리스트를 만들어 주는 것이 좋다. 예를 들어 6학년 2학기 '2. 자료를 활용한 발표' 단원의 학습목표는 '여러 가지 자료를 활용하여 발표 상황에 알맞게 발표할 수 있다'에 대한 학생들의 발표를 상호평가한 평가지의 예시다.

⟨표11⟩ 학생용 상호평가지

발표 학생 :

발표 내용	평가 기준	점수				
	1. 발표할 내용에 알맞은 자료인가?	1	2	3	4	5
	근거)					
	2. 활용한 자료의 양이 적절한가?	1	2	3	4	5
	근거)					
	3. 자료의 출처를 밝혔는가?	1	2	3	4	5
	근거)					
	4. 발표를 적극적인 자세로 들었는가?	1	2	3	4	5
	(자기평가)					

《6-2 국어 교사용 지도서》 85쪽의 지도의 유의점에는 '자료를 활용하여 발표할 때에는 들을 때에 주의할 점을 사전에 지도하여 듣기·말하기 활동이 언어 사용 상황에서 총체적으로 이루어지게 한다.'라고 명시되어 있다. 따라서 교사가 사전에 지도한 주의 사항을 충실히 이행하였는지 스스로 점검하도록 위 상호평가지에 자기평가 문항을 추가하였다.

학생들이 주도하는 자기평가나 상호평가에 대한 신뢰성이 걱정된다면 교사 관찰평가를 포함시킬 수 있다. '자기평가 30%, 상호평가 30%, 교사 관찰평가 40%'와 같은 비율로 평가하면 된다. 자기평가와 상호평가에 교사의 관찰평가가 추가되면 신뢰성과 타당성이 있는 평가 결과를 도출할 수 있다.

평가 결과의 해석

교사는 평가 결과를 해석하여 학생들의 성취도를 파악하고 학생들에게 올바른 피드백을 해야 한다. 교사가 학생들에게 개별적으로 피드백을 해 주는 것이 가장 좋은 방법이지만, 일반적으로 다인수 학급에서는 사실상 어렵다. 현실적인 대안은 후속 단원을 학습할 때 이전 단원에서 성취 수준이 떨어지는 내용을 녹여 내는 것이다. 개별적으로 지도하는 것이 아니라 전체 학습을 통해서 다시 한 번 상기시켜 준다. 예를 들어 초등학교 5학년 2학기 6단원의 학습목표인 '일상생활 속에서 발음이나 표기가 틀린 낱말을 조사하고 바르게 사용할 수 있다'에 대해 반 전체적으로 성취 수준이 낮을 경우, 후속 단원 수업 중 몇 번씩 발음이나 표기가 틀린 낱말을 찾아 바르게 고쳐 보도록 지도할 수 있다. 수업에 영향을 끼치지 않고 긴 시간을 할애하지 않아도 되기 때문이다. 학생들의 부족한 부분을 일종의 보조 활동으로 계속 보완하는 것이다.

(1) 서술형 평가

다음 '표12'와 '표13'의 '서술형 평가 답안 예시1, 2'의 성취기준은 '글에 나타난 글쓴이의 관점이나 의도를 파악한다'와 '관점이 잘 드러나게 글을 쓴다' 2가지였다. 학교 운동장과 강당을 인근 주민들에게 개방해야 하는 문제를 가지고 공리주의자와 자유지상주의자의 입장을 통해 대립되는 두 집단의 관점을 파악하는 것이 문제다.

<표12> 서술형 평가 답안 예시 1(김지민)

공리주의자	찬성이다. 왜냐하면 학생들이 쓰고 끝난 뒤 주민들이 쓰는 것이고 그리고 주민들이 학생이나 학교에 피해가 없이 쓰면 되고 사용료를 받고 쓰기 때문에 학교 측에서는 수익을 올릴 수 있어 부족한 예산을 추가할 수 있어 학생도 피해가 없다면 행복하고 학교측에서도 수익을 올려 행복하기 때문입니다.
자유지상주의자	찬성이다. 왜냐하면 그 주민들은 교실이나 체육관을 쓸 권리가 있기 때문이다. 그 주민들이 교실, 강당, 체육관을 쓸 권리가 있는데 학부모나 학교에서 못쓰게 하면 그 주민들의 권리와 자유를 빼앗는 것이기 때문이다.

'표12'는 김지민 학생이 쓴 답안지다. 지민이 최대 다수의 최대 행복을 추구하는 공리주의자의 관점에서 쓴 글을 보면, 학교 측에도 수익을 올려 주기 때문에 이익이며, 주민들도 강당을 사용할 수 있는 이익이 있기 때문에 최대 다수의 최대 행복에 의거하여 찬성한다고 말하고 있다. 공리주의자의 관점에 대해 내용적 측면에서는 이해하고 있으나, 문장성분 간의 호응 관계, 특히 주어와 서술어의 호응에 대한 이해가 부족해 보인다. '주민들이 ~ 사용료를 받고 쓰기 때문에'라고 쓰는 바람에 졸지에 사용료를 받는 주체가 학교에서 주민으로 바뀌어 버렸다. ' ~고, ~ 고'와 같이 문장들을 계속 나열하여 하나의 문장을 만들고 있다. 지민에게는 문장을 구분하여 쓰도록 하는 글쓰기 지도가 필요하다.

〈표13〉 서술형 평가 답안 예시 2(김범준)

공리주의자	찬성일 것 같다. 왜냐하면 공리주의자는 행복 극대화라서 돈을 내고 시설을 사용하는 주민들도 행복하고 돈을 받는 학교도 행복하기 때문이다.
자유지상주의자	찬성일 것 같다. 주민들이 시설을 자유롭게 쓴다면 자유지상주의자들은 자유로워야하기 때문에 찬성이다.

김범준 학생의 공리주의자에 대한 관점 설명을 살펴보자. 공리주의자의 관점을 이해하여 쓰기는 했지만, '공리주의자의 관점은 행복 극대화'라는 생각에 사로 잡혀 '공리주의자=행복 극대화'라고 지칭하고 있다. '공리주의자는 행복 극대화를 추구하는 사람들이다'와 같이 공리주의자에 대해 문장으로 분명히 설명할 수 있어야 한다.

자유지상주의자 문항의 답안을 보면 '주민들이 ~ 찬성이다'라는 문장에서 문장성분의 호응 관계에 대한 이해가 부족함을 알 수 있다. 범준에게는 5학년 때 학습했던 문장성분의 호응 관계에 대한 복습이 필요하다.

이처럼 서술형 평가를 통해서 학습목표에 대한 학생들의 성취 수준을 점검할 수 있으며, 학생 수준에 맞는 적절한 피드백을 할 수 있다.

(2) 논술형 평가

이어서 같은 문제에 대해 논술형 평가도 해 보았다. 다음은 최영웅 학생의 답안을 발췌한 것이다.

⟨표14⟩ 논술형 평가 답안 예시(최영웅)

찬성이다.
이유 : 학교는 주민들의 세금을 거둬서 지은 것이니까 학교나 강당, 교실, 운동장 등을 써도 된다. 그리고 주민들이 그 학교나 강당, 교실, 운동장을 쓸 자유가 있기 때문이다. 그리고 주민들이 아수라장으로 만들거나 더럽히면 가기 전에 다 치우고 가면 되고 학교로 돌아온 후 행정실이나 교무실 등 선생님들께 허락을 받고 학교나 교실, 강당 등을 사용하면 되고 만약 아이들이 있을 경우 아이들한테 "여기서 좀 놀아도 되겠니?" 등으로 물어보게 한다. 그리고 경고문 등을 정문이랑 후문에 만들어 둔다.

'그리고 주민들이 ~ 물어보게 한다'는 문장이 너무 길어져서 문장성분 간 호응 관계가 맞지 않는다. 학생들의 일기나 글을 보면 '~ 하고, ~ 하고' 등으로 여러 절이 한 문장으로 이어져서 무려 3~4줄이 되는 경우를 보게 되는데, 이럴 경우 단문 위주로 글을 쓰도록 지도한다. 글쓰기 습관이 드러나는 일기를 적극 활용하여 영웅에게는 한 문장에 한 가지 내용만을 쓰도록 지도했다. 또한 문장마다 '그리고'라는 접속사를 계속해서 사용하고 있는데, 불필요한 접속사 사용에 대한 체계적인 점검이 필요하다.

문단 수준으로 보게 되면, 주장과 2가지 근거를 모두 한 문단에 적어서 문단 구분이 없다. 이 학생에게는 문단의 개념과 필요성, 문단을 나누는 방법에 대한 지도도 필요하다.

글 전체 수준을 분석하기 위해 영웅이 쓴 글의 주요한 내용을 정리해 보면 다음과 같다.

영웅은 '학교 운동장과 강당을 주민들에게 개방해도 되는가?'에 찬성한다.

찬성하는 이유는

① 주민들의 세금으로 지었기 때문이다.

② 주민들이 쓸 자유가 있다.

영웅이 찬성하는 근거는 이렇듯 2가지이다. 그러나 2가지 근거를 뒷받침하는 문장이나 예시가 없다. 주장만 덩그러니 남아 있는 글이 되어 버린 것이다.

평가를 통한 성장

저자는 영웅에게 툴민의 6단 논법을[3] 사용하여 구체적인 설명을 서술하도록 연습시켰다. 또한 서술형 평가와 논술형 평가를 통해 영웅에게 부족한 점을 파악한 후 구체적인 지도 계획을 세웠다.

〈표15〉 평가 이후 지속적인 지도 계획 예시

7월 3주일	9월	10월	11월
평가 실시	문장성분의 호응 관계 복습하기	문장성분의 호응 관계를 고려하여 일기 쓰기	호응 관계에 유의하며 글 써 보기

지속적으로 지도한 결과, 2학기 말이 되자 영웅은 문장성분의 호응 관계를 잘 이해하였다. 다음 글은 학급 문집에 실린 영웅의

---

3. 툴민(Stephen Edelston Toulmin)이 1958년 제시한 것으로 언어 사고력을 높이기 위한 6가지 단계를 말한다. 자세한 지도법은 이 책 5장에서 다루고 있다.

글이다.

가면, 좋은 것일까?

최영웅

사람들은 누구나 여러 가지 가면을 가지고 있다. 물론 나도 여러 가지 가면을 가지고 있다.

가면을 쓰면 좋은 것일까? 가면을 쓰는 것은 자신의 속마음을 감추고 다른 감정을 보이는 것이다. 예를 들어 자신은 슬픈데 상대가 걱정할까봐 밝은 척하는 것 등이 있다.

어떤 한 사람이 가면을 쓰면 아무리 슬프거나 화가 나도 혼자 슬퍼하거나 화를 억눌러야 한다. 그렇게 되면 자신의 감정을 표현할 수 없기 때문에 마음에 답답함이 생긴다. 가면을 쓰면 쓸수록 그만큼 마음의 답답함이 쌓이고 쌓인다. 그래서 힘든 것이다.

가면을 쓰면 다른 사람들은 아무렇지 않지만 가면을 쓴 사람은 마음의 상처를 받을 수도 있다. 예를 들어 A랑 B가 있는데, A는 슬프지만 기쁜 척 가면을 썼다. B는 A가 즐거운 줄 알고 A의 마음을 몰라주고 간다면 가면을 쓴 사람의 마음을 몰라줘서 상처를 줄 수 있다.

결국 가면을 쓰면 답답함이 쌓이고 상처를 받는다. 나는 가면을 쓰는 것이 좋지 않다고 생각한다.

평가는 교사에게도 도움이 된다. 교사는 효과적인 교수-학습 방법을 선별하는 데 평과 결과를 지속적인 피드백 자료로 삼아야 한다. 단원별 성취기준과 차시별 학습목표, 학급별 학생들의 특성에 따른 적합한 수업 형태가 있다. 평가 결과를 해석함으로써 교사는 수업 내용과 목표, 학생들의 특징에 어울리는 최적의 교수-학습 방법을 찾아갈 수 있다.

나는 평가 이후 토론할 때 근거를 말하는 툴민의 6단 논법을 변형하여 다음과 같은 추가 설명을 수업에 적용하였다. 이는 학생들이 주장과 근거만 말하고 쓰는 것에서 더 나아가 보다 체계화된 구조로 주장을 말하고 쓰도록 하기 위함이었다.

〈표16〉 툴민의 6단 논법을 변형한 글쓰기 예시

순서	예시
① 상황 제시	서울시의회에서 서울 시내 1300여 개 초·중·고 시설을 한정적으로 빌려 주는 것을 확대하여 모든 경우에 지역 주민들에게 개방하는 안건을 준비하고 있다.
② 주장	학교 운동장과 강당을 지역 주민들에게 개방하는 것에 대해 반대한다.
③ 주장 설명하기	학교는 국민 모두의 재산이 아니다. 학교는 교육을 위한 특수한 공간이기 때문이다.
④ 근거 제시하기	지역 체육 센터는 국민 모두 이용할 수 있게 만들어진 곳이다. 지역 주민들이 필요한 영역은 학교가 아닌 요구에 맞는 시설이다.
⑤ 반박하기	물론 학교가 수익을 올릴 수 있는 장점이 있다. 그러나 무책임한 사용으로 훼손, 도난이 일어난 경우 더 큰 피해를 받을 수 있다.
⑥ 마무리하기	따라서 지금처럼 초·중·고 시설을 빌려 주는 것은 한정적으로 제한해야 한다.

〈표16〉에 제시한 것처럼 학생들에게는 구조화된 글쓰기 방식을 연습하도록 지도했다. 그리고 글을 쓰는 과정을 집을 짓는 과정에 비유하여 학생들의 이해를 도왔다(119쪽 '그림1' 참고).

"글을 쓰는 것은 집을 만드는 것과 같아. 먼저 집을 지으려면 필요한 재료를 골라야 해. 목재나 철근, 벽돌 등…. 글을 쓸 때도 그런 재료가 필요한데, 글감이라고 한단다. 어떤 내용들로 글을 쓸지 소재를 정하는 거야."

"그렇군요, 선생님. 그런데 글감이 있어도 저는 마음에 드는 글을 쓰기가 어려워요."

"맞아. 글감만 정해져 있다고 글을 잘 쓸 수 있는 건 아니야. 재료가 준비되었으면 어떤 집을 지을지 구상해야 할 거야. 집의 구조를 간단하게 스케치해 봐야겠지. 글을 쓸 때도 마찬가지로 글의 구조를 스케치하는 게 필요해. 그것을 개요 짜기라고 한단다. 글의 처음, 가운데, 끝부분에 어떤 내용들이 들어가면 좋을지 글의 구조를 구상하는 것이지."

"아하!"

"짓고 싶은 집을 구상해 봤으니 이제 본격적으로 집을 짓기 위해서 바닥을 다져야 해. 그 과정이 바로 앞부분에 어떤 글을 쓸지에 대한 소개를 하는 거란다. 그리고 자신이 하고 싶은 말을 쓴단다. 그다음 기둥을 올리는데, 그 기둥의 수는 근거의 수와 같아. 지붕이 아무리 무겁더라도 기둥이 탄탄하게 받쳐 주니까 '근거'라는 기둥에 '예시'나 '뒷받침 문장' 기둥을 함께 넣어 더욱 단단한 기둥을 세우는 거란다. 비유적 표현 등을 사용해서 기둥을 예쁘게 꾸밀 수도 있지."

"그럼 그다음으로 튼튼한 기둥 위에 지붕을 올리면 되겠네요?"

"그렇지. 지붕을 마지막에 올리는 것처럼 마지막으로 자신의 생각을 정리하여 한 편의 글을 쓰는 거란다. 이제 집을 지었으니 주소를 붙여야 하겠지? 사람들이 주소를 보고 집이 어디에 있는지 알 수 있는 것처럼 글에 제목을 붙여 주면 된단다. 앞으로 글을 읽는 사람들은 제목을 읽고 글이 어떤 내용인지 짐작할 수 있을 거야."

"와, 선생님. 이제 글이 완성됐네요?"

"아니, 아직 아니야. 집을 완성하고 나면 시멘트가 덜 발린 부분은 없는지, 튼튼하게 완성됐는지 한 번 더 집을 점검해야 해. 글을 쓸 때도 내용이 부실하거나 잘못 쓴 부분은 없는지 살펴보고 고쳐 써야 해. 이렇게 하고 나면 비로소 한 채의 집과 같은 글 한 편이 완성되는 거란다."

"글을 쓰는 과정을 집을 짓는 거라고 생각하니까 훨씬 더 편하게 느껴져요."

"그렇지? 바닥을 평평하게 다지고, 단단한 기둥을 세워 나가고, 지붕을 올려 튼튼한 집을 짓는 것처럼 글을 쓸 때도 처음, 가운데, 끝부분에 자신의 주장, 그리고 그 타당한 근거를 써 내려 간다면 좋은 글을 쓸 수 있단다."

"네, 저도 앞으론 집을 짓는 것처럼 글을 써 봐야겠어요."

〈그림1〉 글 쓰는 과정을 집 짓는 과정으로 설명한 그림

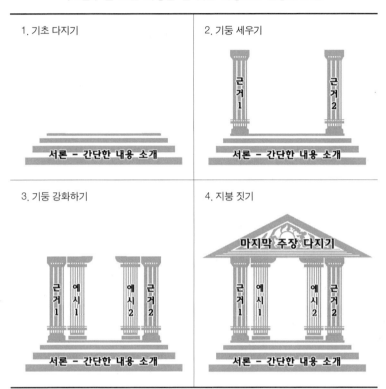

학생들에게 논리적인 글쓰기를 지도하다 교사 스스로 새로운 수업 방법을 찾게 되는 경우도 많다. 내 경우 학생들에게 글 쓰는 것을 집을 짓는 것에 비유하여 도식적으로 설명을 하니 학생들이 보다 잘 이해했다. 학생들의 글을 피드백할 때에도 "기둥이 부실하다. 기둥 수가 한 개뿐이라 지붕이 흔들리네."처럼 조언을 했더니 학생들이 더 쉽게 이해했다. 이처럼 평가는 교사가 효과적인 교수·학습 방법을 마련하는 데에도 좋은 자양분이 된다.

4장

깊이 읽기 예시(1)
《자전거 도둑》

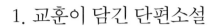

1. 교훈이 담긴 단편소설

《자전거 도둑》은 6편의 단편으로 구성된 동화집이다. 6편의 작품 줄거리는 〈표1〉과 같다.

〈표1〉《자전거 도둑》에 수록된 6개 단편의 줄거리

자전거 도둑	전기용품 도매상에서 일하는 수남은 주인 영감을 비롯하여 손님들에게 인기 있는 점원이다. 수남은 시골에서 상경하여 일을 하고 있지만, 학교에 가는 꿈을 위해 야학을 하는 순수하고 부지런한 아이이다. 바람이 세게 부는 날 수남은 외상값을 받으러 나갔다 세워 놓았던 자전거가 쓰러지는 바람에 고급 승용차에 생채기를 낸다. 신사는 돈을 물어내라면서 돈을 가져오면 자전거를 돌려주겠다며 자전거에 자물쇠를 단다. 돈이 없는 수남은 눈치를 보다 자물쇠가 잠긴 자전거를 들고 가게로 돌아온다. 수남의 형 수길은 돈을 벌기 위해 도시로 상경했지만 그의 주머니는 여전히 가벼웠다. 그는 고향에 빈손으로 갈 수 없어 도둑질을 하고 만다. 수길은 경찰에 잡혔고, 아버지는 화병으로 몸져눕고 만다. 수길의 뒤를 이어 돈을 벌겠다고 상경했던 수남은 신사와 대화도 없이 자전거를 들고 도망간 자신의 부도덕성에 부끄러워하다 아버지가 있는 고향으로 돌아간다.
달걀은 달걀로 갚으렴	시골 산골 학교 담임인 문 선생님은 6학년들에게 새 학기마다 닭을 나눠 준다. 6학년 학생들은 닭을 키워 알을 판 돈으로 수학여행을 간다. 봄뫼도 오빠 한뫼가 키웠던 닭장에서 닭을 키우는데, 한뫼가 봄뫼의 닭을 자꾸 괴롭힌다. 그러자 봄뫼는 문 선생님께 사실을 이야기하고, 선생님은 한뫼에게 왜 그런 행동을 했는지 이야기를 듣게 된다. 한뫼는 수학여행에서 자신이 소중하게 키운 달걀이 도시 사람들에게는 우습고 가치 없는 것으로 여겨지는 장면을 목격하고, 도시 문명의 모습을 통해 시골의 모습을 부끄럽게 여기게 된다. 한뫼는 도시 사람들에게 복수를 하고 싶어하는데, 한뫼의 이야기에서 문 선생님은 이전과는 반대로 도시 아이들을 마을에 초대하기로 한다. 도시에는 없는 자연이 있기 때문이다. 이 말에 한뫼는 감동을 받고 시골 산골 마을의 가치와 소중함을 깨닫게 된다.
시인의 꿈	문명화된 도시 속 판잣집에 할아버지가 나타난다. 궁금한 소년은 기웃거리다 집 안에 있는 그림책을 보게 된다. 인간 중심의 교육을 받아 온 소년은 그림책 속에 있는 다양한 곤충들의 사진을 보면서 생명의 아름다움을 느낀다. 인간은 해로운 곤충을 죽였고, 시는 필요가 없다는 이유로 사라졌다. 할아버지는 쓸모없다고 여겨지는 시를 쓰는 마지막 시인이고, 소년은 그런 할아버지를 보며 두근거림을 느낀다.

옥상의 민들레꽃	'나'는 마음을 담아서 부모님께 드린 어버이날 카네이션이 버려진 것을 보고 살고 싶지 않아서 옥상으로 올라간다. 자살을 하려 했지만, 옥상 시멘트 사이로 핀 작은 민들레 한 송이를 보고 삶의 소중함을 느끼고, 집으로 돌아온다. 그러던 어느 날, 고급스러운 궁전 아파트에서 두 번째로 할머니가 자살을 하는 사건이 발생한다. 자살을 막기 위해 아파트 주민들이 회의를 연다. 집값이 떨어지는 것을 걱정하며, 창문에 쇠창살을 달자는 의견 등이 나온다. 엄마를 따라간 주인공 '나'는 자살을 막기 위한 의견을 내려고 하지만 어리다는 이유로 아무런 말도 하지 못한다.
할머니는 우리 편	교육열이 강한 엄마는 자식들의 교육을 위해 열심히 노력해서 이사를 자주 다닌다. 할머니는 어린 '나'를 친구처럼 대해 준다. 할머니와 '나'는 아파트 뒤편의 동산에 올라 꽃들을 보며 자연을 느낀다. 그러나 엄마는 불결하고, 학군이 좋지 않다는 이유로 이사를 가려 한다. 일요일에 '나'와 할머니는 산책을 갔다 가뭄이 든 채소밭에 물을 주는 반장을 보게 된다. 반장은 무허가 집에서 살고 있었지만 마음씨가 넓고 공부도 잘 하는 아이였다. 할머니는 반장의 모습을 보고 이사를 가려던 엄마의 마음을 되돌린다.
마지막 임금님	작고 아름다운 나라에 자비로운 임금님이 있었다. 임금님은 인기가 많은데, 이 나라에서는 백성들이 임금보다 행복해서는 안 되는 법이 있다. 임금님은 자신보다 행복한 사람이 있을까 감시를 한다. 그러다 자신보다 행복해 보이는 사내를 발견하고 그에게서 지위, 돈, 가족, 자유를 빼앗는다. 그러나 여전히 행복한 사내에게 임금님은 독배를 내리고, 이마저도 기꺼이 받아들이는 사내의 모습을 보며 자신이 질 것 같은 불안감에 빠져 스스로 독배를 마시게 된다.

〈마지막 임금님〉을 제외한 다섯 편은 어린 화자인 주인공 '나'의 시점에서 이야기가 진행된다. 어린 화자의 시점으로 이야기가 진행되기에 학생들이 쉽게 공감을 할 수 있다. 또한 《자전거 도둑》은 물질만능주의 사회에서 소외되고 있는 생명 존중, 문학, 인성 등의 가치를 잘 녹여낸 이야기책이다.

이 책을 깊이 읽기의 책으로 선정한 이유는 다음과 같다.

첫째, 책 읽는 방법이 서툰 학생들에게 적합한 분량이다. 처음 깊이 읽기 수업을 진행할 때, 중편에서 장편 분량의 책으로 수업하는 것은 교사나 학생 모두에게 위험하다. 처음 깊이 읽기 수업을 진행한다면 3~4개월보다는 2~3주 동안 진행할 수 있는 단편을 텍스트로 삼는 것이 적절하다. 학생들에게도 책 읽는 연습이 제대로 된 상태에서 중편-장편 순으로 진행되는 것이 좋다.

둘째, 작품에 담긴 교훈과 가치가 의미 있다. 박완서의 《자전거 도둑》에 실린 6개 단편 모두에는 아름다운 교훈과 가치가 잘 녹아 있다. 〈자전거 도둑〉에서는 부도덕성에 대한 반성이 드러난다. 자신이 한 잘못에 대한 대가를 치르지 않았는데도 칭찬을 하는 주인 영감의 부도덕성에 스스로 반성하고, 양심을 찾아 고향으로 떠난다. 〈시인의 꿈〉에서는 필요성이라는 경제성장 속에 소외된 것들을 이야기한다. 소외되는 것들은 시뿐 아니라 곤충으로까지 확장되며, 주인공 '나'는 그것들의 소중함을 깨닫게 된다. 6개의 작품 모두 학생들의 바른 인성을 함양하는 데 좋은 소재들이다.

셋째, 작품 속 고유어의 사용이 탁월하다. 고유어의 맛도 잘 살려준다. 박완서 작가의 특징이기도 한 고유어 사용이 이 책에서 특히 돋보인다. 요즘 학생들은 비속어나 은어로 다양한 표현을 대신한다. 예를 들어, '쩔어'라는 표현은 기분이 좋을 때, 대단한 것을 봤을 때 등 다양한 상황에서 사용된다. 이렇게 한 단어로 여러 상황을 표현하는 방법은 학생들의 표현력을 떨어뜨린다. 다양한 고유어 사용은 학생들이 다양한 표현을 사용할 수 있도록 도와준다.

2. 맥락을 이해하고 표현하는 수업계획

내용을 풍부하게 해 주는 다양한 표현 알기

(1) 문맥적 의미와 사전적 의미 파악을 통한 단어 활용하기

문학작품을 읽다 모르는 단어가 나오면 어떻게 대처하는가? 초등학교 3~4학년군 문법 영역에 '낱말을 분류하고 국어사전에서 찾는다'라는 성취기준이 있다. 모르는 단어를 찾아보는 습관을 기르기 위한 기초 활동인데, 다음 학년군 문법 영역에는 사전 찾기와 관련한 성취기준이 없기 때문에 사전 찾는 습관이 다음 학년으로 이어지기가 어렵다. 모르는 단어가 나오면 바로 사전에서 찾아보는 습관을 기르기 위해서는 지속적인 지도가 필요하다. 초등학교 수준의 문법 영역에서 학생들은 다의어, 고유어, 한자어, 외래어, 호응 관계 등을 배우는데, 이러한 문법 학습의 기초는 단어 학습에서 시작된다.

깊이 읽기에서는 모르는 단어가 나올 경우 학생들이 직접 사전에서 단어를 찾아보는 활동을 한다. 미리 분량을 정해 모르는 단어를 찾아오도록 과제 형태로 내줄 수 있으나, 이렇게 되면 학생들이 미리 책을 읽게 되기 때문에 수업에 흥미가 떨어질 수 있다. 미리 뒷부분을 읽지 않고 수업 시간에만 읽는다는 규칙을 정하는 것도 수업 진행에 큰 도움이 된다.

따라서 교사는 그날 수업에서 나갈 진도를 정하면 미리 학생들이 모를 만한 단어를 확인하는 것이 수업계획 및 구상을 하는 데 꼭 필요한 과정이다. 수업 시간에 찾게 될 단어들을 예상할 수 있어야 학생들이 단어를 찾는 데 소요되는 시간을 알 수 있기 때문이다.

저학년(1~2학년)의 경우 아직 사전 찾는 방법을 배우지 않았기 때문에 시각 자료 등을 활용해 교사가 단어에 맞는 사진을 제시하면서 의미를 설명해 주어야 한다. 중학년 이상(3~6학년)의 경우 모르는 단어가 나올 경우 ① 문맥 속에서 의미 찾기, ② 정확한 의미를 사전에서 찾아보기, ③ 단어를 활용하여 자기화 하기의 3단계를 통해 단어 학습이 습관화되도록 계획한다.

문맥 속에서 의미 찾기는 사전을 찾기 전 모르는 단어가 포함된 문장과 그 앞뒤 문장을 사용해 단어의 뜻을 유추하는 학습 방법이다. 대략적으로 의미를 짐작하는 사고 과정을 통해 추론 능력과 사고력이 높아진다. 문맥적 의미는 간단하게 진행하고 사전 찾기를 통해 사전적 의미를 이해한다. 찾은 단어는 단어장에 기입하여 활용할 수 있도록 한다.

모르는 단어를 사전에서 찾는 활동은 국어 시간에만 한정하지 않고 사회, 수학 등 교과에 관계없이 진행해야 한다. 지속적으로 지도해야 모르는 단어가 나오면 자연스럽게 찾아보는 습관이 형성된다. 이렇게 모르는 단어를 스스로 찾아보는 활동은 모르는 것을 끝까지 찾아보는 탐구력과 함께 자기 주도적 학습 능력을 강화한다.

(2) 관용적 표현을 포함한 비유적 표현 알기

표현론적 관점에서 작품 속의 비유적 표현들을 이해하는 것은 문학작품 감상에 중요한 영향을 미친다. 초등학교에서는 다양한 문학작품(시, 소설, 동화 등)을 통해 비유적 표현을 배운다. 6학년 1학기 '1. 비유적 표현', 6학년 2학기 '4. 효과적인 관용 표현'이 비유적 표현을 배우는 주요 학습 단원이다.

> 관용 표현은 어떻게 생겨나는 것일까? 관용 표현이 만들어지는 원인과 경로는 매우 다양하다. 그중에서 매우 흔한 것이 바로 직유적으로 사용되던 말이 관용 표현으로 굳어지는 것이다. 단순히 문자적인 의미로만 사용되던 말이 사건이나 상황을 효과적으로 표현하기 위해 '같이', '처럼', '듯이'와 같은 말과 함께 다른 말을 꾸미거나 '~것 같다', '~ 듯하다' 등으로 쓰이다가 아예 굳어져 특정한 사건이나 상황을 나타내게 되는 것이다.[1]

관용적 표현도 본래 뜻과 달리 빗대어 표현한다는 점에서 비유적 표현과 공통점이 있다.

나는 한 단원에 국한하여 비유적 표현을 지도하기보다는 학생들이 앞으로 읽어 갈 수많은 문학작품 속에서 비유적 표현의 아름다움과 가치를 알게 하고 싶었다. 따라서 깊이 읽기 방식으로 수업하는 동안 지속적으로 비유적 표현을 발견하고 감상하도록 지도했는데, 비유적 표현이 나올 때면 비유하는 원관념과 보조관

---

1. 김한샘, 〈관용 표현의 이해〉, 《새국어소식》, 국립국어원, 2005. 3(http://www.korean.go.kr/nkview/nknews/200503/80_7.html)

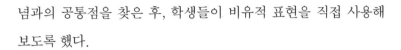

념과의 공통점을 찾은 후, 학생들이 비유적 표현을 직접 사용해
보도록 했다.

책 내용에 공감하기

(1) 책의 내용과 자신의 경험 연관 짓기

책 속의 상황과 나의 상황이 이질적인 경우, 책의 내용이 낯설
게 느껴진다. 공감하기 어려운 책을 읽게 하는 것은 학생들로 하
여금 책에 대한 거부감을 들게 하여 손에서 책을 놓게 만든다. 이
러한 학생들로 하여금 다시 책을 잡도록 하려면 책 내용에 공감
하도록 해야 하는데, 가장 선행되어야 하는 활동은 책 내용과 학
생들의 경험을 연관 짓는 것이다. 학생들의 다양한 경험과 책 속
상황을 연관 지을 때 책에 대한 흥미가 높아진다. 이 과정에서 관
련 경험이 없는 학생은 공감하는 데 어려움을 느껴 쉽게 흥미를
가지지 못하는데, 모둠이나 짝을 구성해 서로의 경험을 말하게
하면 모든 학생이 흥미를 가지게 하는 데 큰 도움이 된다. 책 속
이야기도 결국 삶의 경험에서 시작되기에, 이 과정에서 학생들은
자신의 경험을 말하는 것이 곧 이야기의 시작이라는 것을 알게
된다. 수업 시간에 나눈 자신의 경험을 일기 주제로 선정해 주면
학생들의 경험과 책 사이의 연결이 더욱 단단해진다.

(2) 책 속 등장인물에게 감정이입 하기

책 속 이야기에 빠져들기 위한 가장 좋은 방법은 등장인물에 공감하는 것이다. 독자와 등장인물의 성격이 다르다고 해도, 그가 처한 상황과 배경이 독자들로 하여금 자신의 상황처럼 몰입하게 만든다. 책을 읽는 자신과 책 속의 등장인물을 동일시하는 것을 감정이입이라고 한다. 감정이입을 많이 할수록 글에 대한 이해도가 높아진다. 학생들이 감정이입을 하는 경우는 책을 음독하며 같이 읽을 때 확인할 수 있다. 학생들이 책을 읽다 공감하는 부분에서는 '아~', '오~'와 같은 감탄사를 연발하는 것을 들을 수 있다. 국어 시간은 학생들의 다양한 감탄사를 들을 수 있는 살아 있는 시간이 되어야 한다.

생각 심화하기

(1) 작품 읽기 전후 비교를 통한 생각 심화하기

생각의 확장은 한 주제에 대해 오랜 기간 고민을 할 때 발생한다. 책을 읽어 가면서 한 가지 주제에 대해 지속적으로 고민하게 한다. 기존의 생각에 질문을 던지고, 물음을 찾아가는 과정에서 생각은 확장된다.

학생들의 생각을 관찰하기란 쉽지 않다. 생각은 명확하게 드러나지 않기 때문이다. 학생들의 생각이 확장되었는지의 여부는 짧은 차시의 수업으론 확인하기 어렵고, 보통 한 작품이 끝났을 때 확인할 수 있다.

예를 들어 읽을 작품의 주제를 행복이라고 한다면, 수업을 하기 전 행복에 대해 쓴 생각과 책을 읽은 후 쓴 생각을 비교해 보는 것이다. 개인적인 내용이 될 경우는 첫 차시에 행복에 관해 자유롭게 논술형으로 A4 종이에 쓴 내용과 책을 읽은 후 내용을 비교해 볼 수 있다. 두 번째 방법은 브레인라이팅(Brain writing) 기법을 활용한 생각 공유하기다. 학생들에게 접착식 메모지 여러 장을 배부한 다음 '행복'에 대해 적게 한다. 유의할 점은 학생별 접착식 메모지의 수를 같게 하는 것이다. 학생들이 쓴 의견을 범주화하면 행복이라는 개념에 대한 생각을 확인하고 비교할 수 있다. 이 방법 또한 책을 읽기 전과 읽은 후를 비교해 볼 수 있는데, 문학작품을 읽으면서 작품이 담고 있는 주제가 얼마나 학생들의 마음에 와 닿았는지 확인할 수 있다. 진정한 친구 관계가 서서히 깊어지듯이 학생들의 생각도 서서히 확장하는 것을 느끼게 된다.

(2) 그림, 음, 글로 생각 표현하기

책을 읽고 드는 여러 가지 추상적인 생각을 그림, 음, 글, 신체 등으로 구체적으로 표현할 수 있는데, 표현 방법이 다양할수록 표현력도 높아진다.

그림으로 표현하는 것은 책을 읽은 후 자신의 생각이나 느낌, 책의 내용 등을 그림으로 나타내는 것을 말한다. 구체적인 활동으로는 각자 다른 장면의 삽화를 그린 후 협동 그림책 만들기, 겉

표지 디자인하기 등이 있다. 책을 읽는 중에는 묘사된 사물이나 인물 상상하여 그리기, 장면에 적절한 삽화 그리기 등이 있다. 마무리로 학생들이 표현한 작품들을 서로 돌려 보는 감상 단계를 통해 감정과 생각을 공유하는 것이 좋다.

음으로 표현하는 것은 음악 교과와의 통합 수업으로 진행할 수 있다. 책 내용을 이용한 가사나 가락 만들기, 글 속 특정 상황에 어울리는 음악 만들기 등의 활동이 가능하다.

글로 표현하는 것은 책을 읽은 후 자신의 생각이나 느낌, 책의 내용을 시, 편지, 일기 등 다양한 형식으로 나타내는 것을 말한다. 여기서 유의해야 할 점은 자신의 생각을 진솔하고 부담스럽지 않게 표현할 수 있도록 조건을 만들어야 하는 것이다. 분량을 제한하지 말고, 글을 발표하거나 게시하기 전 학생들의 의견을 존중해야 하는 과정이 필요하다.

신체로 표현하는 것은 책 속의 상황에서 느낄 법한 감정을 표현하는 것부터 시작할 수 있다. 책 내용에 나오는 상황 하나를 제시하고 자신이라면 어떤 감정이 일어날지 표정을 짓게 하고, 학생들에게 서로 얼굴을 보게 하는 것도 좋은 활동이 된다. 이 외에도 책 내용을 희극이나 시나리오로 변경하여 연극, 영화 등으로 표현하는 활동도 진행할 수 있다. 체육 교과의 표현활동과 접목해 무용으로 표현하는 것으로 교과 통합 수업을 진행할 수도 있다.

다양한 표현활동을 통해서 학생들은 자신의 생각을 표출하고 다른 학생들과 의사소통을 할 수도 있다. 이 과정에서 학생들은 똑같은 책을 보고 표현한 결과물이 서로 다름을 확인하며, 다른 사람의 생각과 의견을 존중해야 함을 배우게 된다.

3. 머리가 아니라 가슴으로 공감하다

문맥적 의미와 사전적 의미 파악을 통한 단어 활용하기

《자전거 도둑》에 수록된 6편의 단편 동화에는 고유어가 풍부하게 표현되어 읽을수록 우리말의 아름다움을 느낄 수 있다. 나는 이 책을 선정하는 과정에서 읽고, 작품별 수업계획을 세우면서 읽었고, 수업을 하면서도 읽었는데, 여러 번 다시 읽을수록 작품 속 우리말의 맛과 여운이 깊어졌다.

단어를 지도하는 데에는 여러 고민이 있었다. 학생들마다 알고 있는 단어의 차이점과 교사가 학생들의 단어 수준을 명확하게 파악하지 못한다는 점이었다. 그래서 학생들이 글을 읽다 모르는 단어가 나오면 책에 밑줄을 긋고 손을 들도록 했다. 손을 든 학생이 학급의 절반 정도일 경우 다 같이 찾아보는 것으로 했고, 한두 명만 모른다고 하면 교사가 간단히 의미를 설명하고 수업 정리 시간이나 쉬는 시간에 개인적으로 찾아보도록 했다.

〈자전거 도둑〉 6차시 수업이 시작되자 학생들은 《자전거 도둑》과 사전, 정리 공책을 꺼내어 놓고 자리에 앉아 있었다. 지난 시간까지 읽었던 부분을 말하고, 첫 문장을 다 같이 소리 내어 읽었다. 그다음 문장을 읽을 때에는 한두 명씩 밑줄을 긋기 시작했다.

> 바람이 여전하다. 저만큼서 흙먼지가 땅을 한 꺼풀 벗겨 홑이불처럼 둘둘 말아오는 것같이 엄청난 기세로 몰려온다. 골목 안의 모든 것이 '뎅그렁', '와장창', '우르릉' 하고 제각기의 음색으로 소리 높이 비명을 지른다.
> 드디어 흙먼지 홑이불이 집어삼킬 듯이 수남이의 조그만 몸뚱이를 덮친다. 수남이는 눈을 꼭 감고 숨을 죽인다. 바람이 지난 후 수남이는 눈을 뜨고 침을 탁 뱉는다. 입 속에 모래가 들어와 깔깔하고 목구멍이 알싸하고 아프다. 다시 자전거 쪽으로 걷는다.[2]

"모르는 단어가 있나요?"라고 물어 보자 학생들 절반이 "홑이불이요." 하고 말했다. 수업 전 계획을 세울 때는 학생들이 당연히 알 거라고 생각했다. 여러 번 수업을 했지만 아직도 학생들의 수준과 관점으로 책을 보는 건 어려웠다. 사전을 찾기 전 학생들에게 의미를 추론해 보도록 했다. 반복적으로 훈련을 하다 보니, 모르는 단어가 나오자 학생들이 자연스럽게 짝과 모둠원을 향해 자

---

2. 박완서 지음, 한병호 그림, 〈자전거 도둑〉, 《자전거 도둑》, 다림, 1999., 31쪽

신이 추측한 홑이불의 의미를 말했다.

"어떤 의미인 것 같나요?"라고 묻자 학생들은 "솜이불의 종류 같아요.", "혼자 있는 이불인 것 같아요.", "홀수인 이불 같아요." 라고 자신들의 생각을 말했다. "자, 지문에 '한 꺼풀 벗겨 홑이불 처럼 돌돌 말아오는 것같이'라고 했는데, 그렇다면 돌돌 말리는 이불이어야겠네요?" 하고 내 말이 끝나자 학생들은 자신들의 추론을 구체화하기 시작했다. 그리고 사전을 꺼내 단어를 찾아보기 시작했다. 학생들 중 가장 빨리 찾은 학생 한 명이 사전을 들고 앞으로 나와, 화이트보드에 자신이 찾은 단어의 뜻을 적었다. 이 학생이 뜻을 다 쓰고 자리로 돌아가는 동안 자신의 사전에서 단 어를 찾은 학생도 있고, 여전히 찾는 학생도 있었다. 단어를 찾은 학생은 자신만의 단어장에 옮겨 적었다. 시간을 너무 지체할 수 없기에 다 같이 화이트보드에 적힌 뜻을 읽고, 단어장에 옮겨 적 도록 했다.

'입 속에 모래가 들어와 깔깔하고 목구멍이 알싸하고 아프다'를 읽자 학생들이 밑줄을 그었다. 수업 전 '알싸하다'라는 단어를 학 생들이 모를 것이라고 예상했다. 이에 '알싸하다'의 문맥적 의미 를 생각해 보고, 사전적 의미를 찾아보게 계획했었다. 다만 학생 들이 쓰고 있는 사전에 '알싸하다'라는 단어가 나와 있지 않아서 인터넷 사전에서 찾은 의미를 말해 주었다. 학생들은 내가 제시 한 뜻을 단어장에 적었다. "다음 문장으로 넘어가기 전에 '알싸하 다'를 생각해 봅시다. '알싸하다'가 들어간 문장을 각자 마음속으로 읽어보세요."

학생들에게 단어의 의미를 느낄 수 있도록 시간을 주었다. 그러고는 단어의 의미가 느껴지도록 말을 시작했다. "모두 눈을 감으세요. 선생님이 천천히 읽어 줄게요. 바람이 불어와 나는 눈을 감았다. 바람이 지난 후 나는 눈을 뜨고 침을 탁 뱉었다. 입 속에 모래가 들어와 깔깔하고 목구멍이 알싸하고 아팠다. 눈을 뜨고 지금 목이 어떤 느낌인지 이야기해 보세요." 그러자 학생들이 불편한 표정으로 "목구멍에 뭐가 걸린 것 같아요.", "목이 근질근질해요."라고 말했다. 이렇게 감정이입을 통해 단어의 표현을 떠올리게 하면, 해당 고유어의 진정한 의미를 느낄 수 있게 되는 것이다.

> "아니 이놈이, 어디로 도망을 가려고 이래."
> 뒷덜미를 사납게 붙들린다. 점잖고 깨끗한 신사다. 이런 신사가 자기에게 어떤 볼일이 있다는 것인지, 수남이는 도시 짐작을 할 수 없다.[3]

수업계획 시 '도시'라는 단어가 눈에 들어왔다. 의미상으로는 '도무지'와 비슷한 것 같은데, 도시라는 단어는 생소했다. 사전에서 찾아보니 '도무지'와 같은 말이라고 나와 있다. 교사인 나도 생소한데 학생들은 어떻겠는가. 이 문장을 읽고 발문이 이어지기도

---

3. 〈자전거 도둑〉, 《자전거 도둑》, 32쪽

전에 한 학생이 손을 들며 말한다. "선생님, 여기 도시 오타인 것 같아요. 뜬금없이 도시라는 말이 나와요." 한 학생은 벌써 사전을 찾고 말한다. "선생님. 도시는 사람이 많이 사는 지역이라고 나와 있는데, 단어를 잘못 쓴 것 같아요." 그래서 학생들에게 '도시'는 '도무지'와 같은 뜻이라고 말하자 꽤나 신기해했다. 모르는 단어를 각자 찾아보고 정리하게 한 후에는 학습한 어휘를 응용하는 활동을 전개하면 된다.

'도시'라는 단어를 가지고 짧은 글을 지어 책에 적어 보도록 했다. 단어를 찾은 뒤엔 학생들에게 가끔씩 해당 단어를 사용하여 짧은 글을 지어 보게 하거나 일기나 숙제에 단어를 사용하는 미션을 주면 단어 학습에 훨씬 효과적이다.

이와 같은 방법으로 학생들에게 자신이 모르는 단어를 각자 찾아보고 정리하는 활동을 1년간 했더니, 모르는 단어가 나오면 스스로 찾아보는 습관이 자연스레 형성되었다. 그리고 이런 습관은 국어 교과뿐 아니라 다른 과목을 공부할 때도 적용되었다. 이 책 1장에 나오는 학생 인터뷰를 참고하면 학생들이 혼자 책을 읽을 때도 모르는 단어를 스스로 찾아보는 습관이 형성되었다는 것을 알 수 있다.

단어 수업에선 자신만의 사전 만들기 활동을 진행할 수 있다. 일차적으로 모르는 단어가 나오면 '그림1'처럼 단어와 뜻을 적는다. 그 후 '그림2'에서처럼 자신만의 단어장을 만들어서 단어의 뜻을 정리해 보도록 한다. 단어장에는 단어, 의미, 활용 예시, 그

단 어	뜻 / 문장 만들기
역력	기억 따위가 환히 알 수 있게 또렷 하다 이 사무선의 일이 역력하다
대책	어떤 일에 대처할 계획이나 수단 담배를 파는 것을 대책하였다
명의	개인이나 기관의 문서 상의 이름 ~란 이름으로 명의로 봉황호을 샀다
연설	여러 사람 앞에서 자기의 주의나 주장 또는 의견을 진술 할아버지께서 열심이 연설을 하셨다
아우성	여럿이 저마다 힘껏 외치거나 악을 쓰며 떠드는 소리 내가 와서 쓰겠다며 아우성 쳤다
전축	전기의 힘으로 음반을 돌려 소리를 난다. 우리집에는 전축이 없다.
낙담	일이 뜻대로 되지않아 몹시 실망 하는것 경기에서 져서 낙담하였다.
서면	내용을 기록한 문서나 편지 집에 와보니 서면이 있었다.
영락	조금도 틀리지 아니하고 꼭들어맞다. 나는 손들어서 영락없이 발표 하였다.
줄창	줄곧 나는 줄곧 공부하였다.
불평	방에서도 더나가며 씨마씨 하게 여김 진실이 듣고 나니 불평하였다.
권위	나을 지휘하거나 통솔하여 따르게 하는 힘 마력만큼 권위가 있다.
수선	어지럽고 시끄러워 해도 교실을 수선스럽다. 수선
삽시간	빠르게하니 삽시간에 지나
아수라장	뒤범벅이 되어 야단이 난 곳 엉망이 이 와서 아수라장이 되었다.
합세	서면 못 기울어 없더니 합하였고 적끼에 합세 하다.
자비롭다	남을 깊이 사랑하고 가볍게 여기는 마음이 있는듯하다 나는 자비롭다.
당초	일이 생기기 시작한 처음 당초나는 용기있게 섰었다.
이룩	나라, 도읍, 집 따위를 새로 서우다 나라을 이룩하였다.
통곡	소리를 크게 높여 슬피 운다. 나는 통곡 하였다.

〈그림1〉 수업 시간에 적은 단어장

림 설명 등이 들어갈 수 있다.

단어 암기용 작은 메모장을 구매하여 자신만의 단어장을 만들

〈그림2〉 나만의 단어장 만들기

도록 한다. 먼저 각자 겉표지를 꾸민다. 수업 시간에 적었던 단어들을 쉬는 시간 혹은 집에 가서 단어장에 옮겨 적게 한다. 단어장에 적힌 단어들은 사전처럼 자음 순으로 배치한다. 스프링이 있는 단어 암기용 메모장은 단어장에 적은 단어들을 사전처럼 자음 순으로 배열할 수 있다는 점에서 사전 만들기에 적절하다.

또한 교실에서 화이트보드에 '오늘의 단어'라는 영역을 만들어 학생들이 돌아가면서 하루에 한 단어씩 자신이 모르는 단어를 쓰고 뜻을 적게 했다. '오늘의 단어'를 보고 하루에 한 번씩 그 단어를 사용하도록 규칙을 정했다.

관용적 표현을 포함한 비유적 표현 알기

5~6학년군 성취기준에는 '문학(3) 작품에 나타난 비유적 표현의 특징과 효과를 이해한다'라는 성취기준이 있다. 2009 개정 교육과정에서 6학년 1학기 1단원에서 해당 성취기준을 학습하는

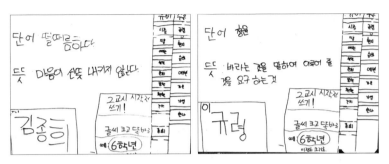

<그림3> 오늘의 단어

데, 이 수준에서는 비유적 표현의 의미와 좋은 점 정도만 학습한다. 국어 교과서에서는 9차시 동안 시 3편과 발췌된 2편의 이야기에서 비유적 표현을 찾도록 하는데, 지문과 차시가 제한되어 있어 비유적 표현에 대한 깊이 있는 이해에 한계가 있다.

이에 1차시 정도 비유적 표현의 의미를 학습하고, 나머지 8차시 동안은 책을 읽으면서 작품 속 비유적 표현을 이해하도록 했다. 교과서와의 다른 점은 문맥에서 비유적 표현을 깊이 있게 살펴보는 점과 다양한 작품을 읽어 나가면서 비유적 표현을 계속 찾는다는 점이다. 문학작품을 읽으면서 사전 찾기와 함께 비유적 표현을 지속적으로 지도했다. 그 결과 학생들은 비유적 표현을 찾는 것은 기본이고 비유적 표현이 주는 감동을 이해하고, 친구들과의 대화나 글쓰기에서도 자주 표현하기 시작했다.

(1) 비유적 표현의 의미 짚어 보기

비유적 표현을 학습하기 위해 〈시인의 꿈〉에서 시의 가치를 알고 직접 시를 써 보는 활동을 구성하였다. 시의 특성 중 하나는 비유적 표현이다. 따라서 〈시인의 꿈〉에서 비유적 표현을 중점적으로 학습하도록 계획했다. 〈시인의 꿈〉을 읽기 시작했다.

> 한 소년이 얼음판처럼 매끄럽고, 티끌 하나 없이 정갈한 아파트 광장에서 이상한 것을 발견했습니다. [4]

학생들은 이 문장에서는 특별하게 궁금증을 갖지 않았다. 일상적인 생활에서 비유적 표현을 사용했기 때문에 특이한 점을 느끼지 못하는 것 같았다.

"한 소년이 매끄러운 아파트 광장이라고 하면 될 텐데 왜 '얼음판처럼'이라는 표현을 사용했을까요?"라고 학생들에게 질문을 하니, "얼음판이 매끄러우니까요.", "광장이 얼음판 같으니까요."라고 대답했다.

학생들의 대답에서도 알 수 있듯 학생들은 이미 비유적 표현의 의미를 어느 정도 알고 있었다.

"'얼음판처럼'이라는 표현이 있는 문장과 없는 문장은 어떤 점이 다른가요?"

"좀 더 생생해요."

"얼음판이 떠올라요."

대답을 하지 않은 학생들 역시 비유적 표현에 대해 이해하는

---

4. 〈시인의 꿈〉, 《자전거 도둑》, 79쪽

동조의 눈빛을 보냈다. 비유적 표현이라는 용어는 모르지만 표현 방식을 이해하고 있었던 것이다.

나는 여기서 바로 '비유적 표현'이라는 용어 설명과 비유적 표현을 사용하면 좋은 점 등을 말하지 않았다. 여러 비유적 표현을 통해서 개념을 추출하고자 했기 때문이다.

다음 차시에 또 비유적 표현이 나왔다.

> 소년은 요람에 누워 가만가만 흔들리던 어릴 적처럼 편안했습니다.[5]

이 내용은 비유적 표현의 효과를 설명하기 적절할 것 같아서 미리 설계한 대로 화이트보드에 옮겨 적었다. 그리고 그 밑에 '소년은 편안했습니다.'라고 적었다.

"'소년은 편안했습니다.'와 책 속의 문장은 어떤 차이가 있나요?"

"글자 수가 달라요"와 같은 말도 나왔지만 얼마 지나지 않아 "상상하게 돼요.", "좀 더 구체적인 것 같아요.", "정말 편안한 느낌이 느껴져요."라는 대답들이 나왔다. 학생들의 대답이 나오자 '요람에 누워 가만가만 흔들리던 어릴 적처럼'에 밑줄을 긋고 "여러분이 말한 것처럼 상상하게 하고, 구체적이고, 정말 그런 느낌이 들게 하는 표현을 비유적 표현이라고 합니다."라고 정의했다.

---

5. 〈시인의 꿈〉, 《자전거 도둑》, 85쪽

학생들은 '무엇인가를 빗대었다'는 사전적 정의보다 훨씬 쉽게 내 말을 이해했다.

(2) 문맥 속에서 비유적 표현 이해 심화하기

교과서에서는 시나 소설에 나오는 직유법과 은유법을 중심으로 학습한다. '~와 같이', '~처럼'과 같은 조사가 사용된 비유적 표현만 나오기 때문에 학생들은 공식처럼 조사와 비유적 표현을 연결 짓는다. 평가로 이어질 경우 학생들은 '~처럼'과 '~같이'를 찾기에 급급한 모습만 보일 뿐, 실생활에서 비유적 표현을 사용하는 '생활화'된 모습은 보기 어렵다. 비유적 표현 학습에서 중요한 것은 비유적 표현을 제대로 느낄 수 있는 감수성이지, 어떤 것이 비유적 표현인지 아는 것이 아니다.

학생들이 일상생활에서 비유적 표현을 많이 사용하긴 하지만, 비유적 표현의 의미를 안 지 얼마 되지 않아 비유적 표현을 활용하면 형식적 적용이 될 것 같아서 〈시인의 꿈〉을 더 읽으며 비유적 표현을 살펴보기로 했다.

> 할아버지의 얼굴이 저녁 하늘처럼 슬퍼 보였습니다.[6]

이번 차시 수업에서도 비유적 표현이 나왔다. 문장을 읽자 학생들이 비유적 표현이라고 말했다. 지난 시간 비유적 표현이 맞

---

6. 〈시인의 꿈〉, 《자전거 도둑》, 92쪽

는지 아닌지에 너무 치중한 나머지 전체적인 감상이 부족한 것 같아 이번 차시에는 맥락적인 의미 파악부터 진행하였다. 문장 속 표현을 해석하는 것이 아니라 앞뒤 문맥을 해석할 수 있어야 한다.

단순히 한 문장을 보는 것이 아니라 글 전체의 흐름과 앞뒤 상황을 제대로 파악할 때 비유적 표현은 훨씬 쉽게 다가온다. 슬픈 할아버지의 얼굴이 저녁 하늘과 같다는 한 표현만 아는 것이 아니라 할아버지의 얼굴이 그렇게 된 깊은 이유까지 알 수 있어야 한다. 이를 위해서는 이 글 전체로 확대해서 상황에 깊이 공감하는 과정이 필요하다. 그래야만 전체 이야기 속에서 비유적 표현이 가지는 의미를 알게 된다. 이 문장을 읽기 전 문단을 다시 읽어봤다.

> "쓸모없는 일을 하는 것을 금지시켰단다. 그래서 대개의 시인들은 기술자가 됐지. 그래도 끝까지 시를 안 버리려고 한 시인에겐 쓸모 있는 시를 쓰란 명령이 내렸고. 그래서 '솔직히 말해서 벙글콘은 학생스크림입니다.'라는 노래를 쓴 시인이 생겼고, '샴푸는 비단결 샴푸, 엄마의 좋은 친구 비단결'이란 노래를 쓴 시인도 생겨났지. 가장 끝까지 시를 사랑하려고 한 시인일수록 가장 크게 시를 더럽혔다니!"
> 할아버지의 얼굴이 저녁 하늘처럼 슬퍼 보였습니다.[7]

---

7. 〈시인의 꿈〉, 《자전거 도둑》, 92쪽

〈시인의 꿈〉에서 할아버지는 인류의 마지막 시인이다. 시가 경제적인 가치가 없다는 이유로 없어지기 시작하면서 많은 사람이 시를 쓰지 않았지만, 할아버지는 마지막까지 시를 잊지 않은 사람이었다. 모든 사람이 물질을 추구하면서 가치가 없다고 생각하는 것을 우직하게 소중히 유지하려는 할아버지의 표정 속에는 슬픔 그 이상이 있다. 공감을 토대로 배우게 되는 비유적 표현은 머리가 아닌 가슴으로 다가온다. 학생들의 얼굴에 할아버지의 슬픈 빛이 보였다.

비유적 표현을 중점적으로 배우는 수업에서, 학생들에게 다음과 같은 학습지를 나누어 주고 서로 토의하여 채우도록 했다.

〈표2〉 비유적 표현 학습지와 답안 예시

비유적 표현 써 보기	할아버지의 얼굴이 저녁 하늘처럼 슬퍼 보였습니다.
무엇을?	할아버지의 얼굴
무엇에?	저녁 하늘
왜?	저녁 하늘은 이제 끝나 가서 슬프기 때문이다.

(3) 비유적 표현 생활화하기

비유적 표현은 글을 보다 풍성하게 만들기에, 학생들이 비유적 표현을 많이 사용할 수 있는 방법을 고민하였다. 비유적 표현을 많이 사용하기 위해서는 비교하려는 대상과 빗대는 대상의 공통점을 찾는 것이 선행되어야 한다. 보조관념과 원관념의 공통점을 찾기 위해서는 주변을 자세히 살펴보는 관찰이 필요하다. 자신의 삶 주변을 관찰하고 그 이면에 있는 성질과 특성을 느낄 때 비유적 표현의 활용은 시작된다. 이렇게 비유적 표현의 기초를 다지는 과정은 시 수업을 위한 선행 과정이 된다.

학생들에게 교실 밖으로 나가 다양한 사물을 관찰하고 어떤 것과 유사한지 짝을 지어 보라고 했다. 내가 생각지도 못한 다양한 연결 관계들이 나왔다. 마이크를 가져와 선생님의 큰 목소리와 닮았다고 하는 학생부터, 공을 가져와 지구와 닮았다는 학생까지 다양했다. 한 명씩 교단으로 나와 자신이 찾은 공통점을 발표하게 하였고, 공통점을 통해 비유적 표현을 써 보도록 했다. 학생들은 비유적 표현이 재미있는지 일기에도 자주 사용하곤 했다.

(중략)

전교 회의에서는 보다 더 학생들의 의견을 반영할 수 있기 때문이다. 나는 다른 학년의 본보기로 우리 반이 제일 먼저 위 활동을 하면 좋을 것 같다.

두 번째 문제점은 각 부의 참여도다. 항상 실천사항이 성의 없고 계획적이지 않다. 그렇게 되면 전교 회의는 껍질만 있는 과일인 셈이다. 이것에 대한 해결책은 각 부마다 일주일에 한 번만(금요일 제외) 만나서 미리 계획을 짜면 된다.

이선영 학생의 학습일기 가운데

비유적 표현을 한 단원에서만 익히는 것이 아니라 책을 읽으며 반복적으로 공부했기 때문인지 비유적 표현에 대한 학생들의 이해도가 상당히 높았다. 은유와 직유를 찾는 것은 물론 다른 비유적 표현도 이해하곤 했다.

(4) 은유와 직유를 넘어 의인법 알기

〈시인의 꿈〉에서 비유적 표현을 배우고 〈옥상의 민들레꽃〉을 읽을 때였다.

> 싹이 나고 잎이 돋고 꽃이 피게 하기에는 너무 적은 흙이어서 잎은 시들시들하고 꽃은 작은 단추만 했습니다. 그러나 흙을 찾아 공중을 날던 수많은 민들레 씨앗 중에서 그래도 뿌리 내릴 수 있는 한 줌의 흙을 만난 게 고맙다는 듯이 꽃은 샛노랗게 피어 달빛 속에서 곱게 웃고 있었습니다.[8]

이 문장을 읽고 학생들은 비유적 표현을 찾아냈다. 수업에서의 배움은 한두 명의 질문과 호기심에서 시작한다. 한 학생이 조금 이상하다며 손을 들었다. 설명을 요구하자 "꽃이 달빛 속에서 곱게 웃고 있다고 하는데, 꽃을 사람처럼 표현을 했어요." 하고 답한다. 학생들은 모둠끼리 몇 분간 토의를 했고, 그 결과 비유적 표현 같다는 의견을 많이 내놓았다.

"무엇을 무엇에 빗댄 것 같나요?"라고 묻자 학생들은 "민들레를 사람으로요."라고 대답했다. "이 표현을 쓰니 어떤 느낌이 드나요?"라고 물으니 "생생해요.", "상상돼요."라고 답했다.

지도서에는 없지만 사람이 아닌 것(민들레)을 사람으로 빗대는 의인화라는 비유적 표현을 알게 된 것이다.

---

8. 〈옥상의 민들레꽃〉, 《자전거 도둑》, 129쪽

(5) 비유적 표현으로서의 상징 이해하기

'상징'은 초등학교 교육과정의 성취기준 및 학습 요소에는 없다. 상징은 비유적 표현의 한 형태로서 보다 많은 사람이 공감하고 빈번하게 사용하여 고착된 것(사회적·문화적 영향으로 굳어진 결과물)을 뜻한다. 그래서 〈옥상의 민들레꽃〉을 읽기 전 학습 지도안에도 비유적 표현을 찾아보는 정도로 계획했지만, 민들레꽃이 생명력을 상징하기 때문에 상징 개념까지 확장하여 수업을 진행했다.

> 그때 나는 민들레꽃을 보았습니다. 옥상은 시멘트로 빤빤하게 발라 놓아 흙이라곤 없었습니다. 그런데도 한 송이의 민들레꽃이 노랗게 피어 있었습니다.(중략) 그러나 흙을 찾아 공중을 날던 수많은 민들레 씨앗 중에서 그래도 뿌리내릴 수 있는 한 줌의 흙을 만난 게 고맙다는 듯이 꽃은 샛노랗게 피어 달빛 속에서 곱게 웃고 있었습니다.(중략) 살고 싶지 않아 하던 것이 큰 잘못같이 생각되었습니다.[9]

〈옥상의 민들레꽃〉에서는 감정이입 하기를 주로 계획하여 진행했는데, 이 부분을 읽고 상징 개념까지 수업을 진행하였다. 학생들에게 "민들레꽃을 통해서 주인공인 '나'는 어떤 감정을 느꼈나요?"라고 묻자, 학생들은 "생명력~"이라고 답했다.

〈옥상의 민들레꽃〉에 나오는 민들레꽃처럼 많은 사람이 한 대

---

9. 〈옥상의 민들레꽃〉, 《자전거 도둑》, 129쪽

상을 통해 떠오르는 것이 어떤 것이 있을지 생각해 보도록 했다. 아이들은 제일 많이 '평화의 상징 비둘기' 등을 찾아냈다. 상징은 많은 이가 비유적 표현으로 사용하다 그 의미가 굳어진 것이라고 설명해 주었다.

책의 내용과 자신의 경험 연관 짓기

책 속의 상황과 학생들의 경험을 연관 짓는 활동은 학생들이 책에 쉽게 몰입할 수 있도록 한다. 책에 몰입할수록 아이들은 책 내용에 흥미를 크게 느끼고, 수업에도 적극적으로 참여한다. 학생들이 책 내용에 보다 몰입하도록 하기 위해서는 책에 나오는 상황과 인물의 성격에 대한 분석 과정이 필요하다.

〈자전거 도둑〉에는 주인공 수남이 수금을 하기 위해 세워 놓은 자전거가 바람에 넘어지면서 고급 자동차에 생채기를 내는 상황이 나온다.

신사가 덩칫값도 못하게 팔짝팔짝 뛰면서, 잘 봐 두라는 듯이 수남이의 얼굴을 차에다 바싹 밀어붙였다.

수남이는 차체에 비친 울상이 된 자기 얼굴을 볼 수 있을 뿐이었다. 꼭 오늘 재수 옴 붙은 일이 날 것 같더라만 이런 끔찍한 일이 일어나고 말았구나. 울음이 왈칵 솟구친다.[10]

---

10. 〈자전거 도둑〉, 《자전거 도둑》, 33쪽

수남은 자신의 잘못이 아니기 때문에 억울해하며 울음이 왈칵 올라온 것이다. 학생들에게도 이런 억울하고 눈물이 날 것 같은 상황을 생각해 보고 적도록 했다. 학생들이 어려워할 경우엔 교사의 이야기를 해 주어도 된다.

"선생님은 초등학생 때 정말 숙제 다하고 게임을 하고 있는데, 5분도 지나지 않아 어머니께서 들어오셨어. 그 모습을 보신 어머니께선 공부 안 하고 게임만 한다고 화를 내시는 거야. 그때 얼마나 억울했던지 울컥했지."

이 이야기를 들려주자 학생들에게서 공감의 탄성 소리가 나왔다. 특히 남자아이들의 목소리가 많이 들렸다. 이렇게 힌트를 주자 학생들은 자신의 경험을 적기 시작했다.

교사가 제시했던 부모님의 오해부터 선생님과 친구들 사이에서 있었던 일, 학원에서 있었던 일 등 다양한 경험들이 쏟아져 나왔다. 바로 다음 문장을 읽자 학생들은 더 깊이 공감했다.

> 그러자 제 얼굴도, 차체의 흠도 아무것도 안 보이고 온 세상이 부옇게 흐려 보일 뿐이다.
> "울긴, 임마. 너 한 달에 얼마나 버냐?"[11]

이 부분에서는 특히 부모님의 오해와 관련된 경험을 적은 학생들이 깊게 공감했다. 부모님께서 자신의 말을 들어 주지 않고 타

---

11. 〈자전거 도둑〉, 《자전거 도둑》, 33쪽

박한 경험이 떠오른 것이다. 학생들은 수남은 억울해서 눈물을 왈칵 쏟은 건데 들어 주기는커녕 왜 우냐고 말하는 신사가 꼭 부모님 같다고 했다.

누군가가 뒤에서 "빌어, 이놈아. 그저 잘못했다고 무조건 빌어." 하고 속삭인다. 수남이는 여러 사람들이 자기를 동정하고 있다고 느끼자 적이 용기가 난다.
"아저씨, 잘못했습니다. 한 번만 용서해 주십시오. 네, 아저씨."**12**

이러한 상황과 비슷하게 학생들은 진심으로 반성하기도 전에, 주변의 분위기 때문에 반성하거나 사과한 경험도 있다고 했다. 이런 경험을 이어서 써 보는 활동을 시작했다.

이번에는 학교에서 싸웠을 때의 이야기가 다소 나왔다.

"아직 친구한테 화가 풀리지 않았는데, 빨리 끝내야 할 것 같아서 그냥 사과했던 적이 있어요."

"아직 억울했는데 부모님한테 다시는 싸우지 않겠다고 용서를 빌었던 적이 있어요."

학생들의 마음을 알아 주지 못하고 감정을 강요한 것 같아 미안한 마음이 들었다. 학생들의 경험 나누기에는 이제까지 알지 못했던 감정과 상황들을 알게 되는 효과도 있었다.

신사는 수남에게 5000원을 가져오라고 했다. 그 전에는 자전

---

12. 〈자전거 도둑〉, 《자전거 도둑》, 34쪽

거를 주지 않는다며 사무실로 들어갔다. 이 상황에서 자신이라면 어떻게 할지 토의 활동을 했다. 도망치기, 할아버지께 돈 빌려 오기, 조금 깎아 달라고 부탁하기 등 다양한 의견이 나왔다.

책에서 수남은 결국 자전거를 들고 몰래 도망을 간다.

> 수남이는 자전거를 마치 검부러기처럼 가볍게 옆구리에 끼고 질풍같이 달렸다.
> 정말이지 조금도 안 무거웠다. 타고 달릴 때보다 더 신나게 달렸다. 달리면서 마치 오래 참았던 오줌을 시원스레 내깔기는 듯한 쾌감까지 느꼈다.[13]

이 부분을 읽고 난 후 학생들에게 잘못을 하고 도망간 경험을 적어 보도록 했다. 자신의 잘못을 드러내는 것이기 때문에 발표를 하지 않고 개인적으로 쓰도록 했다. 머뭇거리던 학생들이 쓰기 시작했다. 사소한 잘못이라도 양심을 속이면 기억에 남는 법이다. 학생들은 제법 진지하게 자신의 경험을 적었다.

> 그러나 오늘 수남이는 그게 되지를 않았다. 책을 집어 던졌다. 낮에 내가 한 짓은 옳은 짓이었을까? 옳은 것도 없지만 나쁠 것은 또 뭔가. 자가용까지 있는 주제에 나 같은 아이에게 오천 원을 우려내려고 그렇게 간악하게 굴던 신사를 그 정도로 곯려 준 것이 뭐가 나쁜가? 그런데도 왜 무섭고 떨렸던가.[14]

13. 〈자전거 도둑〉, 《자전거 도둑》, 38쪽
14. 〈자전거 도둑〉, 《자전거 도둑》, 40쪽

수남은 자신의 비양심적인 행동이 마음에 걸렸다. 그래서 자신이 한 일을 합리화하기도 했지만 그 일은 수남의 머릿속에 계속 맴돌았다. 학생들에게 자신이 한 비양심적인 행동을 적어 보는 것에 이어, 이번에는 비양심적인 행동을 하고 난 후 든 생각들을 적어 보도록 했다. 교실을 돌며 슬쩍 봤는데, 아이들의 생각 역시 수남의 생각과 비슷했다. 무단 횡단이나 쓰레기 투기처럼 사소한 잘못을 한 학생들은 '이 정도는 괜찮다. 다른 사람들도 한다.'라며 자신을 합리화한 과정을 쓰기도 했다. 축구를 하던 중 밭으로 넘어간 공을 줍다 농작물을 밟아 버린 학생은 다시 밭으로 들어가 농작물을 세워야 했는지, 연락처라도 남겨 놓았어야 했는지 등의 생각을 적었다.

그런데 왜 그때, 그렇게 떨리고 무서우면서 짜릿하니 기분이 좋았던 것인가? 문제는 그 때의 그 쾌감이었다. 자기 내부에 도사린 부도덕성이었다. 오늘 한 짓이 도둑질이 아닐지 모르지만 앞으로 도둑질을 할지도 모르겠다는 생각이 들었다. (중략) 수남이는 짐을 꾸렸다. 아아, 내일도 바람이 불었으면. 바람이 물결치는 보리밭을 보았으면[15]

결국 수남은 자신의 비양심적인 행동을 반성하고, 고향으로 발걸음을 돌린다. 자신의 행동을 보며 다 컸다고 한 주인 영감에게 실망하면서 말이다. 학생들에게도 자신이 잘못을 한 뒤의 행동을

---

15. 〈자전거 도둑〉, 《자전거 도둑》, 45쪽

적어 보도록 했다. 공을 줍다 농작물을 밟은 학생은 이후 그 근처로는 가지 않았다고 했고, 무단 횡단을 한 학생은 처음에는 양심이 찔렸지만 점점 그런 양심의 가책이 무뎌져 자주 무단 횡단을 했다고 고백했다.

"누구나 잘못을 합니다. 중요한 것은 비양심적인 행동을 한 후의 모습이라고 생각해요. 수남은 양심적인 삶을 살기 위해 떠납니다. 어떤 행동을 할지는 여러분의 선택입니다. 선생님은 여러분이 자신의 잘못을 고백한 것만으로도 큰 용기라고 생각해요. 책을 다 읽고 난 후의 자신의 마음가짐을 써 보도록 합시다."

수업은 학생들이 자신의 마음가짐을 써 보는 활동으로 마무리했다. 학생들은 계속해서 수남의 상황에 자신의 경험을 연결 지었다. 수남이 경험한 '비양심적 행동→고민→양심적 행동을 하기 위한 다짐' 단계를 학생들도 따라갔다. 다음은 한 학생이 수남에게 쓴 편지글이다. 이 편지글에는 자신의 경험과 수남의 상황을 잘 연결하고 있다.

안녕 오빠. 나는 청성초등학교에 다니는 13살 ○○이야.
오빠가 주인 할아버지의 도둑 두목 같은 모습을 보았을 때, 나도 오빠처럼 주인 할아버지에게 정이 떨어졌어. 오빠도 그때 나처럼 아마 벌레라도 씹어 먹은 듯 했을 거야. 나도 차라리 영감님에게 칭찬을 받을 바에는 고향으로 돌아가서 아버지에게 혼이 나는 게 더 나을 것 같아.
오빠가 양심을 선택하고, 소년다운 청순함으로 빛났을 때, 오빠가 정말로 멋지고, 내가 더 자랑스럽고, 뿌듯했어. 오빠 정

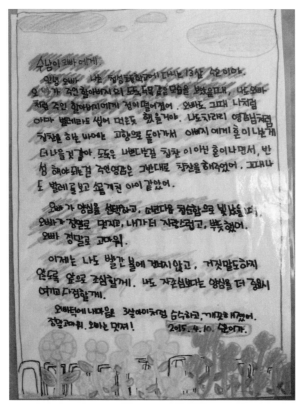

〈그림4〉 등장인물에게 보내는 편지

말로 고마워.

　이제는 나도 빨간 불에 건너지 않고, 거짓말도 하지 않도록 앞으로 조심할게. 나도 자존심보다는 양심을 더 중요시 여기겠다고 다짐할게

　오빠 덕에 내 마음은 3살 아이처럼 순수하고 깨끗해졌어. 정말 고마워. 오빠는 멋져!

학생 글

책 속의 등장인물에게 감정이입 하기

감정이입은 소설 속으로 깊이 들어가기 위한 가장 쉬운 방법이다. 소설 속 인물의 상황을 자신의 상황처럼 느끼고 생각할 때 우리는 책의 내용을 깊이 이해할 수 있다.

감정이입을 하기 위한 방법은 다양하다. 이 장 5절의 '자신의 경험과 연관 짓기'를 통해서도 감정이입을 할 수 있으며, 등장인물의 상황을 배경으로 하는 역할극을 통해서 할 수도 있다.

〈옥상의 민들레꽃〉에서 주인공인 '나'는 어리지만 어버이날을 기념해 카네이션 꽃을 만들었다. 그러나 형과 누나의 선물에 밀려, 서툰 카네이션 꽃은 쓰레기통에 버려졌다. 주인공은 이러한 부모님의 태도와 행동에 마음의 상처를 받고 자살을 하러 옥상에 올라간다. 수업 상황에서 단순히 교사가 '나'의 마음은 어땠을까? 라는 발문을 하고 학생들이 이를 짐작하여 답하는 것보다는 주인공처럼 직접 종이 카네이션을 만들어 부모님께 선물하도록 지도하는 것이 감정이입에 더 효과가 크다.

> 놀이에 싫증도 나고 배도 고프기에 집에 들어와 냉장고를 열려다 말고 나는 내 꽃을 보았습니다. 내 꽃은 식당 구석에 있는 쓰레기통 속에 과일 껍질과 밥찌꺼기와 함께 버려져 있었습니다. (중략)
> 그러나 엄마의 사랑은 거짓이었습니다. 나는 엄마를 진짜로 사랑했는데, 엄마는 나를 거짓으로 사랑했던 것입니다. (중략)

나는 살고 싶지 않다고 생각했습니다. 확실히 그렇게 생각했습니다. 내가 사랑하는 사람들이 내가 없어져 주었으면 하고 바라고 있는데, 무슨 재미로 살아가겠습니까?[16]

그러나 실제로 부모님께 종이 카네이션 꽃을 드렸을 때 부모님이 이를 버리는 경우는 드물기 때문에 교사-학생 간, 학생-학생 간 역할극을 진행하였다. 자신이 쓰고 싶은 사람에게 편지를 쓰는데, 편지지가 아닌 접착식 메모지나 사용하는 노트를 찢어서 짧게 편지를 쓰도록 했다. 그러고는 학생들이 움직이면서 친구들에게 편지를 전해 주었는데, 받은 사람은 가볍게 눈으로 내용을 읽고 편지를 구기며 성의가 없다는 식으로 말을 하게 했다. 자신이 정성스럽게 마음을 담아 편지를 썼는데 성의가 없다는 말을 들었을 때 혹은 자신의 편지가 구겨져 버려졌을 때 느끼는 감정을 통해서 학생들은 주인공 '나'의 마음에 감정이입을 할 수 있었다.

학생들은 주인공과 비슷한 상황을 겪어 보면서 부모님에 대한 '나'의 섭섭함과 실망감에 대해 감정이입을 할 수 있었다. 이처럼 학생들이 주인공의 경험을 자신의 경험처럼 생각해 보고, 주인공의 감정을 느끼다 보면 더욱 책 속으로 빠져들게 된다.

"창피해 얼굴을 들고 다닐 수가 없단다. 어쩌다 군더더기로 막내를 하나 더 낳아 가지고 이 고생인지. 막내만 아니면 내가

---

16. 〈옥상의 민들레꽃〉, 《자전거 도둑》, 125쪽

지금쯤 얼마나 홀가분하겠니. 막내만 아니면 내가 남부러울 게
뭐가 있니?"

　그 때 나는 처음으로 엄마에게 내가 필요하지 않다는 사실을
알았습니다. 나에겐 나의 가족이 필요한데, 나의 가족은 나를
필요로 하지 않는다는 것은 견디기 어려운 슬픔이었습니다.[17]

　이 문장을 읽자마자 학생들이 '우' 하는 소리를 냈다. 모두 다
감정이 격양되어 있었다. "주인공은 어떤 마음일까?"라는 물음에
학생들은 망설임 없이 "부모님이 실망스럽다.", "화가 난다", "죽
고 싶다."와 같은 대답들이 터져 나왔다. 학생들의 감정이입 정도
를 높이기 위해 짝끼리 마주 보고 서로의 눈을 보며 읽도록 하여,
주인공 '나'가 겪었던 상실감을 더욱 느끼게 했다.

　5절에서 했던 '자신의 경험과 연관 짓기'를 활용하여 등장인물
처럼 힘든 시기를 경험했을 때에 대해 적어 보도록 했다. 학생들
은 가장 믿었던 존재(부모님)에게 실망한 적은 많았지만, 자살까
지 생각할 정도의 경험은 많지 않았다.

　나는 말없이 집을 나왔습니다. 계단을 오르고 또 올랐습니
다. 마침내 옥상까지 올랐습니다. 옥상에서 내려다보니까 사람
들이 개미처럼 작게 보였습니다. 나는 살고 싶지 않다고 생각
했습니다. 확실히 그렇게 생각했습니다. 내가 사랑하는 사람들
이 내가 없어져 주었으면 하고 바라고 있는데, 무슨 재미로 살

---

17. 〈옥상의 민들레꽃〉, 《자전거 도둑》, 125쪽

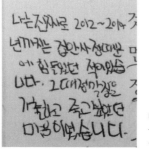

〈그림5〉 등장인물처럼 '내가' 힘들었던 경험 (예시 1)
나는 진짜로 2012~2014년까지는 집안 사정 때문에 힘들었던 적이 있습니다. 그때 정말 집을 가출하고 죽고 싶었던 마음이었습니다.

〈그림6〉 등장인물처럼 '내가' 힘들었던 경험 (예시 2)
형이 나보고 넌 그냥 짐이라고 그냥 나가라고 했었던 기억이 났다. 나는 그때 든 감정이 무엇이었냐면 형에 대해 실망, 분노, 우울, 슬픔 등 여러 가지 안 좋은 감정이 들었다.

아가겠습니까?[18]

　　이 부분에서는 잔잔하면서 무거운 베이스가 느껴지는 배경음악과 함께 학생들에게 복합적인 마음이 들 수 있도록 하였다. 상황에 적절한 음악을 들려주면 학생들의 감정이입을 심화시킬 수 있다.

　　그 이후로 '나'는 밤이 되기를 기다리는 내용이 나오는데, 한 문장씩 읽어갈수록 학생들은 이야기에 몰입하여 뒷이야기를 궁금해했다.

---

18. 〈옥상의 민들레꽃〉, 《자전거 도둑》, 127쪽

그때 나는 민들레꽃을 보았습니다. 옥상은 시멘트로 빤빤하게 발라 놓아 흙이라곤 없습니다. 그런데도 한 송이의 민들레 꽃이 노랗게 피어 있었습니다.[19]

학생들에게서 짧은 탄성이 터져 나왔다. 이 문장을 전체 학생이 다 같이 읽은 후 책을 덮고 교실 밖으로 나가 민들레 꽃을 찾아보았다. 학교 바닥 타일 사이에는 민들레 꽃이 없어서 이름 모를 풀 앞에서 수업을 진행했다.

"주인공 '나'는 자살을 하기 위해 기다리다 작은 민들레 꽃을 봤어요. 민들레 꽃은 아니지만 여기 바닥 사이에 핀 풀을 보니 어떤 생각이 드는지 떠올려 보세요."

학생들에게 생각할 시간을 주고 다시 교실로 돌아왔다. 추가적으로 학생들에게 그 생각을 발표하게 하지 않은 채 책을 더 읽어 나갔다.

흙이랄 것도 없는 한 줌의 먼지에 허겁지겁 뿌리내리고 눈물겹도록 노랗게 핀 민들레꽃을 보자 나는 갑자기 부끄러운 생각이 들었습니다. 살고 싶지 않아 하던 것이 큰 잘못같이 생각되었습니다.[20]

학생들 역시 〈옥상의 민들레꽃〉의 주인공 '나'에게 감정이입을

19. 〈옥상의 민들레꽃〉, 《자전거 도둑》, 128쪽
20. 〈옥상의 민들레꽃〉, 《자전거 도둑》, 129쪽

하고 민들레 꽃이 주는 생명력에 공감하면서, 사람이 살아가기 위해 필요한 것은 사랑과 진심이라고 깨달았다고 말했다.

> To. 주인공에게
>
> 이 책을 읽고, 여러 가지 생각이 들었어.
>
> 먼저 주인공의 엄마가 너에게 군더더기라고 했을 때 정말 속상했을 것 같아. 나도 엄마가 날 사랑하지 않는다고 생각한 적이 있거든. 그때 정말 마음이 아프고 너처럼 자살하고 싶었거든. 책에서 너는 민들레를 보고 살기로 결심하잖아. 나는 민들레꽃이 아니라 내 동생이 살렸다고 해야 할 것 같아.
>
> 내가 자살하고 싶을 때 내 동생이 태어났거든. 그래서 자살을 하지 않기로 했어. 그런데 주인공처럼 우리 엄마는 아직 내가 자살을 하려고 했다는 걸 몰라. 하지만 지금은 사랑을 나눠주고 있어.(생략)
>
> 학생 글

위 글을 쓴 학생은 〈옥상의 민들레꽃〉 주인공에게 민들레 꽃이 삶의 희망을 준 것처럼 자신에게는 동생이 삶의 희망을 줬다고 고백했다. 이렇듯 감정이입을 하게 되면 학생들은 책 속의 이야기를 자신의 삶과 연결하여 이야기하게 된다.

작품을 읽기 전후 비교를 통한 생각 심화 확인하기

책에서 감명을 받으면 가치관이나 생각이 변하게 된다. 책을 읽을 때의 여운이 남아 영향을 미치는 것이다.

여기서의 생각 심화는 교사의 체계적인 계획 아래 학생들이 갖고 있는 '가치관'을 자극해 다양한 방면으로 생각해 보게 하는 과정이다.

이 책 5장의 《10대를 위한 정의란 무엇인가》에서도 생각 심화 과정이 나타난다. 그러나 《자전거 도둑》에서는 이야기 속 상황을 통해서 생각을 심화시키는 반면, 《10대를 위한 정의란 무엇인가》에서는 교사의 발문과 철학자의 생각을 통해 생각이 심화된다.

(1) 〈마지막 임금님〉 – 행복에 대해 생각해 보기

나는 〈마지막 임금님〉 내용에서 학생들이 '행복'에 대해 보다 깊게 탐구해 볼 수 있도록 계획을 했다. 임금님은 자신보다 행복하면 안 된다는 법을 만든다. 자신보다 행복한 사람이 있을까 걱정하던 임금님은 자신보다 행복해 보이는 사나이를 발견한다. 그래서 사나이에게서 촌장이라는 직위를 뺏고, 재산을 뺏고, 사나이의 가족을 타국으로 보내고, 심지어 그 가족을 죽인다. 결국 사나이를 감옥에 가두기까지 했지만 사나이는 여전히 행복해한다. 이 단편에서 작가는 진정한 행복이란 무엇인지 독자들에게 질문을 던진다.

책을 읽기 전 '행복'에 대한 학생들의 생각을 묻고, 책의 이야기가 전개됨에 따라 변화하는 학생들의 '행복'에 대한 생각을 지속적으로 관찰했다.

〈마지막 임금님〉은 12차시에 걸쳐서 진행했다. 첫 차시에는 자신들이 생각하는 행복에 대해서 이야기해 보는 활동을 진행하였다. 행복에 대한 학생들의 생각을 알아보기 위해 앞서 말한 브레인라이팅 기법을 활용했다. 학생들은 먼저 자신이 생각하는 '행복'을 적어 화이트보드에 붙였다. 다음은 학생들이 적은 행복을 비슷한 것끼리 범주화한 것이다.

〈표3〉 책을 읽기 전 학생들이 생각하는 '행복'

햄버거와 피자 먹을 때
엄마 없을 때 게임할 때
체육 시간
시험 점수 잘 받았을 때
가지고 싶었던 것을 샀을 때

이외에도 '부모님과 같이 있을 때'라는 의견도 나오긴 했지만 소수였고, 대부분 위의 표와 같이 단순하고 원초적인 경우가 많았다. 그런데 책을 읽으면서 학생들의 행복에 대한 생각이 변하는 것을 관찰할 수 있었다.

임금님은 즉시 관리를 풀어서 그 사나이에 대한 조사를 하게 했습니다. 그 사나이의 신분은 마을의 우두머리인 촌장이었고, 아름다운 아내와 착한 아들 딸과 넓고 기름진 땅을 가지고 있었습니다. 그 사나이가 가지고 있는 것을 샅샅이 안 이상, 그를

임금님보다 덜 행복하게 만드는 일은 아주 쉬운 일입니다.[21]

사나이가 가지고 있는 것은 촌장 자리와 가족, 기름진 땅이었다. 학생들에게도 자신에게 소중한 것들을 적어 보도록 했다. 부모님, 친구, 휴대전화, 게임기, 축구공, 연예인 사진 등 다양하게 나왔다. 이어 이들의 우선순위를 매겨 보도록 했다.

임금님은 그가 갖고 있는 것 중에서 가장 소중한 것 하나를 빼앗기로 했습니다. 그것은 촌장 자리입니다. 임금님은 뭐니 뭐니 해도 권력처럼 사람을 행복하게 하는 것은 없다고 믿고 있었기 때문입니다.[22]

학생들이 만든 목록에서 지위에 해당하는 것들을 지우도록 했다. 사나이가 촌장의 자리를 박탈당한 것처럼 학생들은 반장이나 1인 1역할 등의 지위를 박탈당했다. 그리고 그 심정을 물었다.
"해야 할 일이 사라져서 아쉽긴 하지만, 그래도 괜찮아요."라는 답이 대부분이었다.

"당신은 촌장일 때와 마찬가지로 행복하군요."
임금님은 지나가는 나그네처럼 말을 시켰습니다.
"예, 처음에는 좀 서운했습니다만, 곧 달라진 건 아무것도 없

---

21. 〈마지막 임금님〉, 《자전거 도둑》, 154쪽
22. 〈마지막 임금님〉, 《자전거 도둑》, 154쪽

다는 걸 알았습니다. 마을 사람들은 여전히 나를 존경하고 사랑해 줍니다. 그리고 무엇보다도 나에겐 처자식을 만족스럽게 입히고 먹일 재산이 있습니다." 임금님은 속으로 권력보다는 재산이 더 사람을 행복하게 한다는 것을 알아차렸습니다. 임금님은 곧 궁성으로 돌아와 명령을 내려 그 사나이의 재산을 몰수했습니다.[23]

〈마지막 임금님〉 속 임금님은 사나이에게서 촌장 자리 다음으로 재산을 몰수한다. 나는 학생들이 만든 목록에서 돈으로 살 수 있는 물건들 중 자신에게 소중한 것들을 지우게 했다. 학생들은 휴대전화, 컴퓨터 등의 물건 등을 지워 나갔다. 학생들에게 물건들이 지워졌을 때의 심정을 다시 물어 봤다.

"너무 심심할 것 같아요.", "너무 슬퍼요.", "아….." 학생들의 물건에 대한 애착 정도를 알 수 있었다.

> "당신은 권력도 재산도 없으면서 여전히 행복하군요?"
> 임금님은 지나가는 나그네처럼 말을 시켰습니다.
> "예, 처음엔 못 살 것 같았습니다만, 곧 다시 행복해졌습니다. 권력과 재산이 있을 때에는 가족이 나를 얼마나 사랑하나, 내가 가족을 얼마나 사랑하나를 확인할 길이 없었습니다. (중략)
> 임금님은 드디어 모진 결심을 했습니다. 그에게서 가족을 빼앗기로 말입니다.[24]

---

23. 〈마지막 임금님〉, 《자전거 도둑》, 157쪽
24. 〈마지막 임금님〉, 《자전거 도둑》, 158쪽

재산과 권력이 없어졌음에도 사나이는 가족에 대한 사랑을 느낄 수 있게 됐다며 행복해했다. 이 문장을 읽고 학생들에게 자신의 역할(지위)과 소중한 물건이 없어진 상황에서도 행복할 수 있는지 생각해 보는 시간을 줬다. 소중한 물건이 지워졌을 때 아쉬워했던 학생들은 금세 자신에게는 가장 소중한 가족이 있다며 괜찮다고 말했다. 행복에 대한 학생들의 생각이 바뀌고 있었던 것이다.

임금님은 그다음으로 사나이의 가족을 빼앗기로 한다. 사나이가 가족과 멀어지자 학생들은 내가 다음에 할 말을 듣기 싫어했다. 어떤 말이 이어질지 예상할 수 있었기 때문이다. 학생들은 자신이 가족과 멀어진다고 생각하는 것만으로도 힘들어했다.

> "당신은 아직도 행복하군요? 권력도 재물도 가족까지 잃고
> 나서도…."
> "가족과 헤어지는 고통은 정말로 참을 수가 없었습니다. 그
> 당시는 이 세상에서 가장 불행한 사람이 된 줄 알았습니다. 그
> 러나 지금은 행복합니다. 가족은 인편으로 또는 바람결로 자주
> 소식을 보내옵니다. 사랑하노라고요. 그리고 곧 다시 함께 살
> 날이 있을 거라고요.
> (중략)
> 임금님은 불같이 노해 궁성으로 돌아왔습니다. 그리고 먼 나
> 라로 사람을 보내 끈질기게 행복하기만 한 사나이의 가족을 불
> 러들여 사형에 처했습니다.[25]

---

25. 〈마지막 임금님〉, 《자전거 도둑》, 161쪽

임금님은 결국 사나이의 가족을 사형시킨다. 학생들에게 가족과 평생 헤어진다면 어떤 심정이 들지 물어 봤다. 책 속에서 사나이는 가족이 사형을 당해도 곧 행복함을 찾지만, 학생들은 가족이 영원히 사라진다면 더 이상 행복할 수 없을 것 같다고 말했다. 뒷이야기는 다음 수업에서 읽도록 하고 수업을 마쳤다. 숙제는 자신에게 가장 소중한 것이 무엇인지 생각해 보는 것이었다.

다음 시간 학생들과 책을 읽기 시작했다. 학생들은 더 이상 사나이가 행복하지 않았으면 좋겠다고 말했다. 사나이에게 남은 건 목숨뿐이었기에, 임금님이 목숨까지 빼앗을 것이라 예상했기 때문이다.

　"당신은 아직도 행복하군요? 외롭고 가난한 줄만 알았더니…"
　"외롭고 가난합니다. 처음에는 너무 외롭고 가난해서 못 살 것 같았습니다. 그러나 차츰 외롭고 가난하기 때문에 누릴 수 있는 행복이 따로 있다는 것을 알게 되었습니다. 외롭고 가난하기 때문에 나는 아무에게도 아무것에도 매임이 없이 자유롭습니다."
　임금님은 궁성으로 돌아와 끈질기게 행복하기만 한 사나이의 체포를 명령했습니다. 그 사나이의 자유를 빼앗기 위해 관광의 명소로 변한 감옥이 다시 옛날의 감옥으로 돌아가야 합니다.[26]

---

26. 〈마지막 임금님〉, 《자전거 도둑》, 162쪽

학생들은 임금님이 사나이의 목숨을 가져가지 않아서 다행이라고 말했다. 그러나 임금님에 대한 원성은 커져 갔다. "죄도 없는데, 행복하다는 이유로 재산을 빼앗고 가족까지 죽인 임금은 자격이 없는 것 같아요."

사나이에 대해서는 "정말 대단한 것 같아요. 아무것도 없는데 자유롭다고 행복해하는 걸 보면 긍정적인 사람인 것 같아요. 저는 불행하다고 느꼈을 것 같아요."라고 말했다.

> "저는 행복합니다. 처음 이 곳에 갇히고 고통스러웠습니다만 차츰 그 고통을 아름다움으로 바꾸는 법을 알아냈습니다. 제 고통에서 태어난 아름다움을 통해 저는 담장 밖의 세상 사람하고도, 제가 죽은 후의 세상 사람하고도 자유롭게 만날 수가 있습니다. 저는 행복합니다. 임금님이 팔자를 바꾸래도 거들떠도 안 볼만큼 행복합니다."
> 임금님은 눈물을 머금고 이 나라의 신성한 헌법을 끝끝내 어긴 죄인을 극형에 처하기로 했습니다.[27]

> 임금님의 은총이 하해와 같으십니다. 이제야 아내와 학생들이 기다리고 있는 하늘나라로 가게 되었군요.[28]

임금님은 사나이의 행복을 빼앗기 위해 독배를 내린다. 하지만 독배마저도 사나이는 감사하게 받아들인다. 죽으면서도 가족을

---

27. 〈마지막 임금님〉, 《자전거 도둑》, 165쪽
28. 〈마지막 임금님〉, 《자전거 도둑》, 166쪽

볼 수 있다고 생각하는 사나이를 보며 학생들에게 행복에 대해
더 깊이 고민할 시간을 주었다.

〈마지막 임금님〉을 다 읽고 접착식 메모지에 행복을 정의해 보
도록 했다.

〈표4〉 학생들이 접착식 메모지에 적은 '행복'

행복이란 가족과 친구들이 다 웃을 때 같이 웃어 주고 슬플 땐 위로해 주기 때문이다.

행복이란 내가 살아 있는 것이다.

자신을 진심으로 사랑하고 좋아하는 사람이 곁에 있으면 행복한 것 같다.

난 나를 키워 주신 부모님, 나를 웃게 해 주는 친구들, 나를 행복하게 하는 이웃들이 행
복한 것이 나에게 행복이다.

① 내가 좋아하는 일과 취미 생활에 만족을 느낄 때
② 주위에 내가 사랑하는 사람들을 보는 것

학생들은 주로 부모님과 친구(소중한 사람)가 같이 사랑할 때
가 행복하고, 자신이 살아 있는 것에 대해 행복하다고 적었다. 학
생들은 책 읽기를 통해 그동안 생각해 보지 않았던 행복에 대해
더 깊이 고민하는 시간을 가졌고, 스스로 행복을 정의했다. 〈마
지막 임금님〉을 읽는 동안 학생들은 '행복'이라는 가치에 대한 생
각을 심화시킨 것이다. 〈마지막 임금님〉에서 사나이는 자신이
살아 있다는 것만으로 행복하다고 생각했다. 학생들은 외부적 조
건이 아닌 자신이 존재한다는 것에 감사하는 마음을 가졌고, 이
는 곧 행복으로 이어졌다.

(2) 〈달걀은 달걀로 갚으렴〉 – 우리 고장처럼 생각해 보기

〈달걀은 달걀로 갚으렴〉을 읽기 전 나는 학생들이 자신이 살고 있는 곳에 대해 다시 생각해 볼 수 있도록 학습계획안을 짰다.

〈달걀은 달걀로 갚으렴〉의 주인공 한뫼와 봄뫼는 시골 아이들이다. 둘은 자신들이 사는 마을의 소중함과 가치는 외면한 채 도시의 삶에 대한 동경을 가지고 있다.

내가 재직하는 학교는 경기도 포천에 위치하고 있는데, 전교생이 100명도 채 되지 않는 소규모 학교다. 천혜의 자연환경을 가지고 있지만 학생들은 그 가치를 모르고, 서울과 같은 도시 모습에 대한 동경심이 크다. 우리 반 학생들 역시 자신의 마을과 도시에 대해 한뫼와 봄뫼와 비슷한 생각을 가지고 있었다. 〈달걀은 달걀로 갚으렴〉에서 문 선생님이 한뫼와 봄뫼 남매에게 자신들이 살고 있는 곳의 소중함을 깨닫게 해 준 것처럼 나도 우리 학생들에게 고장의 소중함을 알게 해 주고 싶었다. 그래서 우리 반 학생들을 대상으로 자신의 고장에 대해 어떻게 생각하는지 조사했다.

〈표5〉 자신이 살고 있는 고장과 대도시에 대한 인식 비교

문 항	예	보통	아니오
1. 나는 포천이 자랑스럽다.	11명	3명	3명
2. 나는 서울(도시) 아이들이 부럽다.	7명	5명	5명
3. 나는 서울(도시)에서 학교를 다니고 싶다.	10명	5명	2명

조사 결과를 통해 우리 반 학생들은 자신이 살고 있는 고장에 대해 만족하긴 하지만, 서울과 같은 도시를 동경하고 있음을 확

인할 수 있었다. 그래서 나는 이 수업의 목적을 어디에 살고 있는 것이 중요한 것이 아니라 자신이 살고 있는 장소의 가치와 의미를 다시 생각해 볼 수 있는 기회를 마련하는 것에 두었다.

〈달걀은 달걀로 갚으렴〉을 통한 깊이 읽기 수업에서 농촌 학생들은 도시에서 경험할 수 없는 맑은 공기와 수많은 별 등의 가치를 생각해 보게 할 수 있다. 한편 도시에 살고 있는 학생들은 농촌 학생들이 경험할 수 없는 도시 속 다양한 문화 시설 등의 가치를 생각해 볼 수 있는 기회를 가질 수 있다.

〈달걀은 달걀로 갚으렴〉의 첫 수업이 시작되었다.

> 한 교실에는 5학년이 열일곱 명, 6학년이 열다섯 명에 닭 서른 마리가 합세를 하니 그 수선은 걷잡을 수가 없었습니다.[29]

> 교장 선생님이 한 분, 선생님이 세 분, 학생이 예순여섯 명입니다. 그러나 학생수에 비해 넓은 운동장과 훌륭한 실습원과 아름다운 자연에 둘러싸여 있는 것으로는 아마 우리 나라에서 제일가는 학교일 것입니다.[30]

6학년이 15명이고 전교생이 66명이라는 말에서 학생들은 우리 학교의 모습과 너무 비슷하다며 신기해했다. 책 속 학교처럼 청성초등학교도 학생 수에 비해 넓은 운동장을 가지고 있고, 아름

---

29. 〈달걀은 달걀로 갚으렴〉, 《자전거 도둑》, 49쪽
30. 〈달걀은 달걀로 갚으렴〉, 《자전거 도둑》, 50쪽

다운 자연에 둘러싸여 있다. 이런 작은 학교에서 문 선생님은 학생들이 달걀을 팔아서 도시로 수학여행을 갈 수 있도록 학생들에게 손수 닭을 키우게 한다. 그러나 농촌에서 열심히 키운 소중한 달걀이 도시에서 천대받는 모습을 보고 한뫼는 도시 사람들에게 실망한다. 선생님은 한뫼에게 이야기한다.

> 도시에선 밤에도 별자리가 안 보인단다. 우리 고장에서 볼 수 있는 아름다운 밤하늘을 우리만 보기에 아까운 것만으로도 도시 학생들을 초대할 만하지 않겠니? 이 고장의 밤하늘은 도시 학생들에게 가장 놀라운 경험이 될 걸.[31]

우리가 사는 포천의 밤하늘 역시 별들이 쏟아져 내릴 것처럼 아름답다. 이 부분을 읽자 학생들은 자신의 집에서 보이는 밤하늘에 대해 말하기 시작했다.

"선생님, 저희 집에서도 별들이 쏟아져요."

그래서 "도시 학생들이 이런 별들을 본 적이 있을까?"라고 질문을 하자 학생들은 도시의 친척이 자기 집으로 놀러온 경험을 말하기 시작했다.

"친척이 놀러왔는데, 밤하늘을 보더니 이렇게 많은 별을 본 적이 없다고 했어요."

그 외에도 포천의 자랑거리를 찾아보도록 했다. 학생들은 학교

---

31. 〈달걀은 달걀로 갚으렴〉, 《자전거 도둑》, 74쪽

에서 체험학습으로 다녀온 포천 오일장, 주말에 다녀온 산정호수 등을 이야기했다. 학생들은 모둠별로 휴대전화를 꺼내 관련 자료들을 찾기 시작했다. 모둠별 조사를 통해 포천의 자랑거리인 산정호수, 비둘기낭 폭포, 밤하늘 등을 적었다.

> "도시 아이들은 아마 토끼풀하고 괭이밥하고도 헷갈리는 애 천질걸. 한뫼야, 우리가 문명의 이기에 대해 모르는 건 무식한 거고, 도시 아이들이 밤나무와 떡갈나무와 참나무와 나도밤나무와 참피나무와 물푸레나무와 피나무와 가시나무와 은사시나무와 가문비나무와 전나무와 삼나무와 잣나무와 측백나무에 대해 모르는 건 유식하다는 생각일랑 제발 버려야 한다. 그건 똑같이 무식한 거니까, 너희가 특별히 주눅들 필요는 없지 않겠니. 그러나 너희들은 싫건 좋건 문명과 만나고 길들여질 테지만, 도시 아이들에게 있는 그대로의 자연과 만나 가슴을 울렁거릴 기회는 좀처럼 없을걸."**32**

깊이 읽기로 〈달걀은 달걀로 갚으렴〉을 읽은 것은 학생들에게 자신이 살고 있는 포천에 대해 다시 생각해 보는 기회가 되었다.

"밝은 별이 있고, 공기도 좋은 포천에 산다는 것이 자랑스러워졌어요."

"서울 사는 애들이 부러웠어요. 그런데 이 책을 읽고 나니까 시골이나 포천도 참 좋은 것 같아요."라고 학생들이 발표를 했다.

이 수업을 통해서 청성초등학교 6학년 학급 급훈을 정하는 계

---

32. 〈달걀은 달걀로 갚으렴〉, 《자전거 도둑》, 75쪽

기가 되었다. 학생들은 스스로 우리 반의 목표를 토의했다. 그래서 나온 목표가 "똑따시녀', '똑따시남'이 되자'였다. '똑똑하고 따뜻한 시골 여자, 똑똑하고 따뜻한 시골 남자가 되자'의 줄임말이다.

책을 통해서 학생들의 생각이 변화하는 것을 확인할 수 있었다. 학생들의 생각과 가치관이 변한다는 것은 결국 학생들의 삶을 바꾸는 것이 아닐까? 깊이 읽기는 학생들의 삶을 변화케 한다.

그림, 음악, 글로 생각 표현하기

우리가 읽는 문학작품은 작가가 자신의 생각을 글로 표현한 결과물이다. 표현은 자신의 생각이나 감정을 바깥으로 꺼내는 것을 의미한다. 색과 형태로 표현하면 그림, 가락으로 표현하면 노래, 글로 표현하면 소설이나 시가 된다. 우리 학생들 가운데는 표현과 표출에 대해 혼동하는 경우가 있었다. 표출은 그러한 감정과 생각이 정제되지 않고 나온 것을 의미한다.

학생들은 쉽게 감정을 표출했지만, 생각과 감정을 제대로 표현하진 못했다. 일상생활에서 우리가 대화하는 것도 표현의 일부이다. 학생들은 말하는 것은 쉽게 생각했지만 글이나 그림으로 표현하는 것은 어려워했다. 이에 책을 읽으면서 다양한 방법으로 생각과 감정을 표현할 수 있도록 계획했다. 다양한 표현 방식이 있기에 표현 영역에서는 국어 교과에만 국한하지 않고 조형 표현

(미술), 음악 표현(음악), 신체 표현(체육) 등과 연계하였다.

구체적으로 미술 교과의 표현 영역에서 묘사된 부분을 그리는 것부터 시작해서 감동적인 부분을 그리는 활동을 했고, 음악 교과의 표현 영역에서 가장 감명 깊은 부분을 노래로 만들어 보는 활동을 진행했다. 국어 수업에서는 감정을 편지와 시로 표현하도록 했다.

체육 교과의 5대 영역(경쟁활동, 도전활동, 표현활동, 여가활동, 건강활동)에서 표현활동 영역과 연계하여 책을 읽고 자신이 느끼는 감정을 표현하게 할 수 있다. 필자는 이 책 6장에서 창체 교과와 통합하여 《이 세상에 태어나길 참 잘했다》를 시나리오로 만들고 영화화하는 프로젝트 수업을 하였다.

(1) 그림으로 표현하기

그림으로 표현하기는 깊이 읽기와 가장 쉽게 연계 가능한 부분이다. 읽는 중 활동으로는 첫째, 책 속에 묘사된 분위기나 사물을 그림으로 간단히 표현해 보는 활동이 있으며 둘째, 책을 읽으며 느끼는 감정을 표현하여 추상화와 연결 짓는 활동도 있다.

읽은 후 활동은 가장 감명 깊은 부분을 그리거나 이어질 내용 그려 보기, 내용 간추려서 만화로 나타내기, 그림책으로 만들기 등 다양한 방법이 있다. 이 외에도 미술과 연계한 표현하기는 다양하게 적용 가능하며, 다양하게 표현할수록 책에 대한 몰입과 흥미를 높일 수 있다.

그림으로 표현하기는 책을 읽는 틈틈이 활용할 수 있다. 하나의 작품을 만들 경우는 미술 수업과 통합할 수 있지만 비유적 표현이나 묘사된 내용이 있다면 그림으로 간단히 표현하여 학생들의 흥미를 높일 수 있다.

> 결코 여비를 못 대 줄 만큼 집이 가난한 학생들만 있어서가 아닙니다. 물 좋고 아름다운 산에 삼태기처럼 안긴 마을이라, 농토가 넓진 않아도 기름지고 가뭄을 타는 일이 없어 집집마다 먹고 살 만은 했습니다.[33]

이 문장에서는 마을의 모양을 삼태기라고 표현하였다. 삼태기라는 단어가 나오자 학생들은 사전을 꺼내 찾기 시작했다. 쓰레기, 거름, 흙, 곡식을 담아 나르는 농기구라고 단어장에 썼지만, 학생들은 삼태기가 구체적으로 어떤 모습인지는 몰랐다. 따라서 삼태기 모양의 마을을 쉽게 떠올리지 못했다. 이에 삼태기 사진을 준비하여 학생들에게 삼태기 같은 모양의 마을을 그려 보도록 했다.

박완서 작가는 배산임수 지형을 삼태기라고 표현하였다. 배산임수 지형을 일방적으로 알려 줄 수도 있지만 학생들이 상상하고 표현해 보도록 한 다음 알려 주는 것이 표현력을 기르는 데 더욱 효과적이다. 학생들에게 삼태기 모양의 마을을 그려 보도록 했다.

---

33. 〈달걀은 달걀로 갚으렴〉, 《자전거 도둑》, 52쪽

〈그림7〉 삼태기
e뮤지엄 공공누리자유이용(http://www.emuseum.go.kr/relic.
do?action=view_d&mcwebmno=30290)

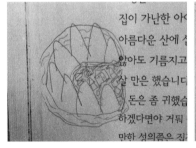

〈그림8〉 학생들이 그린 삼태기 모양 마을

　학생들은 자신이 그린 그림을 서로에게 보여 주었다. 추가적으
로 내가 배산임수 지형에 대해 설명을 해 주었다. 나중 수업 시간
에 배산임수 이야기가 나오자 학생들은 "삼태기!"라고 소리쳤다.

　간단하게 비유적 표현과 묘사된 내용을 표현하는 것은 국어 수

〈그림9〉 〈자전거 도둑〉을 읽고   〈그림10〉 〈자전거 도둑〉을 읽고

업 도중에 진행할 수 있는 활동이다. 미술 수업과 연계할 경우 작품 속 감명 깊은 내용을 그림으로 표현하는 활동을 할 수 있다. 《초등학교 미술 5~6학년 교사용 지도서》(박은덕 외, 비상교육, 2015)의 '11. 느낌과 생각을 따라' 단원의 '마음속 기억을 마음 상자에 담아 입체로 표현하기' 활동과 연계하여 수업을 진행했다. 자신이 가장 감명받은 내용을 선정하여 미술 시간에 스티로폼 박스에 그려 보도록 했다. 앞서 《자전거 도둑》에 실린 단편 6개를 모두 읽고 가장 감명받은 내용을 그림으로 표현하는 것으로 읽은

〈그림11〉 〈달걀은 달걀로 갚으렴〉을 읽고 (2) 〈그림12〉 〈마지막 임금님〉을 읽고

〈그림13〉 작품 한 부분을 묘사해 흥미를 끌 도록 한 〈옥상의 민들레꽃〉 홍보물

〈그림14〉 책의 좋은 점을 설명하는 〈마지막 임금님〉 홍보물

〈그림15〉 작품 한 부분을 그림으로 나타낸 〈달걀은 달걀로 갚으렴〉 홍보물

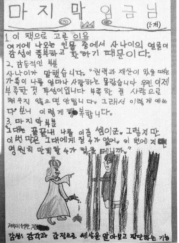

〈그림16〉 감동적인 부분, 마지막 부분 제시 를 통한 〈마지막 임금님〉 홍보물

후 활동을 마무리하였다.

《자전거 도둑》 깊이 읽기 수업을 마무리하고, 학생들과 깊이 읽기에 대한 토론회를 진행하였다. 깊이 읽기를 하면서 좋았던 점들, 아쉬웠던 점들을 이야기했다. 가장 많이 나온 의견 중 하나는 《자전거 도둑》이라는 책이 정말 재미있다는 말이었다. 《자전거 도둑》 때문에 책 읽는 것이 재미있어졌고, 《자전거 도둑》에게 고맙다고 했다. 이에 《자전거 도둑》에게 보답할 방법을 찾아보기로 했다.

"선생님, 《자전거 도둑》 내용을 홍보하는 건 어때요? 다른 학년들한테도 읽어 보라고 추천하는 거예요!"

그리하여 자신이 좋아하는 작품을 소개하는 홍보 작품을 미술 수업과 연계했다. 가장 감명받은 부분, 등장인물 소개, 간단한 줄거리 등 다양한 소개 거리들을 학생들 스스로 선택하고 구성하도록 했다. 모둠 구성도 좋아하는 작품이 같은 학생들로 구성했다.

(2) 음악으로 표현하기

음악으로 표현하기는 6편의 단편을 모두 읽은 후에 진행하였다. 학생들은 6편의 단편 중 가장 인상 깊은 작품을 선정했는데, 같은 작품을 선정한 학생들끼리 모여 사전 활동으로 이 단편을 선정한 이유와 감명 깊은 내용을 접착식 메모지에 적어 붙여 보았다. 선정한 이유는 노란 접착식 메모지, 가장 감명 깊은 내용은 파란 접착식 메모지에 적었다.

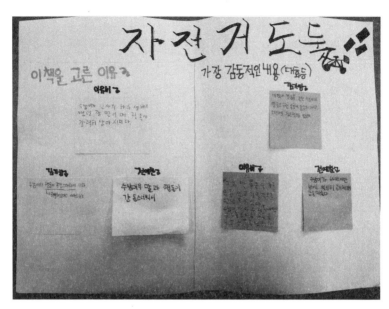

〈그림17〉 가장 감명 깊은 단편 〈자전거 도둑〉

　그런 다음 자신이 가장 좋아하는 단편을 음악으로 표현하여 소개하도록 활동을 구성했다. 음악 수업의 노래 만들기 차시와 접목하여 수업을 재구성하고, 책을 다 읽은 후 감명 깊은 내용을 노래로 만드는 시간을 가졌다. ① 노랫말 만들기, ② 리듬 만들기, ③ 가락 만들기 순서로 진행했다.

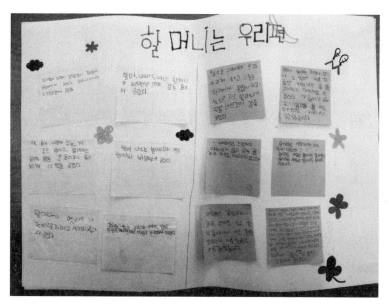

〈그림18〉 가장 감명 깊은 단편 〈할머니는 우리 편〉

〈표6〉 가장 좋아하는 단편소설을 음악으로 표현하기

제 목	중점 학습 내용	교과서	지도서
7. 내 노래 만들기	주제에 어울리는 노랫말 만들기 $\frac{4}{4}$ 박자의 8마디 리듬과 가락 창작하기 만든 가락 연주하고 평가하기	132~133쪽	266~271쪽

참고 : 석문주 외, 《5~6학년군 음악 지도서》, 동아출판., 6. 음악이 주는 홍겨움 단원의 창작 활동

노랫말 만들기 단계에서는 모둠을 구성하여 가사를 만들도록 했다. 노랫말은 가장 감명 깊은 내용과 그 이유를 중심으로 만들도록 했다. 〈마지막 임금님〉으로 노래를 만든 모둠의 경우 '임금님의 괴롭힘 속에서도 행복을/ 찾아서 행복을 쓰는 사나이'라는

가사를 만들기도 했다.

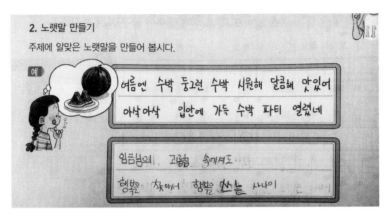

〈그림19〉 음악으로 표현하기 1단계: 노랫말 만들기

두 번째 순서는 리듬 만들기다. 리듬을 만들 때는 노랫말의 글자 수에 따라 리듬을 배분한다. 박자의 리듬이 가장 쉽다. 박자는 한 마디에 2글자부터 8글자까지 넣을 수 있기 때문이다.

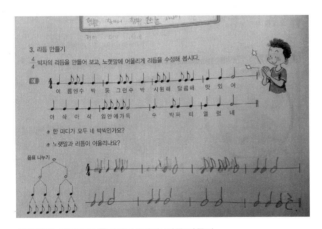

〈그림20〉 음악으로 표현하기 2단계: 리듬 만들기

세 번째는 가락 만들기 순서다. 리듬을 만든 후 가락을 만들 때
는 실제로 쳐 보고 들으면서 해야 한다. 환경이 안 될 때는 스마
트폰으로 피아노 애플리케이션이나 데스크톱으로 피아노 프로그
램을 다운받아 활용하는 것이 좋다.

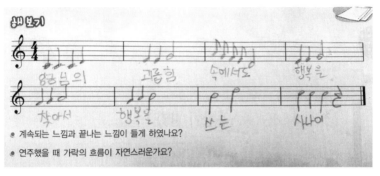

〈그림21〉 음악으로 표현하기 3단계: 가락 만들기

학생들이 만든 노래를 교사가 피아노로 쳐 주거나 피아노 프로
그램에 입력하여 반주를 틀어 주며 다 같이 노래를 불러 보도록
한다. 자신들이 작곡한 노래를 여러 악기로 합주하는 것도 가능
하며, 단편별 주제곡으로 정해서 녹음하는 활동도 가능하다. 녹
음한 주제곡은 그림 활동에서 단편 홍보물을 만들 때 배경음 등
으로 활용할 수 있다.

(3) 글쓰기(시, 편지, 소설)
깊이 읽기를 시작하기 전 학생들은 글을 쓰는 것을 싫어했다.

친구들에게 발표하는 것도 싫어했는데, 특히 글은 어떻게 써야 할지 방법을 모르겠다며 싫어했다. 잘 써야 할 것 같고 분량을 채워야 한다는 부담감 때문이다. 책을 읽은 후에는 자신의 생각을 편하게 적는 것이 가장 중요하다. 이를 위해 편안하고 자유로운 분위기에서 글을 쓰도록 유도했다.

깊이 읽기를 통해 학생들은 글쓰기에 대한 부담감이 감소하였다. 그 이유는 첫째, 자주 끊임없이 쓰기 때문이다. 깊이 읽기 수업에서는 자신의 생각을 끊임없이 묻고, 책에 적도록 했다. 학생들의 책은 금세 지저분해졌다. 책이 더러워지는 것이 싫은 학생들은 공책에 적었다. 책이나 공책에 단어의 뜻, 자신의 생각, 친구들의 생각 등을 자주 적다 보니 1년 새 글을 쓰는 것에 대한 부담감이 많이 줄어들었다.

둘째, 할 말이 많아졌기 때문이다. 자신이 하고 싶은 말을 쓰는 활동이라는 점에서 책을 깊이 읽다 보니 할 말이 많아진 것이다.

책에 자신의 생각을 쓰는 것도 글쓰기에 포함할 수 있지만, 여기서는 형식적 틀이 있는 편지와 시를 제시하였다.

학생들이 쉽게 쓸 수 있는 글의 형식은 편지 쓰기다. 등장인물에게 직접 말하는 것 같은 편한 방식이기 때문이다. 여기서 유의할 점은 학생들이 분량에 부담을 갖지 않도록 하는 것이다.

다음의 첫 번째 학생은 〈옥상의 민들레꽃〉 주인공 '나'의 의견을 무시한 어른들에 대한 자신의 생각을 적고, 그 밑에 간단한 편지를 썼다. 두 번째 학생은 주인공에게 편지를 썼다.

어른은 누구라도 귀 기울여 듣고, 그 마음을 이해할 줄 알아야 진정한 어른이다. 물질만을 중요시하고 권위적인 어른들은 돈만 있으면 다 되는 줄 착각해서 사람들의 말을 무시하고 귀 기울이지 않는다. 정작 중요한 건 돈이나 물질이 아닌데도 불구하고 말이다

'나'의 의견을 무시한 어른에 대한 학생의 생각

주인공에게

나는 너의 이야기를 보고 큰 감명을 받았어. 어른들이 네 이야기를 안 들어 주고 참 못됐다. 그치? 민들레 꽃은 너에게 생명이라고 할 수 있겠지? 힘든 일이 또 생겨도 이겨내길 바랄게!

○○이.

TO. 주인공

이 책을 읽고, 난 여러 가지 생각이 들었어.

먼저 주인공인 너에게 군더더기라고 했을 때 얼마나 속상했을까? 나도 엄마가 날 사랑하지 않는다고 생각한 적이 있거든. 그때 정말 마음이 아프고 너처럼 자살하고 싶었거든. 그런데 나를 살린 건 민들레 꽃이 아니고 내 동생 ○○가 살린 거라고 해야 할 것 같아.

내가 자살하고 싶을 때 내 동생 ○○이 태어났거든. 그래서 자살을 하지 않기로 했어. 그런데 너처럼 우리 엄마는 아직 내가 자살하려고 했다는 걸 몰라. 물론 지금은 사랑을 주시지만 말야.

주인공아. 넌 왜 권위적인 사장에게 큰 소리로 말하지 않았

어? 나 같으면 엄마랑 나가기 전에 큰 소리로 말했을 거야. 아
직 시간이 많으니까 용기를 내서 다시 말해 보는 건 어떨까?

- ○○○ 학생의 편지

책 여백에 간단히 써 보는 활동에서 심화하는 방법도 있다. 편
지를 쓰고, 그 내용에 맞게 편지지를 꾸며 보는 활동이다.

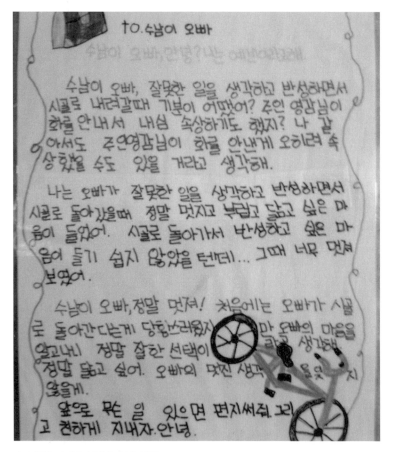

〈그림22〉《자전거 도둑》독후 활동

TO. 수남이 오빠

수남이 오빠, 안녕 ? 나는 ○○이라고 해.

수남이 오빠, 잘못한 일을 생각하고 반성하면서 시골로 내려갈 때 기분이 어땠어? 주인 영감님이 화를 안 내서 내심 속상하기도 했지? 나 같아도 주인 영감님이 화를 안 낸 게 오히려 더 속상했을 거라고 생각해.

나는 오빠가 잘못한 일을 생각하고 반성하면서 시골로 돌아갔을 때 정말 멋지고 부럽고 닮고 싶은 마음이 들었어. 시골로 돌아가서 반성하고 싶은 마음이 들기 쉽지 않았을 텐데… 그때 너무 멋져 보였어. 처음에는 오빠가 시골로 돌아간다는 게 당황스러웠지만 오빠의 마음을 알고 나니 정말 잘한 선택이라고 생각해. 정말 닮고 싶어. 오빠의 멋진 생각을 잊지 않을게.

앞으로 무슨 일 있으면 편지 써줘. 그리고 친하게 지내자. 안녕.

○○ 학생이 쓴 편지글

학생들은 시 쓰는 것을 어려워하기도 했지만 그 이전에 시를 감상하는 능력이 떨어졌고, 시의 가치를 알지 못했다. 다행히 〈시인의 꿈〉에서는 물질문명 시대에 필요가 없다는 이유로 시가 사라지는 내용이 나온다. 〈시인의 꿈〉을 통해 학생들이 시의 가치를 깨닫고, 다양한 시를 찾아 읽고, 직접 시를 써 볼 수 있도록 수업을 진행하였다.

"그 시절 사람들은 몸을 잘 살게 하는 데 쓸모 있는 것만 중요하게 생각하고 마음을 잘 살게 하는 데 쓸모 있는 건 무시하려 들었으니까."

"그럼 몸이 잘 사는 것과 마음이 잘 사는 것은 서로 다른 건

가요?"

"암, 다르고말고. 몸이 잘 산다는 건 편안한 것에 길들여지는 거고, 마음이 잘 산다는 건 편안한 것으로부터 놓여나 새로워지는 거고, 몸이 잘 살게 된다는 건 누구나 비슷하게 사는 거지만, 마음이 잘 살게 된다는 건 제각기 제 나름으로 살게 되는거니까."

(중략)

"살맛이란, 나야말로 남과 바꿔치기할 수 없는 하나뿐인 나라는 것을 깨닫는 기쁨이고, 남들의 삶도 서로 바꿔치기할 수 없는 각기 제 나름의 삶이라는 것을 깨달아 아껴 주고 사랑하는 기쁨이란다."

(중략)

"시를 쓰는 마음이 가장 꺼리는 건 몸과 마음이 어떤 틀에 박히는 거지."

(중략)

"요새 떠다니는 말은 새로 생긴 물건의 이름하고, 그걸 갖고 싶다는 욕심을 위한 말이 전부지. 그러나 시를 위한 말은 그런 물건에 대한 욕심과는 상관없는 마음의 슬픔, 기쁨, 바람 등을 나타내는 말이란다. 얻으려 다녀 보니 그런 말이 어쩌면 그렇게 귀해졌는지.[34]

시는 대상에 대한 감정의 표현이다. 이는 〈시인의 꿈〉에도 잘 나타나 있다. 자신이 갖고 싶어 하는 물건에 대한 욕심이 아닌 자신의 마음의 소리를 듣고 감정을 증폭하도록 진행할 수 있다. 마음의 소리를 듣기 위해서는 눈을 감고 내면으로 들어가기 위한

34. 〈시인의 꿈〉, 《자전거 도둑》, 94~97쪽

준비가 중요하다. 잔잔한 음악과 함께 자신의 감정을 잘 알 수 있도록 해야 한다.

"마음의 소리에 귀를 기울여 봅시다. 슬펐거나, 기뻤거나, 행복했던 경험 등 다양한 감정의 경험을 떠올려 보고 구체적으로 어떤 상황이었는지 그려 보세요."

구체적으로 시를 쓰기 위해서는 표현하고 싶은 것이 감정인지, 대상인지를 결정하도록 한다. 표현하고 싶은 것이 감정이라면 다음 4단계의 과정을 살펴보자.

1단계는 학생이 표현하고 싶은 감정을 선정한다. 슬픔, 기쁨, 행복함, 우울 등과 같은 다양한 감정을 교사가 제시해 주고 선택하도록 해도 좋다. 2단계는 감정(주제)이 설정되면 그 감정을 느끼는 상황을 떠올리게 한다. 3단계는 그 감정과 유사한 대상을 찾는다. 이는 비유적 표현과 연결되는 부분이다. 자신의 상황과 비유할 대상과의 공통점을 찾는 것이다. 4단계는 3단계를 통해서 느껴진 것들을 자신만의 방식으로 표현하게 하는 것이다. 학생들의 생각을 존중해 주고 표현력을 향상시키기 위해서 최대한 형태나 규칙을 두지 않도록 한다. 다만 시를 쓰기 어려워하는 학생들에게는 각 연마다 통일성을 맞추는 방법을 예를 들어 설명한다. 구체적으로는 각 연마다 행의 수를 통일하고 행의 글자 수를 유사하게 하는 것이다.

만약 학생이 표현하고 싶은 것이 대상이라고 하면 다음과 같은 4단계의 과정을 거친다.

1단계는 다양한 대상 중에서 학생들이 표현하고 싶은 대상을 선정하게 한다. 2단계는 선정한 대상에게 드는 여러 가지 감정과 경험을 떠올리는 것이다. 3단계는 다양한 감정과 경험과 유사한 대상을 찾는다. 4단계는 3단계를 통해서 느껴진 것들을 자신만의 방식으로 표현하도록 한다.

　　'그림23'의 〈불 꺼진 가로등〉은 1단계에서 외로움이라는 감정을 주제로 선정하였다. 2단계에서는 자신이 있는지 없는지 알아주지 않을 때, 아무도 거들떠보지 않을 때 외로움을 느낀다고 상황을 떠올렸다. 그리고 3단계에서 외로운 자신과 불 꺼진 가로등, 꽃밭 옆의 잡초, 길가의 쓰레기를 같은 감정을 느끼는 대상으로 선정했다.

　　'그림24'의 〈엄마와 감정〉은 1단계에서 엄마를 표현의 대상으로 선정하였다. 2단계에서는 엄마에 대한 억울함과 무서움, 사랑을 느끼고, 엄마 앞에서 억울해서 울었던 경험, 엄마를 무서워했던 경험을 떠올렸다. 3단계에서는 무서운 마음을 호랑이, 자신의 눈은 수도꼭지, 엄마의 마음은 벚꽃으로 비유하였다. 마지막 단계에서 엄마에게 억울하고 무서운 점은 있지만 엄마는 여전히 자신을 벚꽃처럼 사랑한다는 느낌을 표현했다.

　　규칙성이나 시 속 감정은 덜 느껴지고 조금은 서툰 느낌의 시지만 엄마라는 한 대상을 깊이 고민하고 생각한 점에서는 칭찬을 했다.

　　한번에 사람들의 마음을 울리는 시를 쓸 수 있다면 행운아이자

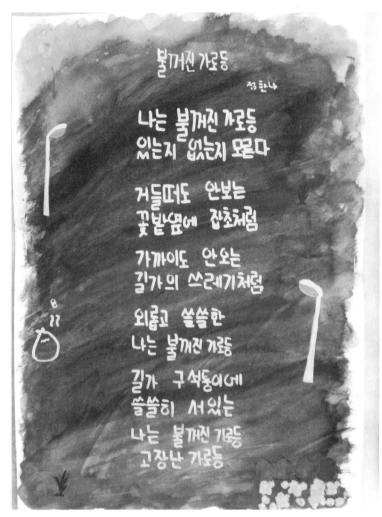

불꺼진 가로등

정윤나

나는 불꺼진 가로등
있는지 없는지 모른다

거들떠도 안보는
꽃밭옆에 잡초처럼

가까이도 안오는
길가의 쓰레기처럼

외롭고 쓸쓸한
나는 불꺼진 가로등

길가 구석동이에
쓸쓸히 서있는
나는 불꺼진 가로등
고장난 가로등

〈그림23〉 깊이 읽기 후 감정을 표현한 시화

대단한 능력을 가진 것이다. 학생들에게 시인이 되라고 초등학교
에서 시를 가르치는 것은 아니다. 자신의 감정을, 대상에 대한 느

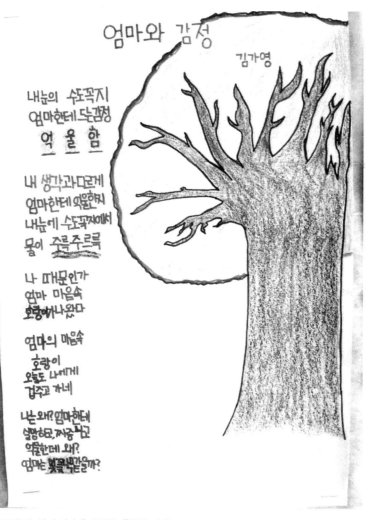

<그림24> 깊이 읽기 후 감정을 표현한 시화

낌을 표현하는 방법을 가르쳐 주는 것이다. 따라서 시 교육은 장기적인 관점에서 반복적으로 써 보게 하고 학생별로 부족한 점을 연습시키는 방향으로 나아가야 한다.

5장

깊이 읽기 예시(2)
《10대를 위한
정의란 무엇인가》

1. 다양한 딜레마를 통한 성장

《정의란 무엇인가》는 한국에서만 200만 부가 팔린 세계적인 베스트셀러다. 제레미 벤담, 존 스튜어트 밀, 로버트 노직, 존 롤스, 이마누엘 칸트, 아리스토텔레스 등 다양한 철학자들이 딜레마를 바라보는 관점을 통해 우리들은 어떤 관점으로 사회 문제를 바라봐야 하는지 생각하게 만드는 책이다.

《10대를 위한 정의란 무엇인가》는 마이클 샌델의 원저를 10대들이 읽을 수 있도록 원저에 수록된 다양한 사례 중에 대표적인 몇 가지를 선정해 제시하였다. 원저보다 글을 줄이는 대신 그림을 넣어 학생들의 수준에 맞게 쉽게 쓰었다.

감수성을 길러 주기 위한 책이 《자전거 도둑》이라면 《10대를 위한 정의란 무엇인가》는 이성적 사고력을 신장하기 위한 책이다. 문학 텍스트를 이용해서 학생들의 감수성을 자극하고 그와 관련된 성취기준을 달성할 수 있었다면, 이성적 사고를 신장하는 것과 관련된 성취기준을 달성하기 위해 비문학 텍스트를 다루는 과정이 필요하다.

국어과 교육과정의 성취기준을 살펴보면 글의 논리성, 주장의 타당성, 주장과 근거의 연관성 등이 언급되어 있다. 《10대를 위한 정의란 무엇인가》는 그런 성취기준을 달성하기에 적합한 교재이다. 이 책은 딜레마를 놓고 의문을 품고, 문제를 제기하고 반박하는 과정을 수반하기 때문에 학생들의 이성을 십분 자극할 수 있다.

6학년 1학기 국어 수업은 교과서에 나와 있는 단원별 학습목표를 2권의 책으로 녹여 내 재구성하여 진행했다. 단원을 재배치하여 두 책을 통해 국어 교육과정의 성취기준을 도달할 수 있도록 한 것이다. '표1'은 6-1학기에 《10대를 위한 정의란 무엇인가》로 수업을 하기 위한 계획표이다.

문학책 한 권과 비문학책 한 권을 선정하여 깊이 읽기의 방법으로 수업할 경우 학년군에서 학습해야 할 모든 성취기준에 도달할 수 있다.

〈표1〉 깊이 읽기 수업계획 《10대를 위한 정의란 무엇인가》

단원	단원 학습목표
2. 다양한 관점	글쓴이의 관점을 파악하며 글을 읽고, 자신의 관점이 잘 드러나게 글을 쓸 수 있다.
5. 광고 읽기	광고의 특성을 알고, 여러 가지 광고의 신뢰성을 평가할 수 있다.
8. 책 속의 지혜를 찾아서	다양한 읽을거리를 스스로 찾아 읽을 수 있다.
9. 주장과 근거	논설문의 짜임에 맞게 내용을 조직하여 글을 쓸 수 있다.
10. 쓴 글을 돌아보며	고쳐 쓰기의 방법을 알고, 다양한 글을 고쳐 쓸 수 있다.
11. 뉴스의 관점	뉴스의 특성을 생각하며 뉴스를 보고 자신의 생각을 말할 수 있다.

《10대를 위한 정의란 무엇인가》에 제시된 딜레마는 초등학생들이 접하기엔 다소 자극적인 사례들이 존재한다. 예를 들어 1884년 미뇨네트호 사건에서는 선원 3명이 나이 어린 파커의 살과 피로 생존을 한 사건이 나온다. 이 사건은 실제 있었던 일인데, 학생들이 당시 선원이 되어 생존과 죽음의 기로에서 결정을

내리도록 하기에는 상황이 다소 자극적이다. 또한 시속 100km로 달리는 기차의 기관사가 되어 선로 위에 있는 5명을 치거나 비상 철로 위 동료 1명을 쳐야 하는 상황에서 결정을 내려야 하는 딜레마는 초등학생들에게 부적절해 보이기도 한다. 그럼에도 이 책을 선정한 것은 극단적인 상황에서의 생각과 판단은 평소보다 섬세하고 날카로워지기 때문이다.

〈표2〉《10대를 위한 정의란 무엇인가》에 제시된 간단한 딜레마 상황

2. 누구를 살려야 할까요 - 기관차 딜레마	시속 100km로 달리는 기차의 기관사가 되어 선로 위에 있는 5명을 치거나 비상 철로 위 동료 1명을 쳐야 하는 상황에서 어떤 결정을 해야 할까?
3. 미뇨네트호 생존기	배 안에 선원 4명이 언제 구조될지 모른 채 식량 없이 표류하다 20일째 병에 걸린 어린 선원 파커를 먹고 목숨을 이어간 사건. 어떤 판결을 내려야 할까?
4. 한 생명의 값은 얼마일까요?	담배회사 필립모리스의 계산 - 담배를 많이 피울수록 조기 사망자가 생기기 때문에 정부가 이익이다. 생명의 값은 얼마인가?
5. 행복은 누구에게나 똑같을까요?	TV 속 〈심슨 가족〉과 셰익스피어의 연극 중 무엇이 더 가치 있을까?
6. 부자와 가난한 자를 위한 정의	미국 상위 1%의 부자가 미국 전체 부의 3분의 1을 갖고 있다. 이들은 더 많은 세금을 내야 할까?
7. 부자에게 더 많은 세금을?	한 시즌 300억 원 이상을 받은 마이클 조던은 더 많은 세금을 내야 할까?
8. 군인을 찾습니다.	미국에서 군인을 모집할 때 월급과 대학 학비, 생활비를 주는 정책이 정의로운가?
9. 이 아이는 누가 길러야 할까요?	계약을 통해 아이를 대신 낳아 주었다. 이 계약은 유효인가? 무효인가?
10. 진정한 영웅	미국 철자 알아맞히기 대회 우승자 앤드루가 자신의 실수를 고백했다. 앤드루의 행동은 도덕적인가?
11. 칸트에 대하여	칸트의 '도덕', '이성', '사유'

12. 로즈 부인의 화장실	로즈 부인의 화장실을 고치는 명목으로 5만 달러를 청구한 사건. 터무니없고 불공정하더라도 합의한 계약이면 지켜야 할까?
13. 원래 삶은 불공평한 것 인가요?	미국의 tv 쇼 진행자는 미국 교사의 연봉보다 700배 많은 돈을 받는다. 과연 공평한 것인가?
14. 백인이라서 불합격이 라고요?	소수집단 우대정책으로 시험을 잘 본 백인이 대학원 입학시험에서 떨어졌다. 이 정책은 정당한가?
15. 응원단의 자격	뇌성마비로 휠체어를 타면서도 열정적인 응원을 한 캘리 스마트가 응원단에서 쫓겨났다. 응원단원으로서 갖추어야 할 자격은 무엇인가?
16. 정치에 참여하지 않고 도 좋은 사람이 될 수 있나 요?	아리스토텔레스가 말하는 정치란?
17. '미안해요'라고 말해야 할까요?	과거 조상들이 역사적으로 잘못한 일에 대해서 현재 우리가 사과해야 할까?
18. 동생의 선택	형이라는 이유로 살인범을 숨겨 준 동생과 사회의 안전을 위해 형을 신고한 동생이 있다. 어떤 선택이 옳은 것일까?
19. 중립을 지킨다는 것에 대하여	도덕적, 종교적 가치가 들어가지 않은 올바른 결정이 가능할까?
20. 정의와 좋은 삶	정의란 무엇일까?

　나는 다양한 딜레마를 고민하는 상황에서 학생들이 성장하기를 바라며 이 책을 선택하였다. 그러나 결론적으로 학생들은 《자전거 도둑》에 비해서 내용을 소화하는 데 어려워했다. 학생들은 자신의 생각을 말하며 토론하는 방식에 익숙하지 않았고, 교재 내용의 수준도 너무 높았기 때문이다. 내용이 어려운 학생들은 수업에 참여하는 것을 힘들어했고, 학생들을 이해시키기 위해서 교사가 설명하는 시간이 많아졌다. 게다가 생각을 정리하여 주장하는 글을 쓰는 활동에 치중하다 보니 쓰기 활동에 치우친 경향을 보였다.

《10대를 위한 정의란 무엇인가》를 깊이 읽고 다양한 활동들을 계획했지만 모두 하지는 못했다. 수업을 만족스럽게 진행하지 못했음에도 이 장에서 필자가 했던 수업을 소개하고자 한다. 그것은 앞으로 깊이 읽기를 해 나갈 독자 선생님들께 비문학 수업을 진행하는 데는 더 세심한 준비가 필요하다는 것을 강조하기 위함이다. 교사는 다루는 내용의 수준과 학생들의 이해 수준 사이의 격차가 지나치게 크지 않은 교재를 선정하도록 더 세심한 주의를 기울여야 할 것이다.

2. 대화를 통해 '나'로 회귀하는 수업계획

다른 사람의 입장에서 문제를 보고 생각하게 하는 것, 내가 가진 생각의 한계를 깨닫는 점이 중요해요. 수많은 이야기와 사람들이 나오지만, 잊지 말아야 할 점이 있어요. 이 모든 이야기는 사회와 공동체를 위해 옳고 바른 점이 무엇인가, 즉, '정의'에 대해 고민한다는 점이지요.[1]

《10대를 위한 정의란 무엇인가》의 원저자인 마이클 샌델이 밝힌 것처럼, 이 책을 통해서 배우고자 하는 것은 정교하게 생각하

---

1. 마이클 샌델, 신현주 글, 조혜진 그림, 김선욱 감수, 《10대를 위한 정의란 무엇인가》, 미래엔 아이세움, 2014., 14쪽

는 것과 다른 사람의 입장에서 생각해 보는 것이다. 다른 사람의 입장에서 생각하는 과정에서 다른 사람의 생각이나 관점을 추론할 수 있으며 자신의 생각을 명확히 할 수 있다. 이 과정에서 자신만의 관점과 생각이 형성되는 것이다. 형성된 내용을 글로 체계적으로 표현하면 논설문(주장하는 글)이 되며, 자신의 생각과 의견을 친구들과 이야기하는 과정이 토론과 토의가 된다.

《10대를 위한 정의란 무엇인가》는 총 20장으로 구성되어 있는데, 각 장은 다음과 같이 구성되어 있다. 대표 딜레마 상황 제시, 대립되는 철학자들의 입장, 샌델이 정리한 철학자들의 견해. 이에 따라 필자는 수업 진행 과정을 다음과 같이 다섯 단계로 구성했다.

첫째는 각 장에 제시된 딜레마 상황에 대한 이해 단계다. 책에 제시된 대표적인 사례를 바탕으로 원저 《정의란 무엇인가》에 나오는 추가 상황이나 발문을 제시한다. 딜레마에 대한 이해 과정은 학생들의 흥미를 유발하고 수업의 참여로 이어지기 때문에 중요한 단계다.

둘째는 딜레마 상황에 대한 자신의 생각 써 보기 단계다. 1단계에서 제시된 딜레마에 대한 자신의 입장을 생각해 보는 단계다. 자신의 의견과 그 타당한 근거를 생각해 보도록 한다.

셋째는 짝/ 모둠과 의견 공유하기 단계다. 2단계에서 정한 자신의 의견을 짝/ 모둠별 내 구성원과 토의·토론하는 단계다. 이 단계에서 학생들은 타인의 생각을 듣고, 생각이 확장된다.

넷째는 철학자의 관점 이해하기 단계다. 《10대를 위한 정의란 무엇인가》에는 각 장마다 딜레마에 대한 철학자의 관점이 제시되어 있다. 철학자를 설명하고 그의 입장에서 딜레마를 바라본다.

다섯째는 자신의 생각을 명료화하는 단계다. 마지막 단계로 딜레마에 대한 자신과 타인과의 대화를 통해 최종적으로 딜레마에 대한 자신의 생각을 정하는 단계다. 재정립된 생각은 글로 표현하거나 친구들과 다시 토의 · 토론하는 방식으로 실현 가능하다.

이를 통해 수업에서 '나 → 친구 → 교재의 철학자들 → 나' 흐름을 만들고자 했다.

<표3> '나'로 회귀하는 수업의 흐름

200 이제는 깊이 읽기

자기와의 대화

지식 위주의 교육에서 역량 중심의 교육으로 변함에 따라 사고력이 강조되고는 있지만, 학생들은 생각하는 것을 어렵고 불편해한다. 학생들에게 어려운 질문을 하면 금세 "몰라요.", "귀찮아요.", "어려워요."라는 짧은 대답만 돌아온다. 이러한 결과를 초래한 원인에는 스마트폰, 시각 문화 환경의 발달, 속도를 강조하는 사회적 분위기, 인스턴트 식(食)문화 등 여러 요인이 있지만, 요인이 어떻든 학생들이 생각하는 것을 꺼려하는 현실은 부정할 수 없다.

이에 학생들이 깊이 생각하고 그것을 표현하도록 위해 《10대를 위한 정의란 무엇인가》의 딜레마와 관련된 사례를 추가적으로 더 살펴보고, 자신의 생각과 근거를 써 보는 활동을 진행하였다.

1) 사례를 추가하여 내용을 심도 있게 이해하기

《10대를 위한 정의란 무엇인가》의 딜레마는 충분히 학생들의 흥미와 호기심을 끈다. 이 책은 원저의 다양한 사례에서 대표적인 사례를 추출하여 간단히 설명하는 편집 방식을 따르고 있다. 이런 편집 방식은 독자의 수준을 고려한 데 따른 것이지만, 학생들이 상황을 깊이 있게 이해하는 데는 한계가 있다. 따라서 나는 미리 원저를 여러 번 읽은 다음 내용 이해에 필요한 사례들을 추가로 더 선정했다. 그리고 상황을 간단하게 만들어 학생들에게 제시하고, 사고를 자극하는 발문을 준비했다. 샌델의 수업 방식처럼 오로지 발문과 학생들의 의견 발표로만 수업을 진행했다. 프레젠테이션, 판서, 구체적인 조작물을 활용할 수도 있지만 오히려 그런 방식이 학생들이 생각에 집중하는 것을 방해할 수도 있다고 판단했다.

2) 상황에 대한 결정을 내리고 그 근거 적어 보기

생각하기를 꺼려하는 학생일수록 딜레마 상황에서 결정을 내리고 근거를 드는 것을 어려워한다. 근거는 없지만, 느낌에 따라 결정만 하는 경우가 발생한다. 예를 들어 선택에 대한 이유를 물어보면 십중팔구 "그러면 안 될 것 같아서요." 같은 반응을 보인다.

따라서 딜레마 상황에서 자신의 입장을 결정하고 근거를 생각하는 데 충분한 시간을 제공해야 한다. 학생들에게 빨리 답변을 내놓으라고 독촉해서는 안 된다. 도저히 근거를 떠올리지 못하는 학생이 있다면 근거가 있는 친구들과 이야기를 하도록 한다. 친구들과의 토의 상황에서 타당한 근거를 댄 친구를 따라서 결정해도 되고 교사가 정리해 줄 때 결정해도 된다고 조언하여 학생들이 부담스럽지 않게 수업을 시작해야 한다.

토론 수업 방식과 자신의 생각을 이야기하는 것에 서투른 학생들에게 자신의 생각을 정하고 편하게 누구와도 이야기할 수 있도록 수업을 계획했다. 또한 고민할 주제를 책에서만 한정하지 않고 일상생활과 사회의 여러 문제 상황으로 확장하도록 계획했다. 예를 들어 학생들이 일상생활에서 고민이 된 문제들을 선정해서 학생들과 철학자들의 입장에서 살펴보는 것이다.

타인과의 대화

학생들이 자신의 관점을 세우고, 그 관점을 구체화하려면 타인과 의사소통하는 과정이 필요하다. 자신의 생각을 타인에게 말해 보는 과정을 통해서 자신의 생각이 명확해지고, 타인의 생각을 판단하는 과정에서 자신의 판단 기준이 세워지기 때문이다. 또한 타인의 생각을 수용하는 과정에서 생각의 확장이 일어나기도 한다. 그러기 위해서는 타인의 생각을 이해하는 귀와 눈이 필요하다.

《10대를 위한 정의란 무엇인가》를 통한 수업의 학습목표는 2가지였다.

1. 다양한 딜레마를 해결하면서 내포된 철학자의 관점을 이해할 수 있다.

2. 다른 사람의 의견을 존중하며 딜레마에 대한 자신의 생각을 이야기하고 활발하게 의사소통할 수 있다.

1) 모둠원(친구들)의 관점 알아보기

학생들은 선생님이나 부모님과의 대화를 불편해한다. 심리적인 거리감 때문이다. 학생들이 가장 편한 마음으로 자신의 생각을 여과 없이 꺼내어 대화할 수 있는 상대는 바로 친구들이다. 따라서 교사와 대화하는 것보다 학생들 간 대화가 활발하게 이뤄지도록 수업을 계획하였다. 먼저 어떤 문제에 대하여 자신의 생각을 친구들에게 말하고, 친구들의 생각을 듣는 과정이 이루어지게 한다. 이것이 1차적 의사소통이다. 이 과정에서 학생들은 말하기 능력과 듣기 능력이 향상되고, 자신의 생각과 친구들의 생각을 판단하는 사고력이 신장된다.

의사소통의 과정은 자유롭게 돌아가면서 이야기하도록 하되 학생들이 경청하지 않고 서로 자기 말만 하려고 할 때는 도구를 사용한다. 주변에서 볼 수 있는 아무 물건을 정해서 그 물건을 들고 있는 사람만 이야기를 할 수 있게 하는 것이다. 활발한 토의·토론을 위해서는 피라미드 토론, 디베이트 토론 등의 다양한 방식을 통해 관점을 이야기할 수 있다.

(2) 글 속 철학자들의 관점 이해하기

《10대를 위한 정의란 무엇인가》에서는 양적 공리주의자 제러미 벤담, 질적 공리주의자 밀, 자유지상주의자 노직, 순수 이성 비판의 칸트, 정의론의 존 롤스, 공동체주의자 매킨 타이어와 샌델의 관점이 나온다. 10대들을 위해 쉽게 썼다고 하더라고 이 책에 등장하는 철학자들의 이론을 초등학교 6학년이 공부하기엔 다소 어렵다. 《10대를 위한 정의란 무엇인가》의 각 장 마지막 쪽에는 설명하는 학자들의 이론을 설명해 두었는데, 이 또한 학생들이 이해하는 데 어려울 수 있다. 따라서 《정의란 무엇인가》를 통해 교사가 먼저 각 학자별 이론을 정리하고 학생들이 이해할 수 있는 말로 교수학적 변환을 해야 한다. 그래야만 수업 중 학생들의 질문에 원활하게 답변할 수 있다.

철학자들의 이름과 이론은 학생들에게 생소하다. 더군다나 철학자들의 이론은 사람의 '관점'이기 때문에 구체적인 조작 활동을 구성하기도 어렵고, 설사 그것이 가능할지라도 학생들이 그 활동을 통해 철학자의 관점을 온전히 이해하기도 어렵다. 따라서 학생들이 적극적으로 활동에 참여하면서도 철학자의 관점을 정리할 때는 교사가 명확히 직접 전달할 수 있도록 수업 방식을 구상했다.

이에 따른 수업 방식으로 2가지를 생각해볼 수 있다. 첫째, 수업 시간에 전체 학습 형태로 책을 읽으면서 교사가 적절한 때에 발문을 하고 답변을 이끌어 내 그것을 엮어 가는 것이다. 둘째, 모둠끼리 책을 읽어서 요약하고 정리한 것에 대해 교사가 설명해 주는 방식이 있다. 이 2가지 방식 중 저자는 후자를 택했다. 먼저 모둠원끼리 서로 질문을 하면서 같이 읽고 학자의 생각을 요약하여 정리하게 한다. 그 후 각 모둠별로 정리한 내용을 발표해 보고 교사가 최종 정리 및 설명하는 방식으로 수업하는 것으로 계획을 세웠다.

자기와의 재대화

자기와의 재대화는 타인(친구, 철학자)과의 대화를 통해 변화된 자신의 생각을 다시 정리하는 단계를 말한다. 자신의 생각을 다시 정리해 보는 과정을 통해 하나의 문제에 대해 심도 있게 생각하는 힘을 기르게 된다.

자신이 주장하는 내용과 그 근거를 논리적으로 이야기할 수 있을 때 짜임새 있는 글을 쓸 수 있다. 학생들은 대체로 한 번 글을 쓰고 나면 다시 읽으면서 고쳐 쓰지 않는데, 글을 작성한 후 반복적으로 고쳐 쓰는 습관을 길러 주도록 수업을 계획했다.

(1) 타당한 근거를 통한 짜임새 있는 글 구성하기

초등학교 5~6학년군 성취기준에는 '쓰기(2) 목적과 주제를 고려하여 내용을 조직하여 글을 쓴다', '쓰기(4) 적절한 이유나 근거를 들어 주장하는 글을 쓴다'라는 내용이 있다. 이 성취기준을 토대로 6학년 2학기 9단원에서는 논설문의 짜임에 맞게 내용을 조직하여 글을 쓰는 것을 배운다. 여기서 주장하는 글의 '처음(서론)·가운데(본론)·끝(결론)' 구조를 지도하도록 되어 있다.

스스로 글을 쓰기 위해서는 글에 대한 흥미와 관심을 가져야 하고 쓰고 싶은 글감과 생각이 분명해야 한다. 그러나 흥미와 논지를 찾지도 못한 학생들에게 무작정 개요를 짜고 한 편의 글을 써 보라고 하니 학생들은 글쓰기가 어렵고 싫은 것이다.

하나의 딜레마에 대한 자기-타인-자기로 이어지는 대화의 회귀를 통해 명확한 생각과 그 근거를 갖도록 했다. 이를 토대로 툴민의 6단 논법을 참고하여 글쓰기 지도를 하였다.

(2) 쓴 글 고쳐 쓰기

쓴 사람의 생각이나 생각이 정직하고 정확하게 나타나도록 하는 데 글을 다듬거나 고치는 목표가 있다. 글 고치기를 함으로써 사물을 정확하게 보고 붙잡는 힘을 기르고 생각을 키워 나가도록 한다.[2]

진정한 고쳐 쓰기는 글을 쓴 주체가 스스로 자신의 글을 다시 써 보고 싶은 마음이 들어서 고쳐 쓰는 것이어야 한다. 타인의 지적을 받아 어쩔 수 없이 고쳐 쓰는 것은 수박 겉핥기식이다. 겉으로 드러나는 부분만 고치게 될 수 있기 때문이다. 자신의 글에 대한 애정과 관심이 없다면 고쳐 쓰더라도 글 속에 담긴 생각을 다듬는 과정은 일어나기 어렵다.

이에 나는 교사가 학생들이 쓴 글을 모아서 첨삭하는 방식이 아니라 친구들끼리 돌려 읽어 서로 조언을 주고받으면서 자신의 글을 고쳐 쓰도록 지도 계획을 세웠다. 교사의 첨삭은 학생들이 정답이라고 단정하기 때문에 일방적으로 받아들이지만, 자신과 비슷한 친구들의 첨삭은 상호 보완적으로 받아들여 거부감이 줄

---

2. 이오덕, 《삶을 가꾸는 글쓰기 교육》, 보리, 2004

어든다.

다음 '표4'는 6학년 1학기 '10. 쓴 글을 돌아보며'에 제시된 글 점검표이다. 이 점검표를 통해 학생들은 스스로 자신이 쓴 글을 검토했고 친구들의 글을 읽었다. 서로 조언을 주고받은 후, 친구들의 조언을 바탕으로 다시 한 번 자신들의 글을 고쳐 썼다.

〈표4〉 자신이 쓴 글을 돌아보는 점검표

점검 수준	점검 내용	확인
글	글의 내용에 어울리는 제목인가?	
	서론, 본론, 결론의 짜임에 알맞게 썼는가?	
	주장에 알맞은 근거를 제시하였는가?	
	주장에 대한 근거가 정확한가?	
문단	한 문단에 하나의 중심 생각만 있는가?	
	문단의 중심 생각이 중심 문장으로 잘 표현되었는가?	
	중심 문장을 뒷받침하는 문장이 잘 표현되었는가?	
	근거를 보충한 자료가 적절한가?	
	근거를 보충한 자료가 정확한가?	
	문장과 문장이 자연스럽게 연결되었는가? (불필요한 접속사가 사용되었는가?)	
문장과 낱말	문장의 호응이 잘 이루어졌는가?	
	지나치게 생략된 문장성분은 없는가?	
	분명하지 않거나 적절하지 않은 낱말은 없는가?	
	잘못 쓴 글자나 낱말은 없는가?	

3. 상황 판단과 문제 해결의 방법을 배우다

제러미 벤담 - 양적 공리주의

원래 수업계획으로는 '나'로 회귀하는 수업 흐름에서 자신이 내세운 근거를 논리적으로 쓰고 고쳐 쓰기를 하도록 했다. 그러나 실제로는 제러미 벤담을 배울 때 '2단원 다양한 관점'에서 글쓴이의 관점 파악하기에 대한 학습을 진행했다. 《10대를 위한 정의란 무엇인가》 2장을 학습하기 위해서는 먼저 논설문의 짜임에 맞게 내용을 조직하여 글쓰기를 배워야 하는데, 그렇지 않았기 때문에 '자기와의 재대화' 과정의 글을 쓰는 활동을 할 수 없었다.

(1) 자기와의 대화

1) 사례를 추가하여 내용을 심도 있게 이해하기

《10대를 위한 정의란 무엇인가》에서는 각 장마다 딜레마 상황이 제시된다. '제2장 누구를 살려야 할까요?'에서는 기관사의 딜레마가 나온다.

> 여러분이 기차 기관사라고 상상해 보세요.
> 시속 100km로 빠르게 달리고 있는 기차를 운전하고 있어요.
> 그때 앞의 선로 위에 일하는 다섯 명의 모습이 보였어요.
> 하지만 기차를 멈출 수 없었지요.
> 그런데, 오른쪽 비상 철로를 보니, 단 한 사람이 일하고 있었지요.

기관사는 고민하기 시작했어요.

"만약 이대로 기차를 그냥 가게 둔다면 다섯 명이 죽고 말 거야. 하지만 기차를 오른쪽 비상 철도로 돌린다면 한 사람만 죽게 되겠지!"[3]

《10대를 위한 정의란 무엇인가》의 저자 샌델 교수의 수업을 보면 강당에서 그는 끊임없이 학생들과 질문을 주고받는다. 그의 수업은 소크라테스의 산파술과 유사한 방식으로 진행되는데, 학생들과 교수 사이 오가는 질문 속에서 학생들은 더 깊은 사고를 하게 된다.

《10대를 위한 정의란 무엇인가》에서는 바로 이어서 공리주의자인 제레미 벤담의 이론을 살펴보도록 제시되었다. 생각하는 시간이 너무 짧은 것 같아 《정의란 무엇인가》를 참고하여 상황을 더 자세히 들려주고 학생들이 보다 깊이 몰입할 수 있도록 했다.

이제 다른 전차 이야기를 해보자. 당신은 기관사가 아니라, 철로를 바라보며 다리 위에 서 있는 구경꾼이다. (중략) 피할 수 없는 재앙 앞에서 무력을 느끼다가 문득 자신 옆에 서 있는 덩치가 산만 한 남자를 발견한다. ① 당신은 그 사람을 밀어 전차가 들어오는 철로로 떨어뜨릴 수 있다. 그러면 남자는 죽겠지만 인부 다섯 명은 목숨을 건질 것이다.[4]

그렇다면 이야기를 약간 바꾸어 그 생각을 시험해볼 수도 있

---

3. 《10대를 위한 정의란 무엇인가》, 19쪽
4. 《10대를 위한 정의란 무엇인가》, 37쪽

다. 구경꾼인 당신은 옆에 서 있는 덩치 큰 남자를 직접 밀지 않고도 철로로 떨어지게 할 수 있다. ② 그가 발을 딛고 있는 곳은 맨홀처럼 아래로 통하고 당신은 핸들을 돌려 뚜껑을 열 수 있다고 상상해보자.[5]

"자, 그렇다면 다시 돌아가서 브레이크가 고장 난 전차 위에서 여러분이 한 사람을 밀어서 멈출 수 있다고 한다면 여러분은 그 사람을 밀 건가요?"라고 하자 학생들이 고개를 갸우뚱거리기 시작했다. 그 이유를 물어 보니 "그건 좀….".이라고 말할 뿐 근거를 대지 못했다.

여기서 추가 질문을 했다.

"미는 것이 안 될 것 같다면 버튼을 누르는 것으로 합시다. 버튼을 누르면 남자 1명이 떨어져 5명이 죽는 것을 막을 수 있다고 가정해 봅시다. 여러분은 버튼을 누를 건가요?"

두 번째 발문을 하자 이번에는 버튼을 누르겠다고 답하는 학생들이 있었다. 그 학생들에게 이유를 물었다. 한 학생은 "직접 제가 미는 건 사람을 죽이는 일인데, 버튼을 누르면 죽이는 것 같지 않아서요." 하고 대답했다.

"버튼을 누르거나 미는 방법은 결국 죄가 없는 한 사람이 5명을 위해 희생하는 것과 같아요. 죄 없는 사람을 희생시키는 방법이 과연 올바른 선택일까요?"

---

5. 《10대를 위한 정의란 무엇인가》, 39쪽

2) 상황에 대한 결정을 내리고 그 근거 적어 보기

발문을 하고 모둠끼리 토의할 수 있도록 시간을 주었다. 학생들은 첫 번째 토의 활동보다 적극적인 자세로 토의에 참여했다. 샌델의 방식으로 제시된 상황에서 어떤 선택을 해야 할지 학생들에게 물어 보았다.

"(상황 설명) 여러분이라면 어떤 결정을 할 것 같나요? 그 이유도 적어 보세요"

이번에는 학생들의 의견이 갈렸다. 죄 없는 1명을 희생해서는 안 된다는 의견을 제시하는 학생들이 생겨났지만, 여전히 5명을 위해 1명이 희생되는 것이 바람직하다고 생각하는 학생이 더 많았다.

'그냥 가게 된다면 1명보다 많은 5명이 죽게 되므로 비상 철로로 돌릴 것이다.'

'한 사람만 죽게 한다. 왜냐하면 5명의 목숨(1명보다 더 많은 목숨)을 살릴 수 있기 때문이다.'

(2) 타인과의 대화

1) 모둠원(친구들)의 관점 알아보기

피라미드 토론은 어떤 문제에 대해서 일대일, 2 대 2, 모둠 대 모둠 등으로 토론의 참여자를 점차 확장해 가는 방식이다. 피라미드 토론은 찬반 의견을 내세우는 학생들의 수가 서로 비등해진

때 진행했다. 먼저 찬성과 반대끼리 토론을 해서 2명이 하나로 의견을 모은다. 즉 서로 대립하던 두 사람이 한 팀이 되는 것이다. 이번에는 자신들과 대립되는 의견을 가진 팀을 찾아 다시 토론을 시작한다. 중요한 것은 찬성 팀과 반대 팀에게 동일하게 발언권을 주어야 한다는 점이다. 만일 찬성 팀이 1팀이고 반대 팀이 5팀 있다면, 반대 팀이 찬성 팀보다 더 많다고 해서 더 많은 발언권을 가질 수 없다는 의미다. 따라서 각 팀에게 발언권 카드를 1장씩 주고, 발언권 카드를 들고 있는 사람만 발언하도록 진행하였다.

2) 철학자의 관점 알아보기

《10대를 위한 정의란 무엇인가》에서는 '제3장 미뇨네트호 사건'을 소개한 후 제레미 벤담에 대해 소개를 한다. 본수업에서는 기관차 딜레마 이야기에서 행복 극대화라는 표현이 나오므로 '3장 미뇨네트호 사건'을 이야기하지 않고 바로 벤담에 대해 설명했다.

《10대를 위한 정의란 무엇인가》 35쪽에 실린 내용을 토대로 하여 '최대 다수 최대 행복'이라는 말로 벤담의 공리주의를 설명하기 시작했다.

"쉽게 말하면 가장 많은 사람이 가장 많이 행복하면 옳다는 입장인 거야. 한 사람의 행복을 1로 생각하면 5명의 행복은 5가 되지. 벤담의 관점이라면 결국 1명의 행복인 1보다 큰 5, 즉 5명의

〈그림1〉 모둠끼리 토론하는 모습

행복을 선택해야 하는 거야."

학생들은 벤담의 원리를 이해하고 자신의 의견과 비슷하다며 고개를 끄덕였다. 바로 이어서 벤담의 주장이 갖고 있는 한계도 설명했다. 먼저 아이들에게 물었다.

"가장 많은 사람이 행복해한다고 해서 과연 옳은 일일까요?"

"…"

"예를 들어 학생 100명이 장난삼아 학생 1명을 괴롭혔어요. 100명은 재밌으니까 행복은 100이죠? 1명은 불행하니까 -1이라고 합시다. 1명이 기분이 나쁘긴 하지만 100명이 좋으니까 괜찮다고 말할 수 있지 않을까요? 여러분은 어떻게 생각하나요?"

학생들은 무엇이 맞는지 모르겠다며 고민하기 시작했다.

(3) 자기와의 재대화 - 타당한 근거를 통해 나의 생각 뒷받침하기

'나→친구→교재의 철학자들→나' 흐름을 통해 다시 학생들에게 기관차 딜레마 상황에서 어떤 판단을 할지 스스로 생각하여 적어 보도록 했다.

학생들에게 모둠끼리 토의한 내용, 공리주의의 관점과 한계를 떠올리며 자신의 생각을 써 보도록 했다.

다음은 '(1) 자기와의 대화'에서 예시로 든 학생의 의견을 다시 살펴본 것이다. 이 학생은 재대화 과정을 경험하면서 생각이 훨씬 깊어졌다.

〈표5〉 수업을 통해 변화된 생각

자기 및 타인과의 대화를 하기 전	그냥 가게 된다면 1명보다 많은 5명이 죽게 되므로 비상 철로로 돌릴 것이다.
자기 및 타인과의 대화를 한 후	그냥 철로로 가겠다. 그 비상 철로에 있는 사람은 "그곳은 위험하지 않은 곳"이라고 생각하여 위험을 미리 방지했다고 볼 수 있다. 무조건 사람이 많다고 그 자리를 피하는 것은 소수는 자신이 갖고 있는 가치를 무시하는 것이기 때문에 그대로 갈 것이다.

이마누엘 칸트

(1) 자기와의 대화 - 상황에 대한 결정을 내리고 그 근거 적어
  보기

《10대를 위한 정의란 무엇인가》 2장부터 9장까지는 공리주의

자와 자유지상주의자의 관점을 소개하고 다양한 딜레마를 두 관점에서 해석한다. 10장에서는 칸트가 새롭게 등장한다.

미국 워싱턴 D.C.에서 열린 전국 철자 알아맞히기 대회 우승자를 결정짓는 마지막 문제는 'echolalia' - '한 번 들은 말을 자꾸 되풀이하는 성향'

이 문제를 맞힌 열세 살 소년 앤드루는 대회 우승자가 되었어요. 마침내 미국인이 열광하는 대회의 우승자가 된 거예요.

모두가 전국 철자 대회 우승자로 앤드루를 축하하는 순간, 우승자 앤드루는 놀라운 고백을 했지요.

"저는 철자를 잘못 말했어요. 그런데 심판이 잘못 듣고 맞았다고 하신 거예요. 그러니까 저는 1등 할 자격이 없습니다!"

세상 사람들은 소년의 정직한 고백에 깊은 감동을 받았어요. 다음 날 뉴욕타임스가 앤드루의 이야기를 머리기사로 실을 정도로 말이에요.

아무도 모르고 나만이 알고 있는 사실을 밝히고 우승자가 되기를 포기한 소년 앤드루는 이렇게 고백했어요.

"심사위원이 저더러 아주 정직하다고 말하셨어요. 사실 실수를 고백하기로 한 이유는 추접한 인간이 되고 싶지 않아서예요."

과연 앤드루의 행동은 도덕적일까요?[6]

10장에서 제시된 딜레마에 대한 의견은 대부분 하나로 수렴되어서 근거를 적어 보는 활동과 모둠별로 관점을 알아보는 활동을

---

6. 《10대를 위한 정의란 무엇인가》, 102~105쪽

동시에 진행하였다. 먼저 학생들에게 '앤드루의 행동이 도덕적인가'에 대한 자신의 생각과 그 근거를 쓰도록 했다. 답변을 쓰게 할 때는 공책이나 책에 자율적으로 쓰도록 하는데, 자신의 생각이 변화된 것을 확인할 수 있도록 한 곳에 지속적으로 쓰도록 해야 한다.

학생들이 공책을 놓고 오는 경우가 있어서 책 여백에 편하게 자신의 의견을 쓰도록 지도했다. 학생들은 한 사람도 빠짐없이 앤드루가 도덕적이라고 답했다. 그 이유를 들어 보았다.

"남이 시켜서 한 게 아니라 자기 스스로 고백을 했어요."

"아무도 몰라서 넘어가면 모를 텐데 고백한 거니까 도덕적인 아이입니다."

학생들이 생각한 근거 역시 대부분 비슷했다.

(2) 타인과의 대화

1) 글 속 철학자들의 관점 이해하기

칸트의 이론은 사실 어른들도 이해하기 쉽지 않다. 그럼에도 모둠별로 철학자 칸트의 관점을 파악하도록 토의를 시켰다. 분명 어려움이 클 테지만 학생들이 도전적으로 탐구하여 나름대로 내릴 결론이 기대되었기 때문이다.

이 장에서 이야기할 사람은 철학자 칸트예요. 정의를 이야기하는 데 있어서 반드시 짚어야 할 중요한 문제를 제시한 사람이라고 할 수 있어요. 칸트는 자유지상주의자들처럼 자유를 강조했답니다. 그러나 칸트가 말하는 '자유'는 아주 달라요. 단순히 시장에서 자유롭게 물건을 사고파는 선택의 자유를 말하는 것이 아니거든요. 칸트에게 자유란 자유로운 선택을 하는 데 있는 것이 아니라 내 스스로 만든 합리적인 법칙에 따라 행동하는 것을 말해요.

그리고 칸트는 도덕은 어떤 행동을 시작한 동기에 달렸다고 보고 있어요. 결과가 아닌 오로지 동기만 따지는 거예요. 만약 어떤 이익이나 바람 때문에 행동했다면 도덕적 가치가 있다고 보지 않으니까요.[7]

모둠별로 칸트가 주장한 내용을 정리해 보는 활동을 진행하였다.

학생들이 스스로 정리해서 이해했을까 하는 의구심이 계속 들었는데, 점심시간에 한 학생이 필자에게 물이 담긴 컵을 주면서 말했다.

"선생님, 저 착하죠?"

그러자 옆에서 그 모습을 본 또 다른 학생이 말했다.

"아니야. 너는 지금 칭찬을 받으려고 착한 일을 한 거야. 칸트는 착하다고 안 했을 거야."

나의 의구심이 괜한 우려였음에 겸연쩍었고, 성장한 아이들이 대견스러웠다.

깊이 읽기 수업을 하면 학생들이 어려운 내용을 이해했는지 의

---

7. 《10대를 위한 정의란 무엇인가》, 108쪽

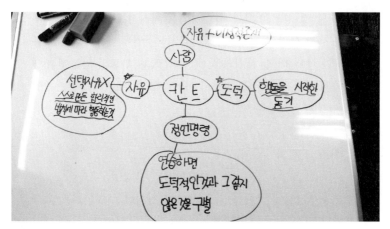

〈그림2〉 모둠 칠판에 마인드맵으로 정리한 칸트의 주장

심스러울 때가 종종 있다. 어려운 내용이지만 주입식으로 지도를 하지 않았기 때문에 왠지 모를 불안감이 들기도 한다. 그럴 때는 학생들에게 배운 내용을 일기에 적도록 지도하면 좋다. 학생들의 이해도를 가늠하는 척도가 되기도 한다. 다음은 학생들이 일기에 적은 내용에서 인용한 것이다.

제목 : 칸트를 배운 국어 시간

오늘 학습일기로 쓸 시간은 국어 시간이다. 이유는 전에 이름만 살짝 들어 보았던 칸트에 대해 자세히 배웠기 때문이다. 칸트를 설명하자면 칸트는 도덕적 행동이란 그 행동을 하고 일어날 결과를 중요시 않고 그 일을 한 동기가 올바른 이유에서 선택했느냐 안 했느냐에서 도덕적 행동의 정의가 바뀐다. 그리고 칸트가 생각하는 사람이란 자유와 이성적 존재라고 한다. 따라서 칸트의 입장에서 앤드류가 한 행동은 도덕적이지 않는

다고 할 것이다. 이유는 사람이 추접해지지 않으려고 하는 행동은 다른 사람의 시선 때문에 그러는 것인데 앤드류는 올바른 이유가 아닌 더 잘 보이려고 얘기하였으니 칸트의 입장에서 앤드류의 행동은 도덕적 행동이 아니라고 할 것이다. 나는 칸트의 생각에 동의한다.

2015.6.30.화 - 날씨: 맑음
〈학습일기〉

오늘 3교시에 국어 수업을 했다. 《정의란 무엇인가》 책 중 벤담과 밀이 정의를 가지고 싸우는 장면이 있었다. 그중 벤담의 입장과 밀의 입장에서 자신의 입장을 정하는 활동이 있었다. 나는 둘 중 누구의 생각도 내 생각이 아니었다. 행복과 가치 둘 다 가질 수 있다. 예를 들면 만화책 한 권이 수준 낮지만 교훈을 담을 수 있기 때문이다. 이런 두 마리 토끼를 잡을 수 있는 방법을 원했다. 하지만 선생님께서는 둘 중 골라야 한다고 하서서 나는 밀의 입장으로 정하였다. 왜냐하면 밀은 가치 있는 것을 중요시하기 때문이다. 국어 수업은 생각을 많이 하게하고 복잡하기도 하다. 그래서 어렵다.

오늘은 국어 정의란 무엇인가를 읽었다. 생각문제는 군인을 찾습니다. 이었다.

전쟁에 나가고 싶지 않은 사람은 용병이나 정부의 돈을 주면 되는 것과 모두 다 전쟁에 나가야 한다는 두 생각이다.

나는 돈으로 용병을 구하고 정부에 돈을 줄 것이다. 왜냐하면 나 자신보다 용병이 더 잘 싸울 수도 있고 정부에게 돈을 지불해 그 돈으로 무기를 더 살 수 있다고 본다.

자유지상주의자는 사람들이 더 자유롭게 합의하는 것이다.

반대로 공리주의자는 자신은 전쟁에 안 나가서 좋고 용병은 돈 받아서 좋다는 것이다.

오늘은 정말 치열한 국어 시간이었다.

오늘은 정의란 무엇인가에서 존 롤스의 생각과 정의를 배웠다.
원래 삶은 불공평한 것인가요?라는 생각 문제를 들어갔다.
일단 존 롤스의 생각은 부, 재능은 결국 태어날 때 정해진다는 것이다.라는 것이다.
쉽게 말해 자신이 어느 위치에 태어나냐에 따라
정해진다는 것이다. 그리고 존 롤스의 정의는 차등의 원칙이다.
쉽게 말해 비유하자면 달리기를 할 때 잘 뛰는 친구가 뒤 서고, 달리기가 어려운 친구는 맨 앞에 서는 것과 같다.
오늘은 이렇게 존 롤스의 멋진 생각, 정의와 함께 정의란 무엇인가를 끝내었다.

(3) 자기와의 재대화

1) 타당한 근거를 통한 짜임새 있는 글 구성하기

칸트를 배우고 난 뒤 학생들에게 6학년 1학기 '9. 주장과 근거'에서 주장하는 글의 짜임에 맞게 글을 쓰도록 지도하였다. 《자전거 도둑》으로 수업을 한 후 글을 쓰게 했을 때는 학생들이 글쓰기를 꺼리지 않고 책을 읽은 후 떠오르는 감정과 생각을 진솔하게 풀어 내었다. 그러나 이번 수업은 조금 달랐다. 학생들은 자신의 생각을 논리적으로 쓰는 것을 무척 어려워했다.

체계적인 글쓰기를 위해 툴민의 6단 논법을 참고하여 학생들에게 글을 쓰는 방법을 추가 지도했다. 앞서도 잠깐 언급했지만 툴민의 6단 논법은 철학자이자 교육자인 툴민이 개발한 실용적인 논증법이다. 툴민은 《논증의 사용》에서 논증의 요소로 주장, 자료, 보장, 뒷받침, 수식어, 제한 조건을 제시하였다.[8]

〈표6〉 툴민의 6단 논법

주장 논증에서 주장은 결론으로, 논증이 최종적으로 말하고 자 하는 것이다.	예를 들어 반장을 뽑는데, A가 반장이 되어야 한다고 생각 한다면, 'A가 반장이 되어야 한다'가 주장이다.
자료 논증에서 자료는 주장을 뒷받침하는 토대이다.	'A가 반장이 되어야 한다'고 주장하기 위해서는 'A는 리더 십이 있다'와 같은 자료가 필요하다.
보장 이미 증명되어 있는 명제로, 자료에서 주장으로의 연결 고리를 만들어 준다.	A는 리더십이 있다. 그리고 A는 반장이 되어야 한다. 두 문 장 사이에는 '리더십이 있는 사람이 반장이 되어야 한다'라 는 연결고리가 필요하다. 이를 보장이라고 한다.
뒷받침 뒷받침은 보장을 뒷받침하는 증거다. 보장이 옳은 명제 이기는 하지만 옳은지 그른 지 한눈에 판단하기 어려울 때 뒷받침을 통해 보장을 증 명한다.	예를 들어 앞에서 다루어진 보장의 예, '리더십이 있는 사 람이 반장이 되어야 한다'에 이의가 있는 사람이 있다고 가 정하자. 그렇다면 그 이의를 해결하기 위해 왜 리더십이 있 는 사람이 반장이 되어야 하는지에 대한 이유를 제시하여 야 한다.
수식어 수식어는 명제에 대한 화자 의 확신의 정도를 나타내 주 는 지표다.	화자는 '반드시 A가 반장이 되어야 한다'고 이야기할 수 도 있지만 'A가 반장이 되는 것이 좋을 것 같다'라고 이야 기 할 수도 있다. 앞의 문장에 비해 뒤의 문장은 화자가 명 제에 대해 덜 확신하고 있는데, 이처럼 화자의 확신 정도를 나타내 주는 말을 수식어라고 한다(몇몇 서적에서는 이를 '한정'이라고 번역하기도 한다).

8. 위키피디아(https://ko.wikipedia.org/wiki/%EC%8A%A4%ED%8B%B0%B0%EB%B8%90_%ED%88%B4%EB%AF%BC#.ED.88.B4.EB.AF.BC.EC.9D.98_.EB.85.BC.EC.A6.9D.EB.AA.A8.ED.98.95)

제한 조건 제한 조건은 명제가 성립하 기 위한 조건을 제시한다.	앞의 주장 'A가 반장이 되어야 한다'에 대한 제한 조건으로 는 'A가 품행이 바르지 않은 아이가 아니라면' 등을 들 수 있겠다(몇몇 서적에서는 이를 '반증'으로 번역하기도 한다).

위키피디아

툴민의 논증 6단계를 학생들이 어려워할 것 같아 조정하여 글
쓰기 6단계로 연결 지었다. 툴민의 자료, 보장, 뒷받침 부분을 2
개의 단계로 조정했는데, 학생들이 주장에 대해 설명하고, 근거
를 제시하는 부분에서 자료를 활용해 보장하고 뒷받침 과정을 녹
여 냈다. 툴민의 수식어 부분은 삭제하고, 제한 조건은 반박하기
로 조정했다.

〈표7〉 주장하는 글쓰기 6단계

1단계: 상황 제시 - 화제, 이슈, 문제 상황 등 제시하기
2단계: 주장 - 그 상황에 대한 자신의 입장 표명
3단계: 주장 설명 - 주장에 대해 설명하기
4단계: 근거 제시 - 근거를 사용하기
5단계: 반박하기 - 상대방의 주장 반박하기
6단계: 마무리하기 - 주장을 다시 정리하고 마무리하기

1단계는 글의 짜임 중 서론에 해당한다. 화제, 이슈, 문제 상황
등을 제시하는 단계이므로 학생들이 논하고자 하는 딜레마 상황
에 대해 간단히 소개를 하도록 지도한다. 딜레마 상황과 관련하
여 명확하고 구체적인 정보가 없을 경우 자신의 주변 상황과 연
결 지어 시작할 수도 있다.

2단계부터 5단계까지는 글의 짜임 중 본론에 해당한다. 먼저 2

단계에서는 문제 상황에 대한 자신의 의견을 말하는 단계이다. 이때 자신이 옳다고 생각하는 관점에 따라 주장을 분명하게 밝혀야 한다.

3단계는 주장에 대한 설명하기 단계이다. 이 단계는 주장에 대한 근거를 준비하여 자신의 의견을 타당하게 뒷받침해야 한다. '왜냐하면 ~ 때문이다'라는 문장성분의 호응 관계를 이용하여 주장에 대한 근거를 2~3가지 정도 쓰도록 한다.

4단계는 근거를 사용하는 단계이다. 주장과 근거를 설득력 있게 제시하기 위하여 뒷받침 문장을 더 추가하는 단계다. 관용적 표현, 비유적 표현, 철학자의 말, 책이나 신문을 이용한 인용 등을 통해서 자신의 의견을 더욱 탄탄하게 만드는 단계이다.

5단계는 상대방의 주장을 반박하는 단계이다. 이 단계는 상대방의 주장과 근거를 살펴볼 수 있을 뿐 아니라 자기 주장의 허점이나 한계를 보완한다는 점에서 꼭 필요하다. 단, 주장에 대한 반박에 치우쳐 자신의 의견이 흐지부지되지 않도록 유의해야 한다.

6단계는 글의 짜임 중 결론에 해당하는 단계이다. 이 단계에서는 자신이 말했던 바를 요약해서 다시 한 번 강조하도록 한다. 때로는 자신의 의견대로 상황이 진행될 때 기대되는 결과를 제시하기도 한다.

《10대를 위한 정의란 무엇인가》를 마무리하면서 학생들에게 그동안 책에서 살펴본 딜레마 중 하나를 선정하여 주장하는 글을 쓰도록 했다. 이제까지는 짧게 자신의 생각을 밝히고 그에 대해 근거를 써 보는 방식이었지만, 이번에는 자신의 생각을 체계화해서 글을 쓰도록 했다. 대리모 M, 용병제, 기관차 딜레마, 앤드류, 마이클 조던, 세금 등의 딜레마 상황에서 학생들의 재조명을 가장 많이 받은 딜레마는 '미뇨네트호 생존기'였다.

> 1884년 여름의 어느 날 길을 잃고 남태평양을 헤매는 '미뇨네트호'
> 그 배에는 모두 네 명의 선원이 타고 있었어요. 하지만, 그들이 가진 건 순무 통조림 두 개뿐! 한 병의 물도 없었답니다.
> 그렇게 8일이 지나고….
> 음식은 바닥이 났고, 사람들은 겨우 목숨을 이어 갔어요.
> (중략)
> 20일째 되던 날 배고픔에 시달리던 선원들은 병에 걸린 나약한 어린 선원 파커를 희생양으로 삼기로 했죠.
> "우리는 살기 위해 결정을 내야 해!" 그리고 선원 세 명은 어린 파커의 피와 살로 목숨을 이어 갔어요. 한 사람을 희생시켜 세 사람이 살기로 한 거예요.[9]

처음 '미뇨네트호 사건'을 읽을 때는 양적 공리주의자인 제러미 벤담의 관점을 설명하며 이해하는 것으로 그쳤지만, 이번에는 그동안 살펴본 철학자들의 관점을 다양하게 고려하여 자신의 주장을 펼쳐 보도록 했다. 다음은 '미뇨네트호 사건'을 읽고 학생들이 쓴 글이다. 깊이 읽기를 하고 나서 학생들이 문제 상황을 바라보

---

9. 《10대를 위한 정의란 무엇인가》, 26~28쪽

는 생각이 얼마나 깊어졌는지 확인할 수 있다.

① [상황 제시] 1884년 미뇨네트호라는 배가 길을 잃고 정처 없
이 떠돌기 시작했다. 그 배에는 모두 4명의 선원과 순무 통
조림 2개밖에 없었다. 그렇게 20일이 되고 병에 걸린 파커를
잡아먹어 생존을 하여 구조가 되었다.

② [주장하기] 나는 파커를 잡아먹은 이 3명의 선원에게 죄가
있다고 생각한다.

③ [주장 설명하기] 첫 번째, 아무리 파커에게 가족이 없다고 해
서 죽어도 된다는 것이 아니다. 가족이 없다고 해서 가장 소
중하지 않는다는 것은, 즉 가족이 없는 고아들의 생명은 중
요하지 않다는 것이 된다. 두 번째, 결국에는 죽을 사람이라
고 해서 그냥 죽이는 것은 그 사람의 의견을 존중하지 않은
것이다. 파커가 조금이라도 더 살고 싶었을 수 있는데, 그런
자신의 마음을 고려하지 않은 것이다. 예를 들어 살 시간이 6
시간 남은 부잣집 할머니가 아들들이 돈을 빨리 받고자 안락
사를 시키는 것과 같은 상황이다. 사람은 자신의 의견과 권
리를 존중해야 한다.

④ [근거 제시하기] 철학자 중 칸트는 사람이 어떤 이익에 의해
사람을 죽이는 행동은 비도덕적인 일이라고 할 것이다. 즉
파커가 죽게 해 달라고 해도 사람의 손으로 죽일 수 없다는
말이다.

⑤ [상대방 주장 반박] 반대 의견 중에서는 한 사람을 빨리 죽
임으로써 3명이 살게 되니 바람직하다고 할 수 있다. 여기서
선원 3명이 파커를 죽였다는 것은 "살고 싶어서"라는 이유이
다. 그런데 파커는 죽고 싶었을까? 당연히 파커도 살고 싶을
것이다. 그런데도 "사람 수가 많아서"라는 이유로 죽이는 것

은 다른 외적인 것을 보지 않고 사람 수가 많으면 된다는 폭
력의 한 종류이다. 만약 당신이 파커라면 어떤 심정일까?

⑥ [주장 마무리] 그러므로 나는 '미뉴네트호' 사건에 선원 3명
은 죄가 있다고 생각한다.

2) 쓴 글 고쳐 쓰기

학생들이 자신의 글을 스스로 읽고 고쳐 쓰기에 앞서 최대한
편안한 분위기를 조성했는데, 첫째는 자유롭게 움직이면서 친구
들의 글을 읽게 하기 위해서였고, 둘째는 교사가 첨삭하지 않고
친구들의 의견을 통해 스스로 글을 수정하게 하기 위해서였다.

자유롭게 움직이면서 친구들의 글을 읽고 자신의 글을 보여 주
는 과정은 학생들이 자유롭게 일어나서 움직이면서 할 수 있도록
지도했다.

선생님이 정답을 제시하는 것과 친구들이 제시하는 것의 차이
는 글을 받아 든 학생 마음에서 차이가 난다. 선생님이 빨간 펜으
로 첨삭한 것을 보면 평가를 받았다는 기분에 '내 글이 이렇게 많
이 틀렸구나!'라는 생각이 들지만, 친구들의 의견은 서로 동등한
입장에서 받는 조언이라 생각하므로 첨삭에 대한 부담감이 덜한
것이다.

고쳐 쓰기 과정에서 학생들은 두 번에 걸쳐 자신이 쓴 글을 돌
아보았다. 추가적으로 고쳐 쓰기를 하면서 학생들은 입말로 자신
의 글을 읽어 보는 규칙을 만들었다. 큰 소리가 아니고 작은 소리
로 음독하면서 자신의 글을 읽는 과정인데, 입말 활동을 통해 읽

점검 수준	점검내용	점수				
		5	4	3	2	1
글	5글의 내용에 어울리지는 제목인가?					
	서론, 본론, 결론의 짜임에 알맞게 썼는가?			○		
	주장에 알맞은 근거를 제시하였는가?		○			
	주장에 대한 근거가 정확한가?		○			
문단	한 문단에 하나의 중심 생각만 있는가?					
	문단의 중심 생각이 중심 문장으로 잘 표현되었는가?			○		
	중심 문장을 뒷받침하는 문장으로 잘 표현되었는가?		○			
	근거를 보충한 자료가 적절한가?		○			
	근거를 보충한 자료가 정확한가?		○			
문장과 낱말	문장과 문장이 자연스럽게 연결되었는가? (불필요한 접속사가 사용되었는가?)			○		
	문장의 호응이 잘 이루어졌는가?			○		
	지나치게 생략된 문장 성분은 없는가?		○			
	분명하지 않거나 적절하지 않은 낱말은 없는가?			○		
	잘못 쓴 글자나 낱말은 없는가?			○		

〈그림3〉 자신의 글을 읽은 후 점검표

다 보면 보다 쉽게 글에서 어색한 부분을 찾아낼 수 있다.

첫 번째 고쳐 쓰기는 이 장 2절 내용 중 '자기와의 재대화'에 서술된 '(2) 쓴 글 고쳐 쓰기'에 따라 자신이 쓴 글을 읽고 고치는 것이다. 이때 전체에서 부분으로, 즉 '글-문단-문장과 낱말' 수준으로 차근차근 읽어 보면서 고쳐 쓰게 해야 한다.

스스로 고쳐 쓰기를 끝낸 학생들에게는 돌아다니면서 1차 퇴고를 끝낸 친구들과 서로의 글을 돌려 읽도록 한다. 자리에 앉지 않고 돌아다니면서 읽게 한 이유는 학생들로 하여금 글을 읽고 이야기하는 것을 부담스러워하지 않게 하기 위해서다. 친구들의 글을 읽을 때도 점검표를 토대로 읽게 한다. 친구들의 글을 읽으면서 궁금하거나 이해가 안 되는 점, 틀린 것으로 의심되는 낱말이나 어색한 문장을 표시하도록 한다. 시간적 여유에 따라서 자

〈그림4〉 쓴 글 고쳐 쓰기를 끝내고 학생들이 돌아다니면서 서로 쓴 글을 읽는 모습

신의 글을 읽을 친구들의 수를 정한다. 5명에서 7명 정도가 적당하며 읽은 후에는 친구들에게 사인을 받도록 했다. 5~7명의 사인을 받은 친구들은 퇴고를 시작한다.

이 과정에서 두 번째 고쳐 쓰기가 진행된다. 친구들의 첨삭이 달린 자신의 글을 다시 읽으며 고쳐 쓰는 것이다.

학생들이 스스로 점검한 표를 통해서 글을 고쳐 쓸 때는 6학년 1학기 국어 '10. 쓴 글을 돌아보며'를 참고하여 고쳐 쓰기 기호를 활용하도록 했다. 학생들이 모두 각자의 글을 고쳐 쓰면 모둠 내에서 자신의 글을 읽는 활동을 했다. 마지막 점검을 하는 것이다.

실제 수업에서 많은 학생이 '어미 표현'에서 공통적으로 실수를 범하고 있음을 확인할 수 있었다. 학생들의 글을 읽어 보면 문장의 어미에서 높임 표현과 예사 표현이 수시로 번갈아 나타났다. 이는 글을 읽는 대상을 분명하게 정하지 않고 글을 썼기 때문이다. 이런 경우 교사가 고쳐 쓰기 단계에서 학생들이 읽는 대상을 명확히 하고 글을 쓰도록 지도하는 것이 좋다.

기타 활동

《10대를 위한 정의란 무엇인가》를 통해 학생들은 책 속에서 첨예하게 대립하는 딜레마를 고민해 보고 자신의 생각을 정했다. '자기와의 대화-타인과의 대화-자기와의 재대화'를 통해 학생들은 꼬마 철학자로 성장했다. 2가지 선택에서 하나를 결정해야 하는 상황을 딜레마라고 정의했을 때, 학생들의 사고를 일상생활과 사회생활 속 딜레마 상황을 찾아보며 사회와의 대화로 이어지도록 했다. 이에 학생들이 겪는 일상의 문제와 사회의 문제에 관심을 갖고 대립되는 선택들에서 자신의 생각을 명확하게 밝히고 그 생각을 글로 표현할 수 있도록 했다.

(1) 일상생활 속 문제 해결하기

학생들에게 책 속 사례 외에 일상적인 딜레마도 제시해 보았다. 책 속 딜레마를 통해서 학생들은 자신의 견해를 섬세하고 날카롭게 정립할 수 있지만, 지나치게 극단적인 상황이라 실생활에서 경험하기가 쉽지 않은 것이 사실이다. 이에 보다 현실적이고 일상적인 문제에 대해 자기 주관을 갖고 의사를 결정할 수 있는 사고력과 판단력을 길러 주고 싶었다. 먼저 학생들에게 일상적인 딜레마에 대한 의뢰를 받았다. 학생들은 그동안 자신이 해결할 수 없었던 문제나 고민을 적어 왔고, 그 문제에 대해 짧게 학생들끼리 토의해 보는 시간을 주었다. 학생들은 어려워하기도 했지만 극단적인 딜레마 상황에서 경험한 것과는 또 다른 즐거움을 느끼는 듯했다.

1) 무임승차 딜레마

크리스마스이브에 발표할 무대에서 사람들 6명이 열심히 만들고 연습을 했다. 그런데 무대에서 발표할 때 필요한 인원은 9명이었다. 그래서 연습도 하나 하지 않은 3명이 와서 같이 무대를 쓰고 칭찬을 받았다. 연습도 하지 않은 3명은 공정한 것일까?

이 글을 쓴 학생은 '무임승차 이론'을 크리스마스이브 발표회 무대 사건을 이용하여 돌려 말했다. '무임승차 이론'은 개인의 이익과 공동의 목적 사이의 딜레마라고 할 수 있다. 발표 무대를 준비하지 않았지만 칭찬이라는 공동의 목적을 달성한 것이다. 실제 교실 안에서 모둠 활동을 했을 때 자주 보이는 현상이라 학생들끼리 토의해 보도록 했다.

"3명이 칭찬받는 건 공정하지 않아요. 칭찬을 받았다면 3명이 선생님께 가서 자신들은 모둠 활동을 하지 않았다고 말해야 해요."

"3명도 하고 싶은데 6명이서 잘 하니까 못 낀 걸 수도 있어요."

이러한 의견이 오가는 도중에 학생들은 이 문제가 비단 책 속에서만 일어나는 일이 아님을 깨달았다. 평상시 모둠 활동에 적극적으로 참여하는 학생들과 수동적으로 참여하는 학생들 모두 자신의 문제로 받아들였다. 간접적인 딜레마 상황을 통해 수동적인 학생들은 자신들로 인해 힘들어했을 친구들의 마음을 생각해 보며 그동안의 행동을 반성했다. 이 딜레마를 통해 학생들의 의견이 하나로 모아졌다.

"그러니까 처음부터 모둠 활동을 열심히 해야 해요."

2) 학교 중앙 계단 딜레마

이 외에도 학생들이 일상생활에서 선정한 다양한 주제들이 있었다. 다음은 학교 중앙 계단을 주제로 한 학급회의 시간의 상황이다.

"선생님! 그런데 학생들은 왜 학교 중앙 계단을 사용 못 해요?"

"그래? 선생님은 그 내용을 몰랐는데, 이제까지 중앙 계단을 이용하지 않았어?"

"네. 예전부터 못 쓰게 했어요."

"그래서 강당 갈 때마다 돌아갔던 거였구나. 자세히 알아보도록 하자."

'학교 중앙 계단을 학생들이 이용하지 못하는 게 과연 정당한가?'에 대한 논의는 실제 변화로까지 이어졌다. 내가 부임하기 전부터 우리 학교에는 학생들은 중앙 계단을 이용할 수 없다는 암

묵적인 규칙이 있었다. 학생들이 중앙 계단을 이용하지 못하다 보니 강당이나 교무실을 갈 때 건물 좌우측 계단을 이용해 멀리 돌아가야 하는 불편함이 있었다. 몇 년 전 중앙계단에서 사고가 나서 학생이 크게 다쳤는데, 그런 일이 반복되는 것을 우려한 선생님들의 결정에 따른 것이었다. '이에 학생들은 사고가 났다고 금지시키는 것이 옳은가?'를 주제로 바로 토론하기 시작했다.

아이들은 '사고가 나지 않도록 학생들에게 교육하는 것이 필요하지. 사고가 났다는 이유로 금지하는 것은 옳지 못하다'라고 의견을 모았고 학교장에게 이를 건의했다. 아이들의 의견은 적극 반영되었고, 지금 우리 학교에서 학생들은 자유롭게 중앙계단을 이용하고 있다.

'중앙 복도 사용' 문제를 해결하는 경험을 토대로 학생들은 주변의 상황이나 문제에 대해 관심을 갖기 시작했다.

(2) 사회 문제 참여로 확장하기

1) 68번 버스 딜레마

학생들이 주변 문제에 대해 관심을 가지게 되자 사회의 문제까지 관심이 확장될 수 있도록 수업을 계획했다. 창의적 체험활동과 사회 6학년 2학기 '4. 우리 사회의 과제와 문화의 발전'과 연계하여 프로젝트 수업을 진행하였다.

4단원의 성취기준은 '생활 속에서 참여와 민주정치를 실천하는 태도를 지닌다'와 '생활 속 공동체 문제를 찾아 참여를 통한 민주적인 방법으로 해결할 수 있다'였다.

학생들에게 '중앙 복도 사용 문제'와 유사하게 우리 주변의 문제에 대해 고민해 보는 시간을 갖도록 했다. 학생들은 일주일 동안 자신들의 주변에 무슨 문제가 있는지 탐색했다.

그리하여 학생들이 2차에 걸쳐 해결할 만한 사회 문제를 선정했다.

1. 포천 지역에 영화관이 없는 문제

2. 청성초등학교 스쿨버스 문제

3. 명산리 - 좌의리 간 버스 문제

세 문제를 처음 발의한 학생들은 다른 친구들에게 그 이유를 설명했다.

"반월아트홀에서 영화를 상영하고는 있지만, 전문적으로 영화를 볼 수 있는 장소가 없습니다. 포천이 다른 지역보다 다 좋은데 문화를 즐길 수 있는 시설이 부족한 점은 개선되어야 합니다."

"청성초 학생들 집은 대부분 학교와 거리가 멀어요. 학생들의 등하교가 너무 힘든데, 그 문제를 해결하기 위해 스쿨버스가 필요해요. 스쿨버스면 학생 수도 많아지고 학교가 더 좋아질 것 같아요."

"학생들이 거주하는 명산리와 좌의리를 운영하는 버스 배차 간격 시간이 너무 길어 지역 주민이 불편함을 겪고 있어요"

학생들은 창의적 체험활동 시간을 활용해 학급 회의를 열고 문제 하나를 선정하였다. 가장 많은 표를 얻은 문제는 3번 명산

〈그림5〉 아이들이 모여 서로의 의견을 모으고 있다.

리-좌의리 간 버스 문제였다. 학생들이 자신들이 살고 있는 지역 주민들의 불편함에 가장 많이 공감한 것이다.

명산리-좌의리 간 버스 문제를 해결하기 위해 학생들에게 실제 문제가 되는 부분을 조사하도록 했다. 명산리와 좌의리를 오가는 버스는 68번인데, 이 구간을 운행하는 버스가 한 대뿐이라 배차 간격이 2시간이나 되었다. 등교 시간에 만석인 경우에는 걸어서 학교까지 오는 학생들도 있었다.

이에 학생들은 설문 조사, 서명 운동, 뉴스, 홍보로 팀을 나누었다. 설문 조사팀은 명산리와 좌의리 주민들을 대상으로 불편함에 대한 설문 조사를 진행하였고, 서명 운동 팀은 포천시내에서 68번 버스 문제에 대해 시민들에게 홍보하고 서명을 받도록 했다. 뉴스 팀은 6학년 11단원 '뉴스'와 연관 지어 이 문제를 뉴스로

〈그림6〉 모둠별로 칠판에 진정서를 쓰고 있는 아이들

만들어 보는 활동을 진행했다. 홍보 팀은 서명운동에 필요한 홍
보물을 만들었다. 팀별 활동을 진행하기 전 모둠별로 포천시청에
건의하는 진정서를 쓰도록 했다. 진정서는 주장하는 글쓰기 활동
의 마무리 단계였다.

　모둠별로 쓴 진정서를 고쳐 써서 우리 반 진정서를 만들었다.

민원신청서

민원명		진정 · 질의 · 건의
신청인	주 소 (도로명)	경기도 포천시　　2리　　　　길
	성 명	▓▓▓▓▓▓▓▓▓
	연락처	010 - 8▓7-4▓1
민 원 내 용 (육하원칙 에 의해 상세히 기 재)		※육하원칙기재(언제, 어디서, 누가, 무엇을, 어떻게, 왜) 　후에 조치(건의)해줄 사항을 명확히 쓰시면 됩니다. 　명산리, 좌의리주민들이 2015년 지금까지 68번 버스가 2시간에 1번 와서 많은 불편함을 겪고 있습니다. 그래서 68버스 노선 확대를 하기 위해서 청성초 6학년 1반 ▓▓▓외 18명이 설문지, 서명운동, 인터뷰활동 과 전단지 나눠주는 활동을 하였습니다. 　점심시간과 등교시간, 하교시간에 버스를 한번더 운영하 는 것에 대한 서명운동 찬성인원이 4▓명이었습니다. 인터뷰에선 ▓▓학생이 "버스가 2시간에 1번씩 와서 버스를 놓쳤을 때 학교나 집에 걸어갈 수 밖에 없었다" 라고 했습니다. 그리고 실제사례로 ▓▓양이 버스를 탔는 데 좌의리, 명산리에 들어가는 시간이 아니라서 기 사분이 내려서 걸어가는 것이 더 낫다며 내리라고 했습니다. 그리고 설문조사결과에 따르면 68번 버스노선 확대가 필요하다는 사람은 좌의리 22명중 13명이었고 조 금 필요하다는 사람은 8명이었고 기타는 1명이었습니다. 이를 바탕으로 68번 버스가 점심시간, 등교시간, 하교시간에 한번 더 운행하기를 부탁합니다.

〈그림7〉 청성초등학교 6학년 학생들이 시내버스 배차 문제로 포천시청에 낸 진정서

이 내용은 지역 신문인 〈포천신문〉에 실리기도 했다.[10]

명산리, 좌의리 주민들이 2015년 지금까지 68번 버스가 2시간에 1번 와서 많은 불편함을 겪고 있습니다. 그래서 68번 노선 확대를 위해 청성초 6학년 1반 이○○ 외 18명이 설문지, 서명운동, 인터뷰 활동과 전단지 나눠주는 활동을 하였습니다.

점심시간과 등교시간, 하교시간에 버스를 한 번 더 운영하는 것에 대한 찬성 인원은 47명이었습니다. 인터뷰에서 신○○ 학생은 "버스가 2시간에 1번씩 와서 버스를 놓쳤을 때 학교나 집에 걸어갈 수밖에 없었다"고 했습니다. 그리고 실제 사례로 정○○양이 버스를 탔는데 좌의리, 명산리에 들어가는 시간이 아니라서 기사 분이 내려서 걸어가는 게 낫다며 내리라고 했습니다. 설문 조사 결과에 따르면 68번 버스 노선 확대가 필요하다는 사람은 좌의리 주민 22명 중 13명이었고 조금 필요하다는 사람은 8명, 기타는 1명이었습니다.

위를 바탕으로 68번 버스가 점심시간, 등교시간, 하교시간에 한 번 더 운행하기를 부탁합니다.

---

10. 〈포천신문〉 2015. 11. 4.[교육 부문](http://www.ipcs21.com/default/index_view_page.
php?idx=49543&part_idx=142)

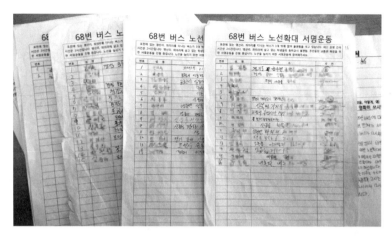

〈그림8〉 68번 버스 노선 확대 서명 운동 결과지. 2주간 토요일에 송우리와 포천시내를 중심으로 서명 운동한 결과 47명으로부터 서명을 받았다.

〈그림9〉 학생 대표로 선정된 학생들이 포천시청에서 진정서를 쓰고 있다.

〈그림10〉 포천시청 담당 부서에 진정서를 제출하는 청성초등학교 6학년 아이들

6장

깊이 읽기 예시(3)
《이 세상에 태어나길
참 잘했다》

1. 다문화 시대의 자아 정체성 찾기

《이 세상에 태어나길 참 잘했다》는 주인공 복동의 삶에 대한 인식의 변화 과정을 다룬 이야기다. 복동의 엄마는 복동을 낳다 돌아가셨다. 아빠는 복동을 낳는 것에 반대했는데, 복동이 태어나자 호적에만 올려 주곤 미국으로 떠나 버렸다. 한국에서 이모와 살고 있는 복동은 자신이 버림받았다는 생각을 가지고 있었다. 복동은 친한 국일과 준걸과 자주 놀곤 했다. 여름방학 때 국일과 준걸은 해외로 어학 연수를 가게 된다. 아빠가 미국으로 어학 연수 겸 오라는 요청을 받은 복동은 친구들이 모두 갔다는 생각에 기대하지 않고 미국으로 향한다. 아빠는 새엄마와 함께 이복동생인 데니스, 앨리스와 살고 있었다. 낯선 미국 환경에서 적응해 가던 복동은 우연히 다락방에서 한국을 그리워하는 아빠의 뒷모습을 보고 오해가 풀린다. 한국으로 돌아가기 전 한국계 입양아 브라운 박사가 6 · 25전쟁 때 입양되어 미국에 온 이야기를 통해 복동은 존재의 소중함을 알게 된다.

《이 세상에 태어나길 참 잘했다》는 다문화 시대 속에서 살아가는 복동의 성장소설이다. 자신을 낳다 돌아가신 어머니의 부재와 그 충격으로 미국으로 떠나 버린 아버지에게 버림받았다는 생각에 복동은 삶을 부정적으로 바라보며 살아간다. 미국으로 아버지를 만나러 갔던 복동이는 자신의 가치와 자아 정체성을 찾는다. 이 책은 복동의 1인칭 시점으로 쓰여 있어 내용이나 어휘가 어렵지 않으며, 일상적인 대화와 상황을 현실적으로 담아 낸 책이다.

《자전거 도둑》은 단편집이었는데, 이는 아직은 우리 교육 현장에서 낯선 깊이 읽기 수업을 하기 위해 적합한 선택이었다. 깊이 읽기 수업에 대해 경험이 없는 교사나 학생들에게 곧바로 장편소설을 접목하는 것은 부담감이 크며, 책을 읽어 나가는 데 교사나 학생 모두 어려움을 많이 겪게 된다. 따라서 깊이 읽기에서도 '단편집→중편/장편소설 순서로 진행해야 한다. 《자전거 도둑》을 읽으면서 아이들이 깊이 읽기에 대해 길러진 근육이 있었기에 단편집 외의 중편과 장편 분량의 책들을 찾아보았다.

이 책을 세 번째 깊이 읽기 수업 교재로 선정한 이유는 3가지이다.

첫째, 학생들이 부모와 함께 생활하는 시간이 적다는 점이 복동과 유사했다. 책 속 복동은 이모와 함께 살아가지만, 돌아가신 어머니와 미국에서 살고 있는 아버지의 부재로 외로워한다. 부모라는 가장 소중한 사람들이 없기 때문이다. 우리 반(아이들 중)에도 꽤나 많은 학생이 부모의 부재 속에 생활하고 있다. 물론 복동에 비해 우리 반 아이들이 겪는 부재는 아버지가 주중에 출장을 자주 가시거나, 부모님께서 자주 집을 비워서 주로 혼자 시간을 보내는 정도이긴 하다. 부모의 부재가 아니더라도 맞벌이로 인해 저녁 늦게야 집으로 돌아와 피곤해하는 부모님을 보는 학생이나 학교 수업이 끝나고 방과 후 프로그램 수업을 듣거나 학원에 갔다 늦게 집으로 돌아가는 학생들 역시 소설 속 복동을 쉽게 이해할 수 있을 것이다. 정도의 차이는 있겠지만 복동과 마찬가지로 학생들은 마음속으로 부모님과 함께 하는 시간이 부족한 데서 오는 아쉬움과 부모님에 대한 그리움을 가지고 있을 것이다. 따라서 소설 속 복동과 아버지의 상황을 보며 학생들이 가족에 대해 다시 돌아보는 기회를 가질 수 있다고 생각했다. 우리나라는 OECD 회원국 중 인구 10만 명당 자살자 수가 29.1명 (2012년 기준)으로 자살률이 1위이며, 청소년 자살률도 높은 편이다. 이를 통해 학생 스스로 존재에 대한 소중함까지 일깨워 주고자 했다.

둘째, 6학년 학생들이 자신의 자아 정체성을 찾아가는 과정과 복동의 성장 과정이 유사했기 때문이다. 요즘 아이들은 초등학교 5~6학년쯤 사춘기를 겪는다. 사춘기를 겪는 동안 또래 집단(친구)과의 관계는 가까워지는 반면 가족과의 관계는 멀어진다. 학생들은 가족과 대화할 때, 마음은 그렇지 않지만 까칠하거나 차갑게 대한다. 초등학교 5학년인 복동도 천사 같은 이모에게는 마음을 표현하지 못하고 차갑게 행동하지만, 여러 사건을 겪으면서 친구들과는 더 가까워진다. 이러한 복동의 성장 과정은 5~6학년 시기의 우리 학생들과 너무나 유사했다. 이 작품은 성장소설이라는 점에서 학생들의 감정이입과 공감을 이끌어 내기에 충분했다.

셋째, 박완서 작가의 작품이기 때문이다. 학생들이 깊이 읽기를 시작하고 가장 먼저 읽은 책이 《자전거 도둑》이었다. 감상 관점 중에서 표현론적 관점을 심화하는 방법이기도 한데, 재미있게 읽은 책이 있다면 그 책을 쓴 작가의 다른 작품을 읽어보는 횡적 독서 방식을 알려 주고자 했던 것이다. 이렇듯 작가의 다른 작품으로 확장하는 독서법은 한 작가의 책을 다양하게 읽게 되어 그 작가의 작품들에 대한 공감과 이해도가 높아진다.

2. 이야기를 예상하고 다양한 장르로 나타내는 수업계획

《이 세상에 태어나길 참 잘했다》에서는 주인공 복동의 성격 변화가 크게 나타난다. 그 변화 과정을 살펴보면서 사춘기 학생들이 자신의 삶과 가족에 대한 소중함을 알게 하는 데 중점을 두었다.

구체적인 활동으로 《이 세상에 태어나길 참 잘했다》를 통해 소설을 다양한 장르(시나리오, 시)로 변화시켜 보고, 등장인물의 성격을 통해 사건을 예측해 보는 활동, 인간의 존재 가치를 존중해 주는 활동을 계획하였다.

이야기에서 인물이 추구하는 삶을 파악하기

이야기에서 인물이 추구하는 삶을 파악하기 위해서는 표지와 제목을 통해 추론하는 읽기 전 활동, 단서를 찾아 뒤에 이어질 내용을 예상하는 읽기 중 활동, 뒷이야기를 예상해 보는 읽기 후 활동 등을 할 수 있다. 단서를 찾고, 예상하고, 이어질 내용을 써 보는 활동을 통해 사고력과 추론하는 능력을 기를 수 있다.

(1) 읽기 전 활동(제목, 표지, '작가의 말')을 통한 이야기 예상하기

읽기 전 활동은 책을 본격적으로 읽기 전 브레인스토밍 기법 등을 활용해 학생들의 책에 대한 흥미와 관심을 높이는 것을 말한다. 읽기 전 활동으로 책의 제목과 표지, '작가의 말' 등을 다룰 수 있다.

표지와 제목을 가지고 책의 내용을 추론해 보는 활동은 학생들의 상상력을 자극한다. 책 제목과 표지를 보고 내용을 추론할 수 있으며, 장별로 제목과 삽화를 통해 추론해 볼 수도 있다. 예상하는 활동으로는 이어질 책의 내용을 상상하는 활동이 있는데, 학생들은 흥미를 갖고 적극적으로 임한다. 책의 표지와 제목을 통한 추론을 할 때는 학생들이 틀이나 단서에 제한받지 않고 자유롭게 추론할 수 있도록 유의해야 한다.

'작가의 말'은 작가가 책을 통해서 이야기하고자 하는 주제와 책을 쓰게 된 배경 등을 담고 있다. 작가의 말을 읽고 이야기를 예상하는 것은 제목과 표지만 보고 추론하는 것보다 체계적이며, 실제 내용과 유사하게 추론할 수 있다. 제목과 표지를 바탕으로 추론하는 것 역시 다양한 이야기가 나올 수 있기 때문에 발산적인 과정이다. 제목과 표지로 발산적 추론을 한 후 '작가의 말'을

읽고 조금씩 수렴적으로 이야기를 예상할 수 있다.

이야기를 예상할 때, 개별적으로 예상하면 지나치게 주관적인 내용 구성이 될 수도 있으니, 모둠을 구성하여 함께 예상해 보는 것도 좋은 방법이다. 작가의 말을 읽으면서 이어질 내용의 단서를 찾은 뒤 모둠별로 이야기를 짜도록 한다. 완성한 이야기는 책에 붙여, 자신이 만든 이야기와 책의 내용을 비교해 가며 읽도록 하면 학생들의 흥미가 지속될 수 있다.

(2) 읽는 중 활동/ 읽기 후 활동을 통한 이야기 예상

읽는 중 활동은 책을 읽는 과정에서 개연성을 생각하며 읽게 하는 방법인데, 책에 대한 학생들의 몰입도를 높인다. 읽는 중 활동으로는 내용 추론을 가능하게 하는 단서를 통해 소단원이 끝날 때마다 혹은 배경이 바뀔 때마다 그 뒤에 이어질 내용을 추론하여 예상하는 활동이 있다.

읽기 후 활동은 책의 내용이 마무리된 후 등장인물의 성격, 배경, 주제 등을 고려하여 이어질 내용을 써 보는 활동이다. 이 활동은 글쓰기에 대한 부담감을 줄여 주며 학생들이 이야기를 얼마나 이해했는지 확인할 수 있는 척도가 되기도 한다.

읽는 중 활동에서 학생들은 내용 추론을 가능하게 하는 단서를 통해서 사건을 만들어 보는 활동을 한다. 이를 통해 이어질 사건들의 개연성을 알고, 작가가 작품을 통해 말하고자 하는 의도나 교훈을 담는다는 것을 알 수 있다. 사건의 개연성을 확인하면서 읽다 보면 앞으로 이어질 내용을 예상할 수 있기 때문에 책을 보다 꼼꼼히 읽게 된다.

이를 위해 내용을 예측할 만한 단서가 나올 경우 단어나 문장에 바로 밑줄을 긋는 방법, 단어나 문장을 공책에 옮겨 적는 방법, 접착식 메모지에 적는 방법 등을 활용하면 된다. 접착식 메모지를 사용하면, 이후 같은 모둠 친구들과 의견을 공유할 때 쉽게 종류나 내용을 확인할 수 있는 장점이 있다.

읽기 후 활동은 뒤에 이어질 이야기를 써 보는 활동이다. 상상하여 쓴다는 점에서 학생들은 이어쓰기 활동을 흥미 있어 하는데, 이때 이야기의 개연성이 떨어지지 않도록 유의하여 지도해야 한다. 등장인물의 성격이나 행동, 시공간적 배경이 원래 내용과 크게 달라지지 않도록 하며, 완성한 이야기는 학생들끼리 돌려 읽거나 '우리 반 소설가'와 같은 전시회 활동으로도 활용 가능하다.

인물이 추구하는 삶을 자신의 삶과 연관 지어 표현하기

이 책 4장의 '그림, 음, 글로 생각 표현하기'에서는 자신의 생각이나 책의 내용을 다양한 방법(글, 색, 음, 신체)으로 표현하는 포괄적인 활동을 진행했지만, 《이 세상에 태어나길 참 잘했다》에서는 책의 내용 이면의 의미를 파악하기 위한 활동을 진행하고자 했다. 책 속에는 나와 있지 않은 내용으로 존재조차 몰랐던 잡초를 관찰하고 그려 봄으로써 세상 모든 것은 존재 가치가 있다는 것을 알기 위한 표현활동을 계획했다.

국어 5~6학년군 문학 영역에는 '이야기에서 인물이 추구하는 삶을 이해하고, 자신의 삶과 연관 지어 말할 수 있다'라는 성취기준이 있다. 이 성취기준에 도달하기 위해 표현하기 방법을 사용한 것이다. 표현활동은 다양한 성취기준을 달성하는 데 유연하게 적용할 수 있다.

《이 세상에 태어나길 참 잘했다》에서 주인공 복동은 이야기 초반에는 삶에 대해 비관적이었지만, 가족의 소중함을 느끼기 시작하면서 삶에 대한 인식이 긍정적으로 변화한다. 이 흐름에 맞춰 학생들에게 지속적으로 자신과 복동의 삶의 태도를 연관 짓도록 했고, 생각을 다양한 방법으로 표현할 수 있도록 계획했다.

다양한 장르로 변환하기

문학에는 시, 수필, 소설, 희곡 등이 있다. 초등학교 교과서에서 다루는 문학작품은 대부분 시와 소설이지만 희곡과 수필도 등장한다. 깊이 읽기 수업은 대부분 소설로 하기 때문에 다양한 문학 장르를 접하기 어렵다는 우려가 있다. 이런 우려에 대한 2가지 대안이 있다. 첫 번째는 수업 중에 내용과 관련된 다양한 장르의 작품을 접하게 하는 방법이다. 교과서에 수록된 작품도 좋고, 교사가 선정한 작품도 가능하다. 두 번째는 텍스트를 통해 다양한 장르로 변환해 보는 활동이다. 소설을 시로도 바꿔 보고, 희곡 등으로 바꿔 보는 활동을 하면서 학생들은 유연하게 문학작품 간 연계를 경험할 수 있다. 5~6학년군 문학 성취기준 중 '작품의 일부를 바꾸어 쓰거나 다른 갈래로 바꾸어 쓴다'가 이와 연관된 내용이다.

우리 학교에서는 창의적 체험활동의 일환으로 '연극' 동아리 활동을 1년 동안 30차시 운영하는데, 나는 이 활동을 깊이 읽기 수업과 연계하여 운영하였다. 특히 《이 세상에 태어나길 참 잘했다》의 일부분을 시나리오로 바꾼 후 영화를 만들어 보고자 계획했다.

희곡이 아닌 시나리오를 선택한 데에는 2가지 이유가 있다. 첫째, 학생들에게 대본 암기와 공연 준비에서 오는 부담감을 줄여 주고자 했다. 희극은 연극 공연을 전제로 하기 때문에 학생들에게 대본 암기와 공연 준비를 요구한다. 반면에 시나리오를 기반으로 하는 영화는 여러 번 촬영하는 번거로움은 있지만 대본 암기와 공연 준비에 대한 부담감은 덜하다. 둘째, 멀티미디어 활용 수업에 대한 학생들의 선호도가 높았다. 학생들은 UCC와 영상 촬영을 특히 좋아했다. 이러한 이유들을 바탕으로 책 속 내용을 시나리오로 바꾸어 보기로 결정했다.

시나리오가 완성되자 역할 분담을 하였고, 배우들은 오디션을 통해 뽑기로 했다. 연기는 연극 수업을 진행하는 강사의 지도를 받았다. 《이 세상에 태어나길 참 잘했다》에서 공간적 배경이 미국으로 바뀌는 부분이 있어서, 그 앞부분까지 내용을 바탕으로 영화 예고편을 짧게 5분 정도 찍는 활동을 계획하였다.

학생 스스로 읽기

깊이 읽기를 진행하는 이유는 학생들이 스스로 책을 읽을 수 있는 능력을 기르기 위함이다. 그런 점에서 깊이 읽기 수업의 성공적인 결과는 학생들이 스스로 책을 찾아서 읽고, 독서를 즐겁게 여기는 것이다. 1년간 학생들에게는 독서를 강요하지 않았다. 학교에서 자체적으로 진행하는 독서 프로그램도 없앴고, 아침시간 책 읽기와 일주일에 책 한 권씩 읽기도 중단했다. 책과 관련해서는 깊이 읽기 수업만 진행했는데, 모두 학생들로 하여금 자기주도적 독서 능력을 갖도록 하기 위함이었다. 《이 세상에 태어나길 참 잘했다》를 처음부터 스스로 읽으라고 할 수는 없지만, 소단원 정도는 학생들 스스로 읽어 볼 수 있도록 수업을 계획했다. 혼자 읽기도 하고 모둠에서 돌아가며 읽기도 하며, 책과 관련한 질문이나 하고 싶은 활동들은 공유하는 방식으로 활동을 구상하였다.

3. '복동'의 삶을 통해 가족의 소중함을 배우다

읽기 전 활동(제목, 표지, '작가의 말')을 통한 이야기 예상하기

읽기 전 활동으로는 제목과 표지를 통한 이야기 추론과 '작가의 말'을 통한 이야기 추론 활동을 하였다. 제목과 표지를 통한 추론하기는 대부분의 책에 폭넓게 적용 가능하지만, '작가의 말'을 통한 이야기 추론은 '작가의 말'에 작가가 전하고 싶은 주제나 책 내용에 대한 단서가 나와 있어야 한다는 점에서 제한이 있다.

(1) 제목과 표지 보고 추론하기

《이 세상에 태어나길 참 잘했다》에서는 '작가의 말'을 통한 이야기 추론이 가능해서 제목과 표지를 통한 추론은 수업 도입으로 간단하게 진행했다. 《이 세상에 태어나길 참 잘했다》 표지에는 남자아이 3명이 자전거를 타고 있다. 이 2가지를 이용해 추론해 보도록 했다.

학생들에게 추론 활동을 하기 전 예상하기와 다른 활동임을 상기시켰다. 예상하기는 그동안 읽은 내용을 통해 앞으로 이어질 결과를 상상하여 쓰는 활동이지만, 지금 하는 활동은 결과를 통해 논리적으로 과정을 생각하는 활동이라고 했다.

"3명의 남자아이들이 주인공인 것 같아요."

"저희 또래 학생들인 것 같아요."

"자전거를 같이 타는 걸로 봐서 친한 친구들인 것 같아요."

학생들은 표지를 보고 이렇게 추론을 했다.

"친구들과 노는 게 재밌으니까 이 세상에 태어나길 참 잘했다고 지은 것 같아요."

(2) '작가의 말'을 통해 예상하기

표지와 제목을 통한 추론 활동이 끝나고 본격적으로 하게 될 활동을 아이들에게 안내했다. 작가가 이 책을 통해 말하고 싶은 주제 등을 이야기한 '작가의 말'을 통해 뒷이야기를 예상해 보는 활동이었다.

예상해 보는 활동 순서는 먼저 '작가의 말'을 읽으면서 학생들이 개별적으로 이어질 단서를 찾는다. 그다음 모둠끼리 단서를 공유하고 선별하는 활동을 한다. 마지막은 모둠에서 추린 단서를 통해 뒤에 이어질 내용을 예상하는 것이다.

먼저 '작가의 말'을 아이들이 한 명씩 돌아가며 읽게 했다. 그다음 아이들 각자 사건의 단서가 될 만한 단어나 문장에 밑줄을 긋도록 했다. 단어나 문장을 공책에 옮겨 적거나 접착식 메모지에 적는 방법도 있지만 빠른 진행을 위해 책에 밑줄을 긋는 방법을 제시했다.

몇몇 아이는 '작가의 말'에 다음과 같이 밑줄을 그었다.

벌써 몇 년 전 일입니다. 잘 아는 출판사 편집자가 어떤 교회에서 나오는 출판물에서 오려 왔다는 짤막한 기사를 나에게 보여 주었습니다. 6·25 때 실제로 있었던 이야기였습니다.(중략) 이 이야기를 꾸민 나의 첫 번째 소망도 아이들이 재밌어 하는 것입니다. 아이들 마음이 되어 아이들의 생활을 사실적으로 그리려고 이 ① 이야기의 주인공인 복동이 또래의 막내 손자의 도움을 많이 받았습니다. ② 복동이의 미국생활을 묘사하는 데도 그 애의 도움이 컸고, 그 애가 친구들과 신나게 놀고 와서 쓴 글짓기를 그대로 따다가 복동이의 어느 행복한 하루를 구성하는 데 써먹기도 했지요. (중략) 이 이야기를 꾸민 ③ 내 욕심도 재미 말고 또 하나 있는데 그건 아이들이 자기 생명을 존중하고 사랑하고 남의 생명의 가치도 존중할 줄 아는 편견 없는 사람이 되어 이 세상에 태어나길 참 잘했다고 감사하며 신나게 사는 것입니다. 편견이 옳지 않은 건 인종, 피부색에 대해서도 마찬가지라고 여기기 때문에 이야기의 무대를 서울보다는 ④ 다문화가정이 많을 것 같은 지방 도시로 하였습니다. 복동이를 미국에 보낸 것도 미국 구경을 시키기 위해서가 아니라 ⑤ 그 애가 친아빠, 이민족 의붓엄마, 이복형제 등 피부색이 다른 가족의 한 사람으로 적응해 가는 과정을 보여주고 싶어서였습니다.[1]

'작가의 말'을 다 읽고 난 뒤 모둠별로 자신이 찾은 단서를 공유하도록 했다. 이 과정은 개개인이 놓친 단서를 확인하고, 서로의 결과물을 보충하고 조언할 수 있다는 점에서 필요하다.

단서를 공유한 뒤 모둠별로 이야기를 예상해 보도록 했다. 개

---

1. 박완서 지음, 한성옥 그림, 《이 세상에 태어나길 참 잘했다》, 어린이 작가정신, 2009., 2~4쪽

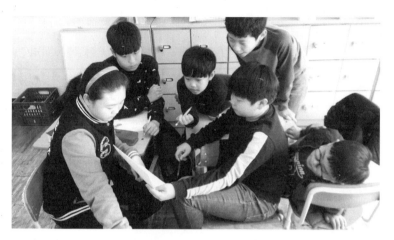

〈그림1〉 내용을 예상하기 위한 모둠별 토의

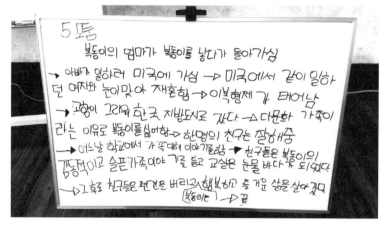

〈그림2〉 모둠별 토의를 통해 나온 내용 예상

별적으로 이야기를 추론할 경우 이야기가 중구난방이 될 때가 있어 모둠별로 협동하여 함께 추론하도록 했다. 모둠별로 협동할 경우 토의 과정을 통해 보다 정교화된 생각을 말할 수 있다.

학생들은 이야기를 쓰는 과정에서 등장인물과 배경을 설정하게 된다. 등장인물의 경우 ①과 ②를 통해 주인공이 복동이라는 것을 알 수 있으며, 학생들의 또래라는 설정을 하게 된다. 게다가 ⑤를 통해 가족 관계도 설정하게 된다. ④를 통해 다문화 가정이 많은 지방 도시로 배경을 설정한다. 이를 토대로 학생들은 ③의 주제를 담아 내기 위한 사건을 만들어 내기 시작한다. 이 과정에서 학생들은 이야기 속 인물, 배경, 사건을 구성하는 것에 대한 간접적인 경험을 할 수 있다.

학생들의 토의 결과를 표현하는 방법에는 글과 그림 형식이 있다. 그림으로 그릴 경우 쉽게 내용이 들어온다는 점에서 장점이 있지만, 그림 그리는 시간이 너무 길어질 경우 내용에 치중할 시간이 부족해지는 단점이 있다.

30분의 활동 시간이 끝나고 학생들이 적은 내용을 살펴보았다.

〈표1〉 모둠별 토의를 통해 예상한 줄거리 흐름

4모둠	복동의 엄마는 복동을 낳다가 돌아가심 → 친아빠는 복동을 위해 재혼함 → 복동의 새엄마는 미국인이었고, 이복형제도 같이 옴 → 적응을 해가던 어느 날 6·25로 아버지는 전쟁에 참전 → 가족은 미국으로 피난 → 그곳에서 인종차별로 많은 수모를 겪고 엎친 데 덮친 격으로 아버지가 전사하심 → 복동이는 죽으려 했으나 이복형제가 생명의 가치와 소중함을 말하며 살림
5모둠	복동의 엄마가 복동이를 낳다가 돌아가심 → 아빠가 일하러 미국에 가심 → 미국에서 같이 일하던 여자와 눈이 맞아 재혼함 → 이복형제가 태어남 → 고향이 그리워 한국 지방 도시로 감 → 다문화 가족이라는 이유로 복동을 싫어함 → 한 명의 친구는 잘해 줌 → 어느 날 학교에서 가족에 대해 이야기함 → 교실은 복동의 감동적이고 슬픈 가족사를 듣고 눈물바다가 됨 → 그 후 친구들은 편견을 버리고 복동이와 친하게 지냄

학생들이 쓴 이야기를 교실 뒤편에 게시하여 서로 다른 모둠들의 이야기를 읽어 보도록 했다. 단순히 다른 모둠이 쓴 내용을 읽는 것이 아니라 '작가의 말'에서 나온 단서를 잘 녹여 냈는지, 사건의 개연성(흐름)이 적절한지에 유의하여 살펴보도록 했다.

본격적으로 책을 읽기 전, 학생들이 추론한 내용을 책 앞장의 여백에 옮겨 적도록 했다.

책을 읽어 나가면서 책 내용과 자신이 예상한 것을 비교해 보도록 하기 위해서였다. 물론 대부분 학생이 예측한 내용은 책의 내용과 전혀 일치하지 않았지만 학생들은 자신이 예상한 내용이 나올까 기대하며 적극적으로 책을 읽었다. 읽기 전 활동이 학생들로 하여금 책을 읽는 적극성을 향상시킨 것이다.

학생들은 책을 읽는 중간중간 "아!" 하고 반응을 했다. 그 탄식은 예상이 맞아서 나온 소리이거나 혹은 생각하지 못한 결과가 나와서 나오는 소리였다. 예상한 결과가 맞고 틀리고가 중요한 것이 아니다. 예상하기는 학생들로 하여금 책 내용에 몰입하도록 하기 위한 하나의 방법이다.

읽는 중 활동/ 읽기 후 활동을 통한 이야기 예상

(1) 읽는 중 활동을 통한 이야기 예상하기

책을 읽는 도중에 앞으로 이어질 내용을 예상해 보는 활동은 학생들의 추론 능력을 높인다. 추론을 하기 위해서는 등장인물,

배경에 대한 이해가 깊을수록 좋다. 배경 속에서 등장인물은 다양한 사건을 만들어 내기 때문이다.

등장인물을 이해하기 위해서 등장인물의 성격과 삶에 대한 관점 등을 체크하도록 했고, 이야기의 배경을 이해하기 위해서 시간적 배경과 공간적 배경이 나올 경우 체크하도록 했다.

《이 세상에 태어나길 참 잘했다》에서 주인공 복동이 처한 상황을 알고, 복동이 한 말과 행동을 찾아보는 활동을 3차시에 걸쳐 진행하였다. 학생들이 찾은 단서는 복동을 소개하는 카드 내용이 된다. 소개 카드는 이 단원을 거치고 책을 읽는 내내 진행되는데, 학생들이 이어질 이야기를 예상하는 데 중요한 단서가 된다.

> 내 이름은 김복동이다. 새 학기가 시작되는 첫날 선생님이 출석 부르실 때 복동이라고 하지 않으시고 복뎅이라고 하시면서 조금 웃으니까 아이들도 따라 웃었다. (중략) 나는 내 이름이 우습지도 부끄럽지도 않지만 그 울림이 슬픈 적은 종종 있다. 아빠가 내 이름을 지은 내력을 알게 되고부터이다.[2]

이 부분에서 몇몇 학생은 복동의 소개 카드에 '별명은 김복뎅'이라고 적었다. 복동이 소개 카드를 만들 때에는 교사가 발문을 통해 설명해 주는 것보다 학생들 스스로 자신만의 복동이 소개 카드를 만든 후 짝이나 모둠끼리 돌려 가며 확인하도록 하는 것이 좋다. 어떤 학생에게는 소개 카드에 별명이 들어가지만, 어떤

---

2. 《이 세상에 태어나길 참 잘했다》, 14쪽

학생의 소개 카드에는 들어가지 않기 때문이다.

> 나는 이모하고 산다. 외할머니도 가까이에 사시지만 외삼촌하고 같이 사신다. 아빠는 지금 미국에 사신다. 엄마는 나를 낳자마자 돌아가셨다고 한다. 내가 뱃속에 있을 때, 이미 엄마는 죽기로 돼 있었던 모양이다.[3]

> 나는 버림받은 아이다. 되는대로 살아도 뭐랄 사람이 없다. 이모의 잔소리쯤 한 귀로 듣고 한 귀로 흘리면 된다.[4]

학생들은 복동의 배경이 나오자 이를 복동이 소개 카드에 적기 시작했다. 복동이 이모에 대해 갖고 있는 태도도 이야기 추론에 중요한 단서가 된다고 판단한 것이다.

> 한번은 어둑어둑해질 때까지 PC방에서 게임을 하다가 나온 적이 있는데 저만치서 이모가 절룩대며 나를 찾아 나선 걸 보자,[5]

이모가 복동을 찾아 나서는 이 부분에서는 학생들에게 책을 덮게 하고, 필자가 읽어 주었다. 책을 덮은 이유는 학생들이 눈으로 뒷내용을 읽는 경우를 막아, 이런 상황에서 복동은 과연 어떻게

---

3. 《이 세상에 태어나길 참 잘했다》, 15쪽
4. 《이 세상에 태어나길 참 잘했다》, 18쪽
5. 《이 세상에 태어나길 참 잘했다》, 28쪽

행동할지 예상해 보도록 하기 위해서였다. 그리고 학생들에게 모둠끼리 토의를 한 후 발표하도록 했다. 다리를 저는 이모가 부끄러워서 도망갔다고 말하는 모둠이 대부분이었다. 다시 책을 펴서 함께 읽으며 뒷내용을 확인했다. 학생들의 예상대로 복동은 옆길로 새서 집으로 먼저 도망 갔다. 학생들이 "역시!" 하며 맞장구를 쳤다.

> 내 방으로 들어올 때 나는 나도 모르게 문을 꽉 닫지 않고 1센티쯤 틈이 나게 닫았다. 이모하고 할머니하고 무슨 소리를 하는지 엿듣고 싶단 생각이 왜 들었을까? 나를 본 순간 두 분의 표정이 굳어지면서 하던 얘기를 뚝 그친 것 때문에 그때까지 어쩌면 내 얘기를 하고 있었는지도 모르겠다는 생각을 한 것 같았다. **6**

복동은 친구들과 신나게 놀고 온 뒤 할머니와 이모가 하는 이야기를 몰래 엿듣게 된다. 학생들에게 다음에 어떤 이야기가 나올지 모둠별로 토의해 보도록 했다. 아버지가 찾아왔다는 이야기, 미국으로 간다는 이야기 등 다양한 의견이 나왔다. 모둠별 토의 내용을 발표하며 학생들에게 생각을 공유하도록 한 후, 개연성과 논리성을 기준으로 하여 투표를 하게 했다. 아버지가 복동을 미국으로 부를 것이라는 이야기가 가장 많은 표를 받았다.

---

6. 《이 세상에 태어나길 참 잘했다》, 80쪽

그 날 집에 가니 또 외할머니가 와 계셨다. 이모와 할머니가 나를 맞는 표정으로 봐서 두 분이 정식으로 내 의견을 물어보려 한다는 걸 알아차렸다. 나는 그 문제를 두 분이 걱정하는 것처럼 그렇게 심각하지 않게 가볍게 넘기고 싶었다.[7]

복동의 아버지가 복동에게 미국으로 오라고 연락을 했다. 복동의 단짝 준걸과 국일도 어학 연수를 가는 상황이다. 여기서 학생들에게 자신이 복동이라면 어떤 선택을 했을지 예상해 보도록 했다. 책을 읽는 도중 중간중간 멈춰서 생각하는 활동은 학생들의 긴장감을 높이고 몰입도를 높인다.

(2) 읽기 후 활동을 통한 이야기 예상하기

《이 세상에 태어나길 참 잘했다》의 마지막 문단을 읽었다.

공항에는 내가 도착했을 때처럼 네 식구가 환송을 나와 주었다. 식구들과 따로따로 포옹을 하고 나서 맨 나중에 데니스를 안았다. 녀석이 나를 밀어내지 않고 가만히 있어 주어서 기뻤다. 녀석이 나만큼 자랐을 때 우리가 다시 만난다면 녀석과 나는 좋은 친구와 한 가족도 될 수 있을 것이다. 그때쯤은 녀석도 이 세상에 태어나길 참 잘했다고 생각할 수 있게 될 테니까.[8]

문단을 다 읽은 후에는 학생들이 스스로 책을 읽고 감동을 공유

---

7. 《이 세상에 태어나길 참 잘했다》, 85쪽
8. 《이 세상에 태어나길 참 잘했다》, 155쪽

하는 활동을 진행하였다. 학생들과 활동을 마치고 다음 수업 시간에 이어질 이야기를 써 보기로 하고 마무리 활동을 했다.

《이 세상에 태어나길 참 잘했다》의 마지막에는 복동이 미국에 있는 가족과 인사를 하고, 이복동생 데니스에 대한 생각을 한 채 끝이 난다.

이어질 내용을 예측해서 쓰게 할 때는 여러 학생에게 의견을 발표하게 함으로써 자신이 생각하지 못한 의견을 참고할 수 있도록 했다.

등장인물에 관해서는 읽기 중 활동으로 진행된 소개 카드를 참고하게 하였다.

"등장인물의 성격이 이야기 초반에 비해 어떻게 변화되었나요?" 하고 필자가 묻자 "복동이는 이모와 할머니의 소중함도 느끼고, 자신이 잘 태어났다고 느끼고 있어요."라고 한 학생이 답했다.

"이어질 배경은 어디가 될 것 같나요?" 라는 질문에는 다양한 의견이 나왔다.

"공항이요."

"몇 년 후 다시 미국 공항이요."

"준걸이와 국일이와 자주 놀던 공설운동장요."

등장인물과 배경에 대한 다양한 의견이 쏟아져 나온 후 학생들에게 작품의 뒷이야기를 써 보도록 했다. 학생들이 쓴 작품을 돌려 읽은 다음에는 '우리 반 소설가'를 뽑는 활동을 하였다. 다음

이야기는 이 활동에서 가장 많은 표를 얻고 뽑힌《이 세상에 태어나길 참 잘했다》의 뒷이야기이다.

　나는 혼자 한국행 비행기를 탔다. 비행기 좌석에 앉은 나는 머리가 복잡해졌다. 이모를 만나면 얼마나 기쁠까? 이모를 만나면 뭐라고 해야 할까? 내가 가면 준걸이와 국일이가 한국에 벌써 와 있을까? 하는 생각으로 머리가 복잡했다.
　몇 시간 비행 끝에 한국에 도착하였다. 마중 나온 할머니와 이모를 보니 너무 기뻤다. 나는 달려가 할머니와 이모를 끌어안았다. 할머니와 이모는 나를 보자 눈물을 흘리셨다. 나도 할머니와 이모의 눈물을 보자 울컥하였다. 할머니는 눈물을 흘리면서 나를 쳐다보며 말했다.
　"어유 ~ 내 새끼 잘 지냈어? 할머니 너 보고 싶어 죽는 줄 알았다."
　그러자 내가 말했다.
　"나도 할머니 보고 싶었어. 이젠 할머니 두고 가지 않을게. 이모! 나 보니까 좋지?"
　이모는 울다가 갑자기 웃으면서 말했다.
　"그래~ 너 보니까 너무 좋다."
　우리는 싱글벙글 웃으면서 집으로 돌아왔다.
　나는 집에 오자마자 준걸이네 집과 국일이네 집에 급하게 전화를 했다. 전화를 하자 준걸이가 받았다. 준걸이 목소리를 들으니 기분이 날아갈 듯이 기뻤다. 나는 준걸이에게 말했다.
　"야~ 준걸아! 나 복동이다! 잘 지냈냐?"
　준걸이는 나인 걸 알고 웃으며 말했다.
　"어머~ 복뎅씨 잘 지냈니! 넌 미국 재미있었냐? 우리 오랜만에 국일이까지 껴서 운동장에서 자전거 탈래?"

"어! 좋지! 그럼 네가 국일이 데리고 2시에 운동장으로 와라
~"

나는 운동장으로 갔다. 웬일인지 국일이와 준걸이가 벌써 나
와 있었다. 이때 ! 나는 미국 가서 영어 좀 배웠다고 자랑이 하
고 싶었다. 그래서 영어로 인사를 했다.

"Hello~ How are you?"

'안녕 ? 잘 지냈니?'라는 뜻이다.

준걸이와 국일이는 당황했는지 서로 대답하라고 떠넘겼다.
나는 뭔가 뿌듯하였다.

우리는 자전거를 탔다. 나는 삶이란 이런 걸까?라는 생각이
들었다. 멀리서 국일이와 준걸이가 빨리 오라고 부르자 나는
큰소리로 대답했다.

"알았어~ 갈게!"

나는 정말 이 세상에 태어나길 참 잘했다.

등장인물과 자신의 삶을 연관 지어 표현하기

복동은 자신의 환경과 삶에 대해 부정적으로 생각하는데, 많은
학생이 복동이 소개 카드를 만들며 이를 이미 파악하고 있었다.
이번에는 복동의 삶의 태도와 자신의 삶의 태도를 비교해 보도록
했다.

그러니까 복동이는 아빠가 지어 준 이름이다. 아니 실은 아
빠가 지어 준 이름도 아니다. 외할머니는 그때 나만 보면 안고

예뻐하다가도 내동댕이치듯이 밀어내고는 '아이고 이 지지리 복도 없는 새끼.' 또는 '얼굴만 훤해가지고 어쩌면 이렇게 복을 못 타고 났냐.'고 마치 원수 보듯 구박을 했다고 한다. 아빠는 그게 섭섭했던지 슬픈 얼굴로 뛰쳐나가 내 이름을 복동이라고 지어 호적에 올렸단다. 아들의 복을 빌어 그렇게 이름을 지었다면 듣기엔 좀 촌스럽긴 해도 참아 줄 만한데 단지 장모님한테 반항하기 위해서 그렇게 했다면 그 무성의는 아빠로서의 자격을 의심케 하지만, 까짓것 신경 쓰지 않으려 한다. 나는 버림받은 아이다. 되는대로 살아도 뭐랄 사람이 없다. 이모의 잔소리쯤 한 귀로 듣고 한 귀로 흘리면 된다.

내가 좀 더 커서 독립하게 되면 내가 직접 내 이름을 지어서 쓸 작정이다. (중략) 아버지의 무성의한 선물을 여봐란듯이 벗어던지기 위해서라도 하루 빨리 어른이 되고 싶다.[9]

이 문장에서 복동의 부정적인 삶의 태도를 확인할 수 있다. 학생들에게 복동이 어떤 삶을 추구할지 생각해 보도록 하였다. 학생들은 감정이입을 하며 자신이 복동이라면 "삶을 부정적으로 살았을 것 같아요.", "살고 싶지 않았을 것 같아요." 등으로 답했다. 이어서 복동의 삶의 태도와 자신의 삶의 태도를 비교해 보도록 했다.

학생들 중에는 조손 가족, 편부모 가족도 있었고 복동의 삶처럼 자신의 삶도 불행하다고 생각하는 학생도 있었다. 학생들은 선뜻 자신의 생각을 발표하지 않았는데, 발표하기를 부끄러워하

---

9. 《이 세상에 태어나길 참 잘했다》, 18쪽

거나 싫어할 경우에는 강요하지 않는 것이 좋다.

학생들은 대부분 복동에게 힘을 주고 싶다고 했다. 복동에게 힘을 줄 수 있는 방법에 대해 토의를 했는데, 다양한 답변이 나왔다.

1. 복동에게 새로운 이름 지어 주기
2. 복동의 친구 돼 주기
3. 복동을 응원해 주기
4. 복동을 알아 주고 인정해 주기

학생들 각자 복동에게 새로운 이름을 지어 준 후 투표를 했는데 가장 많은 학생이 원한 복동의 새로운 이름은 김희망이었다. 이름처럼 희망적으로 살라는 의미라고 말했다.

이어서 학생들은 복동을 알아 주고 인정해야 한다고 답한 것을 토대로 사소한 것들에 대한 가치를 생각하는 수업을 구성하였다. 먼저 교실 밖으로 나가 화단 앞에 앉아 김춘수의 시 〈꽃〉을 함께 읽었다.

꽃

김춘수

내가 그의 이름을 불러 주기 전에는
그는 다만
하나의 몸짓에 지나지 않았다.

내가 그의 이름을 불러주었을 때,
그는 나에게로 와서
꽃이 되었다.

내가 그의 이름을 불러준 것처럼
나의 이 빛깔과 향기에 알맞은
누가 나의 이름을 불러다오.
그에게로 가서 나도
그의 꽃이 되고 싶다.

우리들은 모두
무엇이 되고 싶다.
너는 나에게 나는 너에게
잊혀지지 않는 하나의 눈짓이 되고 싶다.

  그리고 1학기에 읽었던 〈옥상 위의 민들레꽃〉과도 연계하여 수업을 진행하였다. 학생들은 민들레 화단에서는 민들레가 주인공이지만 다른 화단에서는 잡초가 될 수 있다는 것을 알았다. 이를 통해 학생들은 관점의 중요성을 알게 되었는데, 이렇게 학생들에게 사람들로부터 무시당하는 잡초들 역시 주인공이 될 수 있음을 깨닫게 하며 간접적으로나마 인간 존재의 가치를 생각해 볼 수 있도록 하였다.
  학생들은 화단에서 자라며 이름이 붙여진 맨드라미, 금잔화 등이 아니라, 우리가 잡초라고 부르는 풀들을 다시 관찰하는 시간을 가졌다. 이 과정에서 학생들은 그동안 우리가 관심을 갖지 않았던 풀들을 자세히 관찰할 수 있는 기회를 가졌다. 나는 미술 교과와 통합하여 이름 모를 풀들을 관찰해서 그림으로 그려 보도록 했다. 학생들은 더 나아가 이름 모를 풀들에 이름을 붙여 보기도 했다. 학생들이 야외 활동을 하고 교실로 돌아오자 잡초 관찰하기와 복동의 삶을 연결 지어 보도록 했다. 학생들의 사고가 확장되는 것을 느낄 수 있었다. 학생들은 어느새 복동과 같은 친구에게는 관심을 가져 주는 것, 존재를 인정해 주는 것이 살아가는 원동력이 될 수 있음을 깨닫는 눈치였다. 이어서 복동에게 짧게 편지를 쓰는 시간을 가졌다.

〈복동에게 쓴 편지〉

복동이에게
안녕 복동아 나는 ○○ 형아야.
내가 6학년 때 너의 이야기인 《이 세상에 태어나길 참 잘했다》를 감명 깊게 읽었어.
처음에 책을 읽을 때 너의 한 귀로 듣고 한 귀로 흘리고 자기 자신이 버림받았다고 생각할 때 정말 걱정이 되었어. 하지만 점차 책을 읽으며 너의 긍정적인 면이 조금씩 보이니까 읽는 내내 뿌듯했단다.
책을 읽으며 너의 경험으로 인한 생각들이 새싹처럼 자라나는 게 보였어. 특히 이모가 걱정할까봐 일찍 집에 들어오는 것을 보고 정말 철들었다 생각하고 감탄했어.
또 하나 감탄한 것은 브라운 박사님의 6·25 당시의 이야기를 통해 네가 이 세상에 태어나길 참 잘했다.라고 느꼈을 때 정

〈그림3〉 아이들이 교정에 있는 풀을 관찰하고 그리는 모습

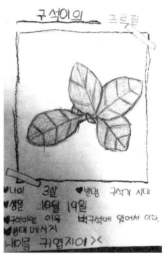

〈그림4〉 학생들이 학교 운동장 화단에서 풀들을 관찰하고 그린 그림

말 감동적이면서도 굉장히 와 닿았어.

　복동아 너의 그 이 세상에 태어나길 참 잘했다는 마음을 잃어버리지 말고 되새기길 바래. 그럼 복동아 안녕.

　여기 가족들한테 나를 적응시키는 일이 좀처럼 진도가 안 나가는 건 나의 노력이 부족하기 때문이라는 건 나도 알고 있었

다. 정직하게 말하면 나는 아버지하고는 좀 더 친해지고 싶었
다. 데니스를 의식해서 그런 마음을 감추고 모든 식구들에게
공평하게 손님처럼 적당한 거리를 유지하면서 지내는 게 가면
을 쓰고 사는 것처럼 부자연스럽고 갑갑해지기 시작했다.[10]

복동은 미국에서 가족과 어울리지 못하는 자신을 합리화하고
있다. 복동은 아버지와 친해지고 싶었지만 가면을 쓴 채 자신의
감정을 숨기고 생활하고 있었던 것이다. 학생들은 일상생활 속에
서 복동과 비슷한 심정을 느낀 적이 있다고 말했다. 등장인물의
삶과 학생들의 삶이 공유가 된 것이다. '가면(Persona)'이라는 소
재에 학생들은 상당한 관심을 보였다. 복동이 가면을 쓰고 자신
의 속마음을 숨긴 것처럼 학생들에게 가면을 썼던 경험들을 발표
해 보도록 했다. '친구들이랑 놀다 기분이 나빴지만 괜찮은 척했
던 가면', '가족끼리 치킨을 먹다 더 먹고 싶었지만 배부르다고 했
던 가면' 등 학생들의 경험에서 복동과 유사한 모습들이 다양하
게 나왔다.

가면에 대한 발표가 끝나고 책을 읽어 나갔다. 그다음 날 학생들
일기 검사를 하는데 많은 학생이 '가면'을 소재로 일기를 써 왔다.

가면

조건희

국어시간에 가면에 대하여 배웠다. 가면에는 두 가지 뜻이

---

10. 《이 세상에 태어나길 참 잘했다》, 134쪽

있다. 첫 번째 뜻은 나무, 종이 등으로 만든 얼굴 모형의 탈이다. 두 번째 뜻은 거짓으로 꾸민 표정을 말한다.

가면을 쓰는 것의 장점은 자신의 속마음을 들키지 않는다는 것이다. 단점은 계속 가면을 쓰면 자신의 감정을 표현하지 않게 돼서 하고 싶은 말이 계속 쌓여 스트레스가 생기는 것이다.

나는 형에게 놀림을 받은 적이 있었다. 그 때마다 슬펐지만 아무렇지도 않은 척을 했다. 아무렇지도 않은 척 가면을 쓴 것이다.

나는 가면을 쓰는 것이 좋지 않다고 생각한다. 자신이 말하고 싶은 감정을 표현하지 않음으로써 계속 다른 사람의 의견에 끌려가게 되고, 스트레스도 쌓이기 때문이다.

가면을 쓰는 것은 결국은 내 자신을 감추는 것이다. 그러므로 우리는 가면을 벗어야 한다.

복동은 미국으로 어학연수를 가게 된다. 미국에는 아버지와 새엄마, 이복형제인 데니스와 엘리스가 있었다. 어릴 적 자신을 버리고 간 아버지에 대한 마음으로 복동은 아버지에게 거리감을 느낀다. 그러던 어느 날 복동은 아버지의 속마음을 우연히 보게 된다.

계단이 다한 끝은 곧장 불빛이 새어 나오는 문이었다. 가만히 밀어 보니 쉽게 열렸고 그 안엔 아버지 혼자였다. 소파에 깊숙이 파묻혀 한국 드라마를 보고 있었다. 이모하고 외할머니가 좋아하는 김수현 드라마였다. 나를 흘긋 쳐다보고 나서 다시 골똘하게 화면을 바라보는 ① 아버지의 옆얼굴은 쓸쓸하고 고독해 보였다. 내가 그냥 서 있자 아버지가 옆에 와 앉으라고 손짓했다. (중략) 그 대신 뒤로 다가가 아버지의 어깨를 안았다.

할머니를 뒤에서 안았을 때처럼 부피 없이 앙상한 어깨가 만져졌다. 가슴이 짠했다. 이런 느낌은 처음이었다. 아버지가 당신의 앞가슴에 깍지를 낀 내 손을 만져 보면서 다 컸구나, 한숨처럼 중얼거렸다. 나는 손을 빼내어 아버지 어깨를 주물러 드리기 시작했다. 외할머니 어깨를 주물러 드려 봐서 어디에 힘을 주면 ② 어른들이 시원해하는지, 어른들의 근육이 뭉쳐 있는 곳을 대강 안다.[11]

복동의 아버지는 한국을 그리워하고 있었다. 그런 아버지의 남 모를 모습을 보고 복동은 아버지를 안고 어깨를 주물러 드렸다. ①과 같이 쓸쓸하고 고독해하는 아버지의 모습을 본 경험이 있는지 학생들에게 물어 봤다. 한 학생이 손을 들었다.

"월요일부터 금요일까지 아버지가 멀리서 일을 하시고, 주말마다 집에 계세요. 지난 주말에 저녁을 먹고, 엄마는 설거지를 하고 아빠랑 저랑 TV를 보고 있었어요. 잠깐 봤는데 아버지의 모습이 쓸쓸해 보였어요."

좀 더 구체적으로 그렇게 느낀 이유를 물어 보았다.

그러자 "아빠가 저를 위해서 돈을 버시잖아요. 겨울이고 해서 힘드신 것 같았어요." 하고 말했다.

어머니에 대해서는 학생들 대부분이 애증을 느끼고 있었다. 자신을 가장 많이 챙기고 생각해 주는 존재이기도 하지만, 가장 잔소리도 많이 하기 때문이다. 그러나 아버지에 대해서는 학생들이

---

11. 《이 세상에 태어나길 참 잘했다》, 140쪽

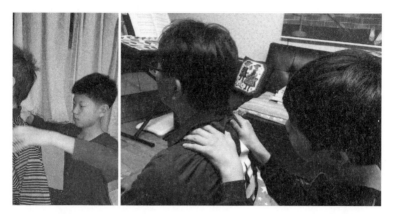

〈그림5〉 책 속 아버지 어깨 주무르는 내용 연계 미션 수행 : '시원하다'라는 표현을 듣고, 관용적 표현 설명하기

말을 하지 못했다. 아버지를 볼 수 있는 기회나 시간이 많지 않기 때문일 것이다. 학생들에게 아버지를 생각하며 복동이가 느꼈던 것처럼 자신의 감정과 짧은 글을 써 보도록 했다.

> 아빠, 아빠가 늦게 들어오실 때
> 조금 쓸쓸해 보였어요. 그런데 제가
> 쑥쓰러움을 많이 타서 잘 다가가지 못했는데
> 이제부터는 제가 먼저 다가가서 힘 드릴게요
> 아빠 힘내시고 사랑합니다.

> 아빠가 렉카 일을 하시느라 집에 자주 못 오시잖아요. 그래서인지 엄마와만 많이 친밀해져서 아빠와는 많이 서먹해요. 아빠와 서먹하니 집에와도 얘기도 안하고 아빠가 많이 쓸쓸해보여요.

이 세상에 태어나길 참 잘했다. 책에 나오는 아버지도 쓸쓸해 보였어요.

앞으로는 집에 자주 못 와도 얘기도 많이 해서 아빠가 쓸쓸하지 않았으면 좋겠어요.

학생들에게 아버지는 자신들을 위해 무거운 책임감을 지고 있는 고마운 분이었다. 학생들에게 아버지에게 보답할 수 있는 방법들을 생각해 보도록 했다. 아버지께 편지 쓰기, 안마해 드리기 등 다양한 방안이 나왔다. 책 속에서 안마하기는 복동과 아버지 사이의 어색함이 풀어지는 계기이기도 하다. 학생들이 책 속 복동이의 방법을 자신의 삶으로 가져온 것이다.

②처럼 어른들은 안마를 해 주면 '시원하다'고 한다. 여기서 시원하다는 관용적 표현이다. 문법 학습을 위해 학생들에게 주말 동안 아버지께 안마를 해 드리고 '시원하다'는 관용적 표현 듣기 미션을 주었다. 그리고 아버지께 "시원하다"라는 말을 들으면 학생들이 배운 것을 토대로 '시원하다'가 왜 관용적 표현인지, 다른 관용적 표현에는 어떤 것들이 있는지 설명하도록 했다.

주말이 지나고 학교로 돌아와 학생들과 주말 동안 아버지께 안마를 해 드렸던 이야기를 나누었다. 학생들 대부분이 미션에 성공했다. 학생들 각자 성공 소감을 말했다.

"주말에 아버지와 대화할 수 있는 시간이 되었어요."

"아버지가 관용적 표현을 잘 이해한 것 같다며 칭찬해 줬어요."

한 학생은 아버지에게 계속 안마를 했지만 원하는 대답인 "시원하다"라는 말 대신 "미지근하다"라는 말만 들었다며 투덜거렸다. 아버지의 장난에 학생들이 웃었다.

수업 시간에 배운 것을 가족에게 설명하거나 가족과 함께 활동하는 미션을 숙제로 내주면 가족 관계를 화목하게 하는 효과를 얻을 수도 있다

다양한 장르로 변환하기

초등학교 국어 교과에서는 문학작품으로 시, 수필, 소설, 희곡 등을 다루고 있는데, 깊이 읽기 수업을 하게 되면 다양한 장르를 접하기 어렵다는 한계가 있다. 이에 소설을 다양한 장르로 변환하는 수업을 진행했다. 작품 속 이야기를 주제삼아 시를 써 보는 활동과, 작품 일부분을 정해서 영화를 찍는 프로젝트 수업을 진행하였다.

먼저 시를 쓰기 위해 사전 활동으로 읽은 부분까지 특별히 감명 깊었던 내용과 사건들을 떠올려 보도록 했다. 시의 소재가 책에 있다는 점에서 일반적인 시 쓰기와 차이가 있다.

《이 세상에 태어나길 참 잘했다》는 총 12개의 장으로 구성되어 있는데, 1~6장은 복동에 대한 소개와 복동과 친구들 사이의 우정을 다루며, 7장부터는 아버지를 만나게 되는 복동의 미국 생활과 그로 인한 성격 변화가 나온다. 시 쓰기에서는 6장까지의 내용을

바탕으로 했다. 7장부터는 이야기 전개가 극적으로 변하기 때문이다. 또한 6장까지는 복동과 친구들의 우정과 관련된 이야기가 주를 이루기 때문에 학생들이 시 쓰기 소재를 고르는데도 쉬울 것이라고 생각했다.

미련한 사람

황선영

미련한 사람
미련한 사람
나만 두고 가버린
미련한 사람

날 사랑해주지않는
미련한 사람
아이에게 사랑,
책임감 못 느낀
미련한 사람

어머니 돌아가신게
나 때문이더냐
어머니 힘들게 한
무서운 병이지

한번 날 보고
복동이라는 이름
선물 남기고

나를 호적에 올려주고
다시 가버린
미련한 사람

그다음으로 학생들이 책 속 이야기를 시나리오로 바꾸어 써 본 후, 그 시나리오를 토대로 짧은 영화를 만들어 보는 프로젝트 수업을 계획하였다. 복동이 미국으로 가기 전인 6장까지 이야기를 시나리오로 바꿔 보도록 했다. 시나리오가 익숙하지 않은 학생들에게 시나리오는 영화의 대본이라는 것과 연극보다는 장면 변경이 쉽다는 특징을 이야기한 후 시나리오의 형식에 대해 설명을 해 주었다. 나는 이를 위해 다음과 같은 표를 기본 예시로 제시해서 설명했다. 실제 영화에서는 '페이드아웃(fade out)'/'페이드인(fade in)' 같은 영상 효과를 동시에 기술하지만 학생들의 수준을 생각하여 생략할 수 있다.

〈표2〉 시나리오 기본 형식 예시

등장인물 :   배경 :   복동 : (행동) 대사   준걸 : (행동) 대사

6장까지 모둠별로 1장씩 맡아 시나리오 작업을 했다. 우리 반은 총 5모둠이었는데 분량이 적은 3장과 4장은 한 모둠이 하도록 했다. 다음은 학생들이 모둠별로 토의하여 쓴 시나리오다.

(중략)
준걸: (다리를 털며) 농구 다시 할래?
복동: 국일이가 없어서 그런지 좀 그렇네. 나중에 하자.

〈그림6〉 오디션을 통해 주인공 복동으로 뽑힌 학생이 기뻐하고 있다.

〈그림7〉 촬영팀(총감독, 연출 감독, 캐스팅 등)이 배역 선출을 위해 토의하고 있다.

〈장소 : 복동 집〉

이모: (다급하게) 국일이 어쩌다 금이 갔니? 뭐 하고 놀았는데?

〈그림8〉 오디션 결과 주인공 3명(왼쪽부터 복동, 준선, 국일)이 결정되었다.

많이 아프다니?

복동: (귀찮은 듯이) 자전거 타다 넘어졌어요~

준걸: (다급한 목소리) 아, 다 왔다. 들이가자.

국일: 어.

　　　(문을 두드리고 국일이네 엄마가 문을 연다)

국일 엄마: 국일이냐? 친구들도 왔네?

국일: 엄마, 나 손목 다쳤어. 자전거 타다 넘어져서… 부러진

　　　것 같지는 않아.

국일 엄마: (걱정하듯이) 이를 어째. 요즘 너무 놀더라. 빨리 병

원 가자. 준걸이랑 복동이는 어떻게 할래?

(생략)

　　학생들이 쓴 시나리오를 바탕으로 하여 역을 나눴다. 모둠별
로 학생 수에 맞게 총감독, 촬영감독, 연출감독, 의상 디자인, 촬

영장 섭외, 캐스팅, 배우 등을 조정했다. 얼마 전 학급에서 사회와 창의적 체험활동, 음악 교과를 연계하여 UCC와 뮤직비디오를 촬영하는 수업을 했었는데, 감독 역할을 희망하는 학생들은 자신들이 제작한 UCC와 뮤직비디오를 발표해서 자신의 역량을 보여 주었다. 나머지 학생은 발표를 본 후 투표를 통해 감독을 선정하였다. 배우들은 감독들이 오디션으로 뽑았다. 배우를 희망하는 학생들은 자신이 원하는 배역의 대사를 외워 연기하였고, 감독들은 그 연기를 보고 배우를 선정하였다. 이렇게 역할을 배정한 후 연극 수업으로 계획된 창의적 체험활동 동아리활동 시간에 연극 강사에게 연기를 배웠다. 연기 지도를 받은 학생들은 분량을 정하여 방과 후 시간이나 주말을 이용해 자율적으로 영화를 촬영하였다.

학생들 스스로 읽기

나는 1년간 학생들과 책 3권을 함께 읽었다. 앞에서도 이야기했듯이 깊이 읽기의 최종 목표는 학생들 스스로 책을 깊이 있게 읽는 것이다. 학생들은 1년 동안 책을 읽어 온 방법을 토대로 모둠별로 《이 세상에 태어나길 참 잘했다》 중 '8. 미국 학교'를 스스로 읽었다.

학생들이 스스로 읽다 보면 내용을 놓칠 수도 있기에 모둠끼리 같이 읽고 반 전체가 다시 읽는 방식으로 진행했다. 구체적으로 설명하면, 모둠끼리 책을 읽을 때는 모둠 내에서 다양한 발문과 활동 등을 하면서 자유롭게 읽도록 했다. 모든 모둠이 다 읽은 후에는 반 전체 학생이 돌아가면서 한 문장씩 읽었는데, 모둠에서 했던 발문이나 활동이 나오면 발표하도록 했다. 모둠에서 진행한 활동을 전체 활동으로 확장하는 방식이었다. 학생들이 놓치는 부분이 있다면 교사가 추가 설명 및 활동을 하도록 구상했다.

모둠 활동을 시작하자 학생들은 모르는 단어가 나오면 스스로 찾아보았다. 등장인물이 어떤 감정일지 생각해 보고, 상황에 대해 자신의 생각을 써 보기도 했다. 모둠별로 같이 읽도록 했고, 다 같이 읽는 시간을 가졌다. 다 같이 읽을 때에는 교사 중심이 아닌 학생이 중심이 되도록 했다. 학생들이 스스로 발문을 하며 읽기를 진행하였고, 이야기를 읽은 후 하고 싶은 활동을 계획해 보도록 했다.

> 몇 주일 후 나는 학교를 가기 위해 시험을 보러 갔다. 그때 나는 영어를 거의 못했기 때문에 긴장하고 겁도 났다. 내 차례가 되어 나는 방으로 들어갔다. 처음으로 미국 사람과 말을 해 보는 거기 때문에 뭐라고 말해야 할지 몰랐다.[12]

'나는 학교를 가기 위해 시험을 보러 갔다.' 부분을 읽자 몇몇 학생이 손을 들어 '자신이 시험을 보러 갔던 경험'을 이야기하자고 했다. 학생들은 모둠별로, 자발적으로 자신이 긴장했던 시험

---

12. 《이 세상에 태어나길 참 잘했다》, 106쪽

이야기를 했다.

미국인과 인터뷰하는 부분에서 학생들은 처음 방에 들어갈 때 어떤 인사말을 할지에 관심을 가졌다. 대부분 학생은 "Hello.", "Hi." 정도로 짧게 말했는데, 한 학생이 "What's up? How are you?"라고 말하자 반 분위기가 웃음으로 화기애애해졌다.

> 그리고 마지막으로 "When is your birthday?"라고 말했다. 순간 나는 내 생일이 10월 18일이라는 것밖에는 아무것도 생각나지 않았다. 그래서 10월 18일을 "Ten eighteen."이라고 말했다.[13]

이 부분을 읽고 학생들은 모두 자신의 생일을 영어로 써 보자고 제시했다. 학생들은 '월'을 영어로 어떻게 써야 하는지 헷갈려 했지만, 칠판에 1월부터 12월까지 적어 주자 자신의 생일을 영어로 써 냈다. 학생들은 자신이 쓴 것을 바탕으로 영어 시간에 배운 "When is your birthday?" 문장을 활용하여 서로 생일을 묻고 답하는 시간을 가졌다.

> 다시 또 시간이 흘러 드디어 미국 학교에 갔다. 내가 상상한 것과 달리 학교가 여러 층으로 되어 있지 않고 한 반에 하나의 넓은 방이 있고, 우리나라 학교처럼 복도식이 아니라 나오면

---

13. 《이 세상에 태어나길 참 잘했다》, 106쪽

곧바로 놀이터이고 뒤쪽에는 아주 넓은 잔디밭이 있었다.[14]

여기에는 우리나라의 복도식 학교 모습과는 다른 미국의 학교 모습이 묘사되어 있다. 2, 3모둠에서 책 한쪽에 미국 학교의 모습을 그려 넣은 것을 보았다. 시간을 주자 학생들은 책 속에 나와 있는 단서들을 활용하여 미국의 학교 모습을 상상하여 그림으로 그렸다. '그림9'는 학생들이 상상한 미국 학교의 모습이다. 모둠별로 미국 학교 모습을 발표하였고, 책 속에 나와 있는 단서를 잘 살려 표현했는지 확인해 보았다. 조건은 ① 한 반에 넓은 방이 있는지, ② 나오면 곧바로 놀이터가 있는지, ③ 뒤쪽은 아주 넓은 잔디밭이 있는지 3가지였다.

〈그림9〉《이 세상에 태어나길 참 잘했다》를 바탕으로 미국 학교의 모습을 상상하여 그린 그림들

미국에서 한 가지 재미있는 놀이는 바로 핸드볼이다. 골대를 두 개 놓은 핸드볼이 아니라, 소프트 볼 한 개를 들고 벽에다가 치는 것인데 공이 한 번 이상 바닥에 튀면 지는 것이었다. 나는 처음에는 잘하지 못하였으나 나중에는 우리 반 아이들을 다 이

---

14. 《이 세상에 태어나길 참 잘했다》, 108쪽

길 정도가 되었다.[15]

책 속에 나온 미국식 핸드볼 놀이는 우리가 알고 있는 핸드볼과는 방식(서로 패스하며 골을 넣는 방식)이 달랐다. 따라서 수업을 계획할 때 우리가 아는 방식의 핸드볼 영상을 보여 준 후, 밖에 나가 책에 나온 방식과 우리가 아는 방식 모두로 핸드볼을 하며 비교해 보고자 하였다.

학생들은 우리가 알고 있는 방식의 핸드볼 영상을 보더니 "손으로 하는 축구네요. 공을 튀기지 않는 농구 같기도 해요"라고 했다. 이어서 미국식 핸드볼 놀이가 서술된 부분을 읽어 주자 학생들은, "어! 이거 벽팅이랑 비슷하네~" 하며 아는 체했다. 나는 처음 들어 보는 놀이였기에 '벽팅'의 의미를 물어 보았다. 아이들이 이구동성으로 "벽 팅기기의 줄임말인데, 점심시간에 탱탱볼 가지고 가끔 이렇게 놀아요."라고 대답했다. 학생들은 미국 아이들도 자신들과 비슷하게 논다며 신기해했다. 예상치 못했던 학생들의 반응에 나도 놀라서 점심시간에 벽팅과 핸드볼을 비교해 보기도 했다.

처음 며칠간은 나는 도시락을 싸 가지고 갔다. 그런데 학교 급식이 맛있어 보여서 한번 먹어 보기로 하였다. 그 학교에서는 급식을 받을 때 종이 받침 한 개를 들고 자기가 가지고 싶은 것만 가져간다. 내가 처음 먹었을 때는 피자가 나왔다. 나는 너

---

15. 《이 세상에 태어나길 참 잘했다》, 108쪽

무나도 기뻐하며 피자 한 조각을 받아들고 또 다른 여러 가지 먹을 것을 들고 갔다.[16]

이 부분은 읽자 학생들이 부러운 듯한 눈빛을 보였다. 학생들은 학교 급식이 뷔페식으로 바뀌면 어떨지 심정을 적어 보자고 말했는데, 학생들의 실제 생활과 비교가 필요하다는 생각이 들어 학교 급식과 비교하는 활동을 추가 구성했다.

"미국은 뷔페식으로 급식을 배식하네요. 우리 학교는 조리사 분들이 배식을 해 주죠? 두 방식의 장점과 단점을 모둠별로 토의해 봅시다."

<표3> 학생들이 토의한 뷔페와 배식의 장단점 비교

1모둠			
뷔페식		배식	
장점	자신이 먹고 싶은 것을 먹을 수 있다.	장점	음식이 남지 않는다.
단점	맛없는 음식만 남는다. 살이 찔 수 있다. 맛있는 음식은 모자란다.	단점	내가 먹고 싶은 것을 더 먹을 수 없다.

위 표는 1모둠 학생들이 뷔페와 배식의 장단점을 토의하고 비교한 내용이다. 이를 토대로 학생들에게 어떤 방식이 좋을지 투표해 보도록 했다. 학생들이 조사한 내용에 대한 투표는 학생들로 하여금 흥미를 높이며 수업 분위기를 유연하게 만든다. 학생

---

16. 《이 세상에 태어나길 참 잘했다》, 110쪽

들은 뷔페식보다는 배식에 더 많이 찬성 표를 던졌다.

이렇게 학생들이 토의한 내용을 토대로 한 투표 활동은 학생들의 흥미를 높여 적극적으로 참여하는 수업 분위기를 만든다.

> 어느 날 우리 학교에서 축제를 하였다. 우리는 학교 가까이에 있는 공원에 가서 비눗방울을 만들고 원반을 던지며 놀며 여러 가지 게임을 하며 놀았다. 이날은 하루 종일 친구들과 뛰어 놀고, 먹고, 기분이 너무 좋았다. 또, 이렇게 영어를 하면서 뛰어 놀기란 전혀 색다른 느낌이었다. 나는 속으로 아, 나도 이제 영어가 많이 늘었구나고 생각했다.[17]

미국 학교의 축제 이야기가 나왔다. 학생들은 이미 자신들만의 축제를 계획하고 있었다. 좋아하는 가수들 음악이 나오고, 부모님들이 만든 맛있는 음식을 먹으면서 자유롭게 놀기, 밤에는 레크리에이션 놀이와 극기체험 하기 등 학생들은 자신들만의 축제를 계획했다. '8. 미국학교'는 학생들이 스스로 읽었는데, 내가 걱정했던 것보다 상당히 깊이 있게 책을 읽어 갔다. 학생들은 이제 책을 어떻게 읽어야 하는지 알게 된 것이다.

감동 공유하기

《이 세상에 태어나길 참 잘했다》를 끝으로 1년간의 깊이 읽기

---

17. 《이 세상에 태어나길 참 잘했다》, 111쪽

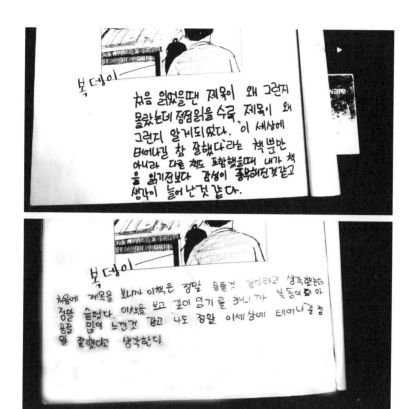

〈그림10〉《이 세상에 태어나길 참 잘했다》를 다 읽고 난 뒤 감정·생각 정리하기

수업이 끝났다. 마지막 수업시간에 학생들은 환호성을 질렀는데, 방학이 다가왔음을 알리는 신호이자 책을 다 읽었다는 성취감 때문이었다.

공항에는 내가 도착했을 때처럼 네 식구가 환송을 나와 주었다. 식구들과 따로따로 포옹을 하고 나서 맨 나중에 데니스를

〈그림11〉《이 세상에 태어나길 참 잘했다》를 다시 읽은 뒤 자신이 감명받은 부분을 적는 모습

〈그림12〉《이 세상에 태어나길 참 잘했다》를 다시 읽고 나서 자신이 감명받은 내용을 적어 화이트보드에 붙이고 분류하는 모습

안았다. 녀석이 나를 밀어내지 않고 가만히 있어 주어서 기뻤다. 녀석이 나만큼 자랐을 때 우리가 다시 만난다면 녀석과 나는 좋은 친구와 한 가족도 될 수 있을 것이다. 그때쯤은 녀석도 이 세상에 태어나길 참 잘했다고 생각할 수 있게 될 테니까.[18]

---

18. 《이 세상에 태어나길 참 잘했다》, 155쪽

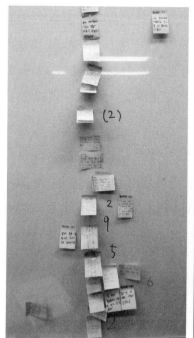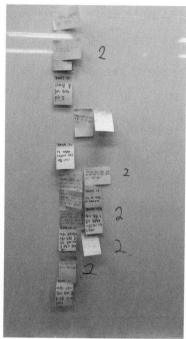

〈그림13〉 학생들이 《이 세상에 태어나길 참 잘했다》를 읽고 감명받은 부분을 쪽수에 따라 배열한 모습

　마지막 문단을 읽었다. 복동은 이 세상에 태어나길 참 잘했다고 느끼며 책의 처음에 비해 성장한 모습을 보인다. 학생들에게 책을 읽은 직후 자신이 태어난 것에 대해 써 보도록 하면 인위적일 것 같아, 책을 다 읽은 후의 자신의 생각을 가볍게 정리해 보는 것으로 마무리하였다. 물론 분량 제한은 없었다.

　학생들에게는 한 번 읽은 책은 다시 읽지 않는 버릇이 있었다. 이것은 학생들이 책을 끝마쳐야 하는 대상으로 인식하고 있음을 의미한다. 의미가 있는 책이라면 다시 꺼내서 읽을 수 있어야 한다. 학생들에게 책을 다시 읽으며 각자 감명 깊은 장면이나 대사를 개수에 상관없이 찾아 접착식 메모지에 적어 화이트보드에 붙이도록 했다. 학생들이 붙인 메모지를 페이지 순서대로 나열해 보니 여러 명의 학생이 동시에 감명받은 부분이 제법 많았다. 17명 중에서 9명이나 감명받은 부분도 있었다. 페이지 순서대로 다시 읽기를 시작했는데, 감명을 받았던 부분이 나오면 알아서 읽도록 했다. 이 활동은 학생들로 하여금 책을 다시 읽는 것에 대한 부담감을 덜어 주고 편안함을 느끼게 해 주었다. 또한 이 활동을 통해 다른 친구들과 생각을 공유할 수 있고, 다른 친구들과 생각이 다를 수 있으며 이를 존중해야 한다는 것도 깨달을 수 있었다.

7장

학년군에 따른 깊이 읽기

학년군에 따라 작품을 선정하여 활용 가능한 방법들을 안내한다. 학년마다 갖는 특성을 고려하여 활동 예시를 제시하기 위해 1~2학년군에서는 2학년 교과서에 제시된 글과 함께 동화 《프레드릭》(레오 리오니), 3~4학년군에서는 《우리는 한편이야》(정영애), 5~6학년군에서는 《마사코의 질문》(손연자)을 선정했다.

1. 1~2학년군: 눈높이에 맞는 깊이 읽기

저학년은 입말이 가장 발달하는 시기로 많은 이야기를 들려주는 것이 중요하다. 1~2학년 학생들은 워낙 책 읽어 주는 것을 좋아하기 때문에 교사는 학생들의 흥미를 유지하는 것에 중점을 둔다. 1~2학년은 책에 대한 친숙함을 느끼게 하는 시기라고 할 수 있다.

저학년(1~2학년) 학생들은 한 책을 여러 차시 동안 읽어 나가기에는 한계가 있다. 따라서 교사 중심으로 천천히 내용을 읽어 가면서 기초 문식성을 형성하는 것을 목표로 설정해야 한다. 완전한 깊이 읽기 방식의 수업을 적용하지는 못하지만, 유사한 활동을 한다는 점에서 '깊이 읽기'를 부분적으로 적용할 수 있다.

교과서로 깊이 읽기 적용 사례

2학년 교과서 국어(나) '7. 이렇게 생각해요'(194~199쪽)에 있는 내용을 통해 수업하는 사례이다.

이 사례는 문학이 아닌 비문학 지문을 깊이 읽기로 하는 수업이다. 저학년군의 경우에는 입말 지도가 중점적으로 이루어져야 하기 때문에 전체가 같이 읽도록 하는 방식이 좋다.

(1) 내용과 연관하여 자신의 경험 확장하기

1~2학년군의 특징은 자기중심적 이야기를 많이 한다는 것이다. 따라서 학생들에게 자신의 이야기를 많이 할 수 있는 기회를 제공해야 한다. 여기서 주의할 점은 학생들이 자신의 이야기만 하고 친구나 타인의 이야기를 듣지 않을 수 있기 때문에 학생들에게 자신의 이야기를 하고 친구들의 이야기를 듣도록 지도해야 한다. 내용과 관련된 경험이 있는지 학생들에게 물어 볼 경우 그 답변을 친구들끼리 서로 이야기하도록 한다.

> 오늘 우리 학교에서 자전거 타기 현장 체험 학습을 갔습니다. 아침부터 나는 마음이 설레었습니다.[1]

제시문의 첫 문장이다. 저학년군의 경우에는 한 문장씩 읽어

---

1. 국어 1~2학년군 교과서, 214쪽 참조

가면서 문장별로 점검해 주는 방법이 효과적이다. 제시문에 나온 것처럼 학생들이 다녀온 현장 체험학습에 대해 이야기해 보도록 한다.

"우리가 다녀왔던 현장 체험을 이야기해 봅시다."라고 발문을 하고 학생들로 하여금 경험을 떠올려 표현해 보도록 한다. 현장 체험학습을 가기 전이라면 "올해 현장 체험학습으로 가고 싶은 곳은 어디인가요?" 혹은 "지난해에 현장 체험학습은 어디로 다녀 왔나요?"라는 발문을 할 수 있다. 짝끼리 혹은 모둠끼리 체험학 습 경험에 대한 공유를 진행한다.

예를 들면 학생들은 "서울랜드를 다녀왔어요." 하고 이야기할 것이다. 그렇다면 현장 체험학습을 가기 전의 마음 등을 물어 본 다. 학생들은 글의 내용처럼 아침부터 설레서 일찍 일어났다거 나 전날 두근거려서 늦게 잤다는 등의 대답을 할 것이다.

이때 편하게 자신의 경험을 이야기하도록 해 줘야 한다. 교사 는 학생들의 답변을 들어 주되 마무리 활동으로 학생들의 답변과 교과서 상황을 유의미하게 연결해 주는 것이 좋다. 저학년의 경 우 정리 발문을 하지 않으면 학생들이 들떠서 산만한 수업 상황 이 전개될 수 있다. 자유롭게 이야기하되 다음 내용을 읽을 때에 는 의견들을 수렴하며 학생들의 주의를 끌도록 해야 한다. 예를 들어, "○○이는 잠을 설치며 일찍 깼다고 했고, ◇◇이는 전날 잠을 늦게 잤다고 했어요. 주인공 나도 마음이 설렜다고 하는데, 잠을 설쳤을까요? 일찍 깼을까요? 생각해 보면서 다음을 읽어볼

게요."라고 정리 발문을 하는 것이다.

저학년의 경우는 책의 내용과 관련한 자신의 경험을 많이 이야기할수록 신나 한다. 이 방법을 통해 책으로의 몰입이 쉽게 진행되는데, 책 내용과 자신의 경험 연결 짓기는 학생들의 몰입을 이끌어 내는 데 효과적이다.

(2) 다양한 감각을 자극하여 오감 열기

조작 활동이 학생들의 두뇌 활동을 자극하는 것처럼 다양한 감각을 자극하여 학생들의 오감을 열어 주자. 글은 눈으로만 읽는 것이 아니다. 다양한 감각을 활용해서 글을 읽을 수 있다. 글의 내용을 직접 느껴 보고, 코로 맡아 보는 등 오감이 열리는 독서는 학생들의 기억을 오래 유지하게 할 뿐 아니라 책에 대한 친숙도를 높일 수 있다.

> 시원한 강바람을 맞으며 자전거를 타고 신나게 달렸습니다.
> 맑은 하늘과 푸른 숲은 나의 마음까지 시원하게 해 주었습니다.[2]

시간적 여유가 있다면 직접 자전거를 타고 강 근처를 다니는 것이 좋다. 이런 활동은 촉각을 통한 활동인데 현실적인 여건을 고려해서 대체 활동을 진행할 수 있다. ① 야외로 나가 팔을 벌리

---

2. 국어 1~2학년군 교과서, 215쪽 참조

고 바람을 맞기, ② 교실 안에서 눈을 감고 상상하기, ③ 교실 내에서 손을 벌려 움직이기 등으로 대신할 수도 있다. 학생들이 이러한 경험이나 상상을 하게 되면 책에서 나오는 것처럼 시원한 느낌을 간접적으로나마 느끼게 된다.

"여러분, 일어나서 천천히, 뛰지 말고 손을 벌려 걸어 보세요. 천천히 손가락 사이로 지나가는 바람을 느껴 보세요."라고 발문할 수 있다. 신체를 움직여 보는 활동은 오랫동안 읽는 것이 힘든 저학년 학생들에게는 달콤한 재충전의 시간이 되기도 한다.

다양한 감각을 자극하는 활동을 할 수 있다. 예를 들어 책에 꽃이 나올 경우는 직접 화단으로 나가 꽃 냄새를 맡아 보고, 꽃잎의 맛을 보는 활동을 할 수 있다.

각자 현재의 느낌을 다양한 방법으로 표현해 보도록 하는 것도 좋다. 몸으로 표현하거나 음으로 표현해 보거나 그림으로 표현하는 등 다양한 방법으로 표현할 수 있다. 예를 들어 "여러분, 눈을 감아 보세요. 파란 하늘에 구름이 떠 있는 날 자전거를 타고 있다고 생각해 보세요. 차들이 많은 도로가 아니라 푸른색 나무들로 둘러싸인 숲 속이라고 생각하세요. 시원한 바람이 불어옵니다."라고 상상하는 단계를 거쳐 감정을 활성화시킨다. 눈을 감고 상상하기는 실제로 적용할 수 없는 상황에서 간접적으로 경험하도록 하는데, 장난스러운 분위기를 만들어 집중을 흐리지 않도록 주의가 필요하다. "눈을 뜨고, 그 기분을 몸으로 표현해 보세요." 혹은 "시원하면 어떤 소리를 낼 것 같나요?"와 같은 발문으로 책에 나온 상황으로 빠져들게 한다. 이러한 다양하게 표현해 보기는 학생들의 표현력을 향상시킨다.

(3) 이어질 내용 예측하고 지식 확장하기

저학년 수준의 글은 뒤이어 이어질 내용에 대해 궁금증을 자아내도록 되어 있는 경우가 많다. 특히 저학년용 그림책에서 이런 특성이 두드러지게 나타난다. '갑자기', '그때'와 같은 부사나 명사는 이야기의 반전에 자주 사용되는 단어이다. 이 표현을 비롯하여 교사가 사전에 책을 읽어 이야기의 전개가 바뀌는 부분에서는 이어질 내용에 대한 궁금증을 갖게 한다. 이러한 구성은 상상력을 자극하여 학생들로 하여금 책을 끝까지 읽게 만들며, 이러한 요소들 때문에 저학년 학생들은 책을 좋아한다. 뒷이야기가 궁금해서 빨리빨리 읽어 달라고 보채기도 한다. 이때 이어질 내용을 단순히 읽어 주는 것보다 한 템포 쉬면서 학생들에게 이어질 내용을 생각해 보도록 하면 학생들의 논리력과 추론 능력을 높일 수 있다.

> **교사** 그때 자전거 도로 옆으로 '녹색 버스'가 지나갔습니다.
> 그런데 그 '녹색 버스'는 연기를 전혀 내뿜지 않았습니다.
> **학생들** 선생님, 저 버스는 연기가 나지 않아요. 참 신기해요.

녹색 버스가 지나갔는데, 연기를 내뿜지 않는 버스였다. 여기서 유의할 점은 바로 앞에서 자전거를 타는 상황에서 급변하는

데, '그때' 부분을 크게 혹은 천천히 읽는 방법을 통해 분위기가 반전되는 것을 느낄 수 있도록 한다.

학생들이 알고 있는 버스는 연기를 내뿜는데 그렇지 않은 버스를 보고 그 이유를 생각해 보는 것에서 학생들은 재미있어 한다. "이 '녹색 버스'는 왜 연기를 내지 않을까요?"라는 질문을 하기 전에 "연기를 내뿜지 않는 차를 본 적이 있나요?"와 같은 사전 발문을 하는 것도 좋다. "왜 연기를 내지 않을까?"라는, 교사의 질문에 학생들은 예상치 못한 답변을 할 수 있다. "보이지 않는 매연을 내뿜어요."나 "연기를 뿜고 싶은데 방귀를 참는 것처럼 참아서요."와 같은 엉뚱한 답변이 나오더라도 수용적으로 받아 줄 수 있어야 한다.

> **교사** 저것은 전기자동차란다. 전기자동차는 석유를 쓰는 자동차와 달리 나쁜 연기가 없지.
> **학생들** 석유는 나쁜 것인가요?
> **교사** 석유나 석탄 같은 연료를 태우면 자동차를 움직이거나 여러 가지 물건을 만들 수 있단다.

'녹색 버스'는 전기자동차다. 책에 학생들에게 생소한 내용이나 지식이 나온다면, 교사가 미리 관련 자료를 준비하여 제시하는 것이 좋다. 전기자동차와 관련된 동영상이나 뉴스와 같은 적절한 자료를 간단히 제시할 때 학생들은 책 내용을 보다 잘 기억할 수 있다.

'석유나 석탄을 이용해서 여러 가지 물건을 만들 수 있다'는 것도 2학년 수준에서는 어려운 내용이다. 이럴 때는 하나의 이야기로 만들어 설명하는 것이 효과적이다. 예를 들어 '석유'와 '석탄'이라는 캐릭터를 간단한 손가락 인형으로 만들어서 이야기를 들려준다.

"석유와 석탄이는 땅속 깊은 곳에서 살고 있어요. 사람들은 자고 있던 석탄이를 캐거나 석유를 뽑아서 사용해요. 석탄이와 석유는 쓸모가 많아서 인기가 많거든요. 석유는 자동차의 밥이 되어 자동차를 움직이게 하고, 석탄이와 석유를 태우면 전기도 얻을 수 있어요. 우리가 입고 있는 옷과 플라스틱과 같은 물건도 만들 수 있어요."

(4) 이야기 교훈을 통한 기초 생활 습관 형성하기

저학년군에서 제시되는 이야기의 특징은 교훈적인 내용을 담고 있다는 것이다. 비평 능력이 형성되는 고학년부터는 교훈적인 내용 및 형식적인 전개에 궁금증을 제기하는 반면에, 저학년은 그러한 교훈을 쉽게 받아들이고 개연적인 이야기 전개 과정에 순응한다. 저학년의 목표인 기초 생활 습관 형성을 위해서 책을 통한 인성 교육도 많이 진행된다. 예를 들어 줄을 서서 차례를 잘 지키기, 부모님 말 잘 듣기와 같은 교훈을 담은 이야기를 통해 간접적으로 생활 습관을 내면화하는 것이다.

교사 하지만 너무 많이 쓰면 환경이 오염된단다. 환경오염은 자연뿐만 아니라 사람들에게도 큰 피해를 주게 되지. 그러니까 사람들은 오염 물질을 줄이도록 노력해야 해.

학생들 어떤 노력을 해야 해요?

교사 쓰레기를 함부로 버리지 말고 자원을 많이 재활용해야 한단다. 그리고 가까운 거리는 자전거를 타고 다니며, 버스나 지하철 같은 대중교통을 이용하는 습관이 필요하지.

이 이야기의 목적은 환경보호를 위한 마음가짐을 갖게 하는 것이다. 교훈을 통해 생활 태도를 형성하기 위해서는 환경오염을 막기 위한 방법들을 생각해 보고 그 방법들을 실제로 실천해야 한다. 앎이 삶으로 들어오도록 하는 방법인 것이다.

책에서는 쓰레기 재활용, 가까운 거리 자전거 타기, 대중교통 이용하기 방법이 나와 있지만, 확장하여 학생들에게 또 다른 방법이 없는지 질문하여 토의하게 한다. 여기서 학생들이 찾은 방법은 실천 가능성이 있어야 한다.

교과서에 제시된 3가지 방법은 ① 쓰레기 버리지 않고 재활용하기, ②가까운 거리 자전거 타고 다니기, ③ 버스나 지하철 같은 대중교통 이용하기다. 3가지 방법 모두 환경보호의 대안이지만 학생들이 스스로 할 수 있는 방법은 ①뿐이다. 따라서 ②, ③에 대해서는 교사가 학생들에게 부모님과 자전거를 타거나 대중교통을 이용하는 것도 좋은 대안이라는 것을 설명해 주면서, 학생들에게는 자신들이 스스로 할 수 있는 대안을 찾도록 가르쳐야 한다. 예를 들어 종이컵을 사용하지 않고 개인 컵을 사용하는 것은 학생들이 실제로 할 수 있는 방법이다. 이런 대안을 지속적으로 실천할 수 있도록 점검한다. 학생들이 실천하고 있는지 여부는 학생 스스로 자기평가를 하도록 한다. 구체적으로 학생들이 스스로 자신과 약속을 하고, 그 약속에 대해 지속적으로 상기하는 것이 바람직하다. 자신과의 약속은 눈을 감고 마음속의 나와 약속하기 활동을 하거나 나에게 쓰는 편지 쓰기로 진행할 수 있다. 자신과의 약속하기는 "눈을 감고, 여러분들이 마음속으로 한 생각을 스스로에게 약속을 해 보세요."라고 발문을 하며 눈을 감은 상태로 실제 손을 들어 약속하도록 자기 스스로에게 대화하는 방식으로 진행한다. 간단한 쪽지나 학습지를 통해 '나에게 쓰는 편지'를 써서 스스로에게 다짐하도록 한다.

<표1> 스스로 다짐하기 위해 '나에게 쓰는 편지'

나 _____은 환경보호를 위해서 _____ _____ _____를 하겠다고 다짐합니다. 　　　　　　날짜 :　　　　　　이름 :

끝으로 학생들이 자신과 한 약속 내용을 지속적으로 이야기해서 수업을 통해 배운 내용을 잊지 않도록 한다. 교사가 생활지도

를 할 때 단순히 "종이컵을 사용하지 마세요."라고 말하는 것보다는 "지난번에 읽었던 '모두를 위한 약속'에서 어떤 약속을 했죠?"라고 책의 내용과 교훈을 상기시키는 것이 효과적이다.

40분 수업은 다양한 활동을 하면서 책을 읽는 것으로 마무리된다. 깊이 읽기 수업에서는 책을 모두 읽은 후 내용 이해를 확인하는 별도의 문제를 푸는 것을 지양한다. 정리 활동으로 학생들이 오늘 배웠던 내용들을 짝에게 설명하거나 스스로 인상적인 부분을 다시 읽어 보는 방식이 깊이 읽기에는 더 적합한 방식이다.

깊이 읽기 수업이 꼭 이 책에서 제시하는 방식으로 전개될 필요는 없다. 교사의 성향과 학생들의 특성에 따라 수업은 다양한 모습으로 나타나기 마련이다. 잊지 말아야 할 것은 1~2학년군은 깊이 읽기를 위한 '사전 단계'라는 것이다. 다양한 활동을 통해 학생들이 책에 대한 친숙함을 갖게 하는 것이 중요하며, 빨리 내용을 보는 것보다 꼼꼼하게 읽어 가는 습관을 만들어 주는 것이 우선이다.

동화(그림책)로 깊이 읽기 수업 사례 — 《프레드릭》

《프레드릭》은 칼데콧 아너 상을 4번 수상한 레오 리오니의 작품으로 쥐 가족의 이야기이다. 가족이 열심히 겨울을 준비하는 동안 프레드릭은 '햇살'과 '색깔'과 '이야기'를 모은다. 추운 겨울

양식이 떨어졌을 때 프레드릭은 모아 둔 '햇살'과 '색깔'과 '이야기'로 가족이 겨울을 나게 한다. 이 이야기는 프레드릭이 하는 행동들을 틀리다고 보는 것이 아니라 다르다고 봄으로써 학생들에게 생각의 다양성을 인정하는 가치관을 길러 준다.

이 책을 선정한 이유는 첫째, 다양성에 대한 인식의 전환을 담고 있기 때문이다. 1~2학년군 학생들은 자기중심적 성향이 강해서 나와 다른 의견을 틀리다고 생각하는 아집에 빠질 수 있다. 이에 1~2학년군 학생들에게 틀림이 아닌 다름을 알게 하는 다양성에 대한 교육이 필요하다. 둘째, 《프레드릭》에 서술된 이야기와 삽화가 적절하다. 프레드릭과 가족 간의 대화와 내용에 대한 서술이 쉬운 표현으로 쓰여 있으며, 삽화는 콜라주 기법을 이용하면서 단순한 선으로 작품의 특성을 잘 표현했다.

(1) 이해한 내용 삽화로 표현하기

저학년군(1~2학년)은 색칠하기나 그림 그리기를 좋아한다. 이러한 특성을 활용하여 삽화를 그려 보는 활동을 진행할 수 있다. 저학년이 읽는 그림 동화책은 상상력을 자극한다는 점에서 글은 적고 삽화 위주로 구성돼 있다. 그림 동화책은 그림을 통해 내용을 이해할 수도 있어 해독 수준이 낮은 저학년에게 적합하다. 학생들이 해독 능력이 있고, 깊이 읽기를 통해 책을 몇 권 읽었다면 반대로 자신만의 그림책 혹은 모둠 그림책(협동 작품)을 만들어 볼 수도 있다. 그림책을 만들어 보는 활동을 할 때는 책에 나와 있는 삽화를 미리 보여 주지 않는 것이 좋다. 학생들이 그림책의 삽화를 보고 그리게 되면 아무래도 영향을 받기 때문이다. 따라서 글의 내용만을 읽어 주는 것이 좋은데, 글의 내용도 학생들이 스스로 적도록 한다. 학생들 스스로 내용을 적고, 나머지 부분에 그림을 그려 보면 자신만의 책이 된다.

> ① 소들이 풀을 뜯고 ② 말들이 뛰노는 풀밭이 있었습니다. 그 풀밭을 따라 오래된 ③ 돌담이 죽 둘러쳐져 있었습니다. ④ 헛간과 곳간에서 가까운 이 돌담에는 수다쟁이 들쥐 가족의 보금자리가 있었습니다. 농부들이 이사를 가자, 헛간은 버려지고 곳간은 텅 비었습니다.[3]

학생들이 알지 못하는 어휘인 헛간과 곳간이 나왔다면 교사 수준에서 그림을 보여 주고 설명해 주는 것이 좋다. 사전으로 찾는 활동은 중학년(3~4학년군) 이상부터 적용한다. 그런 후 학생들이 같이 읽은 부분을 직접 글로 쓰고, 내용에 맞게 삽화를 그린다.

삽화를 그리기 전 내용 속에서 찾을 수 있는 배경적 요소들에 대해 짚어 주는 것도 한 방법이다. 구체적으로 보면 총 4개의 요소를 찾을 수 있다. 위의 밑줄 친 4개의 요소를 선택적으로 그리도록 한다. 한두 가지를 선택적으로 그리는 것이 좋은데, 그렇지 않으면 학생들이 그림 그리는 것에 몰두하여 주객전도가 일어날

---

3. 레오 리오니 지음, 최순희 옮김, 《프레드릭》, 시공주니어, 1999

수 있다. 풀밭 옆에 돌담이 있는데, 풀밭에는 소·말들이 있고, 돌담 근처에는 헛간과 곳간이 있는 공간이 있다. 물론 학생들마다 구체적으로 구상한 이 공간의 모습은 다르다.

(2) 등장인물과 동일시하기

"프레드릭, 넌 왜 일을 안 하니?" 들쥐들이 물었습니다.
"나도 일하고 있어. 난 춥고 어두운 겨울날들을 위해 햇살을 모으는 중이야." 프레드릭이 대답했습니다.

어느 날, 들쥐들은 동그마니 앉아 풀밭을 내려다보고 있는 프레드릭을 보았습니다. 들쥐들은 또다시 물었습니다.
"프레드릭, 지금은 뭐해?"
"색깔을 모으고 있어. 겨울엔 온통 잿빛이잖아." 프레드릭이 짤막하게 대답했습니다.

한번은 프레드릭이 조는 듯이 보였습니다.
"프레드릭, 너 꿈꾸고 있지?"
들쥐들이 나무라듯 말했습니다. 그러나 프레드릭은, "아니야, 난 지금 이야기를 모으고 있어. 기나긴 겨울엔 얘깃거리가 동이 나잖아." 했습니다.[4]

겨울을 준비하면서 다른 쥐들은 곡식들을 모았지만, 프레드릭은 햇살과 색깔과 이야기를 모은다. 우리가 익히 알고 있는 《개미와 베짱이》의 교훈으로 본다면 프레드릭은 미래를 대비하지 않

---

4. 《프레드릭》

는 무책임한 모습이다. 틀렸다고 판단하기 십상이다. 학생들도 이런 프레드릭을 걱정한다. 그러나 프레드릭의 행동이 틀린 것이 아니라 나와 다른 것임을 가르치기 위해서 학생들에게 프레드릭 처럼 행동해 보도록 지도하는 것이 적절하다. 책에서처럼 학생들이 햇살과 색깔과 이야기를 모으는 것이다. 구체적인 실물이 아닌 추상적인 것들이기 때문에 이 모습은 학생들 각자 다양한 양상으로 나타나게 된다.

햇살을 모으기 위해 햇살이 비치는 날 밖으로 나가서 햇볕을 쬘 수도 있고 병에 햇살을 담을 수도 있다. 색깔을 모으는 방법은 색이라는 상징성으로 학생들이 색연필이나 크레파스 등을 떠올리기 쉬운데, 교사가 색에 대한 다양한 해석을 도와줄 경우 학생들이 보다 다양하게 접근할 수 있다. 학생들은 화단에 핀 금잔화의 주황빛, 흙의 검은색 등 우리 주변의 다양한 사물과 색을 발견할 수 있다.

이야기를 모으는 방법은 자신이 읽었던 책의 이야기, 자신이 타인에게 들었던 이야기 등을 알아 오거나 정리해 오는 것이다. 이렇게 학생들이 햇살과 색깔, 이야기를 모아 오면 서로 보여 주고 공유하는 활동으로 마무리한다. 학생들이 모아 온 햇살을 친구들에게 비추고, 모아 온 색깔을 보여 주고, 이야기를 말하는 활동을 진행한다. 학생들이 모아 온 햇살을 친구들에게 뿜어 주라고 하면 자신의 몸이 태양인 양 양팔을 벌려 햇볕을 주는 학생도 있고, 에너지파처럼 보이진 않지만 햇빛을 쏠 수도 있다. 모아 온

색깔을 발표할 때는 단순히 빨간색, 파란색이라는 하나의 색보다
는 실제로 보이는 색을 보여 주거나 여러 색이 혼합되어 있음을
설명하는 편이 좋다. 예를 들어 학생이 화단에 핀 진달래를 분홍
색으로 말한다면 직접 잎 하나를 사진으로 찍어 학생들에게 보여
주면서 진달래 안쪽의 진한 보랏빛과 연분홍빛 등 다채롭게 표현
하도록 한다.

이러한 활동을 통해 학생들은 자신과 프레드릭을 동일시하게
되며, 무조건 프레드릭을 무책임한 들쥐라고 생각하지 않게 된
다. 동일시를 경험한 학생들은 책의 교훈과 주제를 심도 있게 이
해한다.

(3) 프레드릭이 쓴 시를 감상하고 자신의 시 쓰기
프레드릭은 자신이 모아 온 이야기를 소재로 시를 읊는다.

하늘에 사는 들쥐 네 마리.
너희들과 나 같은 들쥐 네 마리.

봄쥐는 소나기를 몰고 온다네.
여름쥐는 온갖 꽃에 색칠을 하지.
가을쥐는 열매와 밀을 가져온다네.
겨울쥐는 오들오들 작은 몸을 웅크리지.

계절이 넷이니 얼마나 좋아?

넘치지도 모자라지도 않는 딱 사계절.[5]

프레드릭이 이야기를 마치자, 들쥐들은 박수를 치며 감탄을 했습니다.
"프레드릭, 넌 시인이야!"[6]

저학년 수준에서 시는 학생들의 생각을 재미있게 표현하는 것으로 한정한다. 학생들이 운율을 살리고 다양한 표현을 하는 것을 목적으로 하는 것이 아니라 자신의 생각을 편하게 표현하는 것을 중점으로 둔다. 운율을 살려 프레드릭이 쓴 시처럼 '~네', '~지'와 같은 어미로 끝내는 방식으로 쉽게 시작할 수도 있다.

먼저 학생들에게 자신이 모아 온 이야기를 친구들에게 이야기하도록 한다. 이는 입말 활동으로 가장 쉽게 접근할 수 있는 방법이다. 그 후 말한 것을 토대로 글로 옮긴다. 옮기는 과정에서 부담스럽지 않도록 편하게 자신의 이야기를 풀어 놓도록 한다. 시의 특성인 함축성을 살려서 표현해 보도록 하는데, 학생들에게 노래의 느낌처럼 표현해 보도록 하거나 음보율이나 음수율을 적용하여 표현하도록 한다. 저학년에게는 음보율이나 음수율이라는 용어를 사용하지 않고, 박수치기를 통해 리듬감을 살리도록 한다.

예를 들어 학생이 시 쓰기 활동으로 첫 연에서 '노란 노란 민들

5. 《프레드릭》

6. 《프레드릭》

레/ 나를 보며 웃는다'라고 쓴다면 '짝짝 짝짝 짝짝짝/ 짝짝 짝짝 짝짝짝' 박수를 쳐서 그 느낌에 맞게 다음에 이어질 연을 지도한 다.

시를 쓰는 것에 그치지 않고, 시를 읽어 보는 활동으로 연계한 다. 시를 읽는 활동을 할 때는 잔잔한 배경 음악을 틀어 주고 장 난스럽지 않은 분위기에서 진행될 수 있도록 한다.

2. 3~4학년군: 내용을 심화하는 깊이 읽기

중학년(3~4학년)은 내용 이해 위주의 활동이 주로 진행된다. 내용 이해를 토대로 등장인물의 감정 파악하기 같은 기초적인 활 동이 가능하다. 이 책 '4장 깊이 읽기 예시(1) 《자전거 도둑》'에서 책 내용에 공감하기 부분과 생각 심화하기 부분을 적용할 수 있 다. 30차시가 넘는 수업을 하기에 3~4학년 학생들의 집중도나 관 심도를 유지하기가 쉽지 않다. 따라서 일반적으로 3~4학년은 장 편 소설보다는 단편집을 읽히는 편이 좋다. 그렇다고 해서 모든 단편집을 적용할 수 있는 것도 아니다. 《자전거 도둑》의 경우 단 편이라는 조건에는 맞지만, 3~4학년 학생들이 읽기에는 낯선 어 휘가 많아 부적절할 수 있다. 장편소설을 선택할 경우 내용 이해 가 쉬운 수준의 책을 선택해야 한다. 3~4학년군 사례로 제시되는

《우리는 한편이야》(정영애) 같은 경우는 장편이지만 사건 전개가 부담스럽지 않고, 가족의 소중함을 느끼는 주제라 선택했다.

《우리는 한편이야》는 국어 4-1(가)에 수록된 동화로 한 살 터울 남매 이야기다. 부모님의 사소한 다툼이 이혼까지 이어지려고 하자, 남매는 그 속에서 이혼을 막기 위한 여러 노력을 한다. 이때 남매가 키우기로 한 강아지 송설이 사라져 가족이 모두 송설을 찾기 시작하면서 부모님의 관계가 조금씩 회복되어 간다.

《우리는 한편이야》로 깊이 읽기 수업

(1) 등장인물 소개 카드 만들기

중학년(3~4학년군)은 단순히 이야기를 읽는 것에 그치지 않고 글 속에 담긴 내용들을 받아들인다. 이러한 특성을 고려해 사건의 흐름을 이해하고 자신만의 방법으로 정리하는 연습이 필요하다. 이때 글로 기록하는 방법도 좋다. 등장인물을 묘사한 부분이 나올 경우 내용을 잘 이해하기 위해 등장인물 소개 카드를 만들게 한다. 시간의 흐름에 따라 이야기가 진행되는 상황이면 주요 사건들을 시간에 맞게 배열하여 정리한다. 이 2가지 활동은 학생들이 책을 읽은 직후 바로 진행하는 것이 효율적이다. 주말을 보내거나 3일 이상의 공백기가 있다면 이전 부분을 읽어 기억을 꺼내는 선행 활동이 따로 필요하기 때문이다.

《우리는 한편이야》의 '1. 나와 누나'에서는 누나의 성격이 묘사되어 있고 '2. 엄마와 아빠'에서는 엄마와 아빠의 직업, 성격, 관계에 대해 나온다. 소제목 1, 2장에서 중점적으로 등장인물 소개 카드를 채우는 수업을 진행할 수 있다.

우리 누나도 작년에 빵 학년이었어요. 그러니까 지금은 일 학년, 이름은 성진경이랍니다.

① 누나는 나보다 한 살 더 많지만 키는 작아요. 그래서 누나 같은 느낌이 들지 않을 때가 있어요. 처음 보는 사람들은 누나가 옆에 있는데도 내게 말해요.

"예쁜 여동생을 두었구나!"

② 그럴 때마다 누나는 금방 뾰로통해져서 또박또박 말해요.

"아니에요. 얘가 제 동생이고요, 저는 얘 누나예요"

누나를 동생이라고 해서 누나가 내 동생이 되는 것도 아니고, 나를 오빠라고 해서 내가 누나의 오빠가 되는 것도 아니잖아요. 그런데도 누나는 화가 나는 모양이에요.

③ 우리 누나는 무척 깔끔해요. 누나의 책상과 서랍 그리고 책가방은 항상 깨끗이 정리되어 있어요. 깔끔한 건 저도 좋아 해요. 하지만 우리 누나는 좀 심한 편이에요.[7]

엄마는 우리 누나가 머리는 좋은데 공부를 못한다고 했어요. 나는 그 말이 이해되지 않아 엄마에게 물었어요.

"엄마, 머리가 좋은데 왜 공부를 못해요?"

엄마는 알긴 아는데 그 이유를 꼭 집어서 말할 수 없대요.

나는 머리가 나쁠까 봐 걱정이에요. 하지만 머리가 나빠도 공부를 잘했으면 좋겠어요.

---

7. 정영애 지음, 원유미 그림, 《우리는 한편이야》, 푸른책들, 2008., 12쪽

④ 우리 누나는 받아쓰기를 못해요. 일 학년 이 학기가 시작된 지금까지 한 번도 100점을 못 맞았어요.

며칠 전에는 '바둑이'를 '바둘이'라고 써서 틀렸어요. 처음에는 엄마가 말로만 야단을 쳤어요.[8]

나는 누나를 무척 좋아해요. 누나만 있으면 심심하지 않기 때문이지요.

⑤ 우리 누나도 나를 좋아해요. 그래서 내가 원하는 것이면 무엇이든 다 들어줘요.

누나가 학교에서 돌아와 숙제장을 펼치기만 하면 난 갑자기 심심해져요. 그래서 나는 슬픈 목소리로 말해요.

"누나, 심심해."

누나는 책과 공책을 단숨에 탁탁 덮어 책가방에 넣어요.

"누나가 같이 놀아 줄게."

그리고 우리 둘은 친구가 되어 재미있게 놀아요.

"엄마가 학교 갔다 와서 바로 숙제하랬지?"

한밤중에 엄마에게 야단을 맞아 가며 숙제를 할 게 뻔한데도 우리 누나는 꼭 나와 놀아 줘요.[9]

작품 초반부에 등장인물 누나에 대해 알 수 있는 단서들이 나온다. 밑줄 친 부분을 통해 우리는 누나의 성격과 삶의 태도를 읽을 수 있다. ①을 통해서 누나의 키와 나이를 알 수 있다. ②에서는 키가 작지만 동생으로부터 누나로 인정받고 싶어 한다는 것을 알 수 있다. ③에서는 누나의 깔끔한 성격, ④에서 누나가 받아쓰

---

8. 《우리는 한편이야》, 13쪽
9. 《우리는 한편이야》, 16쪽

기를 어려워한다는 점을, ⑤에서는 '나'와 잘 놀아 주는 누나의 성격을 읽을 수 있다. 이러한 단서들을 통해서 등장인물을 이해할 수 있게 인물 소개 카드를 만들도록 한다.

인물과 관련한 내용이 나올 때마다 인물 카드에 기록하도록 한다. 명확하게 등장인물의 특징과 성격 등을 구별하는 것보단 등장인물과 관련한 내용들을 찾는 정도로 진행한다. 이렇게 등장인물 카드를 만들어 보는 활동은 학생들에게 깊이 있는 이해를 도와주며 공부한 내용을 잊지 않도록 해 준다.

(2) 주요 사건 순서대로 정리하기

학생들은 등장인물을 심층적으로 파악하는 활동을 통해 내용을 이해할 수도 있지만, 시간의 흐름에 따른 사건의 전개 과정을 정리해 보는 활동을 통해서도 내용을 이해할 수 있다.

상황 1

어제가 바로 엄마 생일이었어요. 역시 아빠는 올해도 기억하지 못했어요. 밤 9시 뉴스가 끝나고 잠옷으로 갈아입을 때 엄마가 말했어요.

"당신, 오늘 내 생일인 거 정말 몰랐어요?"

그 때서야 아빠가 두 눈을 끔벅끔벅하고는 말했어요.

"맞네, 오늘 당신 생일이네! 깜빡했지 뭐야! 이거 정말 미안해서 어쩌지?"[10]

---

10. 《우리는 한편이야》, 20쪽

상황 2

다음 날 아침, 나는 장미꽃 서른여섯 송이와 다이아몬드반지가 그려진 그림을 엄마에게 주었어요.

"엄마, 생일 축하해요!"

엄마가 장미꽃 그림을 보며 '오호!' 하고 감탄을 했어요.

"엄마, 이 반지는 아빠가 주시는 선물이에요."

누나가 반지 그림을 가리켰어요.

"당신, 정말 다이아몬드반지 사 줄 거예요?"

엄마 표정이 환해졌어요.

"아니, 뭐 꼭 그렇다는 게 아니고. 아이들 성화에 그린 것뿐이야. 내가 그럴 능력이라도 되면 좋게?"

(중략)

엄마가 토라진 목소리로 말했어요.

"당신은 빈말이라도 '당신 생일 선물로 다이아몬드반지 사 줄게.' 하면 안 돼요? 그러면 기분이라도 좋잖아요."

"난 원래 지키지 못할 약속은 안 하잖아!"[11]

상황 3

술 냄새를 풍기며 늦게 들어온 아빠는 소파에 앉아 텔레비전부터 켰어요. 누나가 엄마 대신 말했어요.

"아빠, 옷 갈아입으세요."

"알았어, 나중에."

아빠는 대답만 그렇게 했어요. 그러다가 소파에서 잠이 들었어요. 옷도 안 벗고, 이도 안 닦고, 손발도 물론 씻지 않았어요. 냄새나는 양말은 탁자 위에 놓여 있고요.[12]

---

11. 《우리는 한편이야》, 32쪽

12. 《우리는 한편이야》, 39쪽

상황 4

누나가 침대 밑에서 기어 나가 방문을 살짝 열었어요. 그리고 다시 침대 밑으로 들어왔어요.

이제 엄마 아빠의 목소리가 또렷하게 들렸어요.

"나도 직장에 나가 일을 하고 싶어요. 아이들도 이제 다 컸잖아요."

엄마 목소리였다.

"무슨 소리! 아이들이 스스로 제 일을 하려면 아직도 멀었어! 전에도 말했듯이 난 당신이 직장에 나가는 거 정말 싫어!"

"그래요? 그러면 우리 헤어져요! 우린 모든 면에서 맞지 않아요. 난 더 이상 당신같이 게으르고 무신경한 사람과 살기 싫어요! 당신이 날 사랑하지 않는 것처럼 나도 당신을 사랑하지 않아요!"[13]

교사는 수업을 설계할 때 미리 책을 읽게 되는데, 이때 학생들과 함께 수업 시간에 다룰 몇 개의 주요 사건을 선정한다. 처음부터 55쪽까지 읽어 가면서 사건의 흐름을 정리해 보면 다음과 같다.

사건 1. 아빠가 엄마의 생일을 기억하지 못함.

사건 2. 그림으로 그린 선물을 줬지만, 아빠의 무뚝뚝한 태도로 엄마의 기분이 상함.

사건 3. 아빠가 엄마의 말을 무시하고 소파에서 잠을 잠.

사건 4. 엄마가 아빠에게 헤어지자는 말을 함.

---

13. 《우리는 한편이야》, 55쪽

시간을 세세하게 나눠 사건을 선택하기보다는 글의 주제를 파악하기 위한 주요 사건을 선택한다. 교사는 사건이 발생하면 즉각적으로 정리하도록 지도한다. 다음 그림을 참고하도록 하자.

사건 1	사건 2	사건 3	사건 4

사건의 흐름을 지속적으로 기록해 놓으면 책을 다시 읽지 않더라도 내용의 흐름은 기억할 수 있게 된다. 3~4학년군은 내용 이해를 통한 심화과정이기 때문에 지속적으로 이러한 활동을 진행하도록 한다. 수업 시간이 끝나기 전 3분 정도를 할애하여 학생들이 오늘 읽은 부분에서 수직선에 표시한 사건들을 읽어 보도록 하는 것도 스스로 내용을 도식화하여 정리하는 좋은 방법이 된다. 짝끼리 수직선에 표시한 사건을 중심으로 내용을 말해 보도록 하는 방법도 활용 가능하다.

2차시 수업을 시작할 때는 전 차시 학습을 상기하는 차원에서 3~5분 정도 학생들이 어제 읽었던 부분을 다시 읽어 보거나 이전 시간에 정리해 둔 사건 전개표 또는 인물 소개 카드를 살펴보도록 지도한다. 이어서 교사가 발문을 통해 전 차시 내용을 간단히 정리하는 것으로 전 시간의 학습 내용을 복습하는 습관을 형성할 수 있다.

책 한 권을 읽는 동안 등장인물 카드를 지속적으로 추가하고 사건의 흐름을 정리하도록 한다. 이를 통해 3~4학년군 학생들은 이야기 속 등장인물의 성격을 파악하는 방법을 배우며, 인물의 성격 변화까지도 파악하게 된다. 사건의 흐름에 따라 수직선에 내용을 정리하는 활동은 학생들로 하여금 이해한 내용을 도식적으로 표현하게 하고 사건의 연속된 흐름을 알게 한다.

(3) 책 이야기와 삶 연계하기

《우리는 한편이야》에 대한 출판사의 서평은 다음과 같다.

> 서로를 아끼는 마음이 지극한 두 남매는 엄마 아빠의 싸움을 옆에서 조마조마하게 지켜보며 내내 불안해하지만, 막상 부모가 일방적으로 이혼 사실을 통보하다시피하자 당당히 부모로부터의 독립을 선언한다. 이처럼 남매의 적극적인 사고와 행동은 통쾌할 정도로 아이들의 입장을 잘 대변해 주며, 어른들에겐 신선한 충격을 안겨 준다. 이 동화는 끝까지 막힘없이 쉽게 읽히지만, 이혼이 사회적 문제로 자리 잡은 이때에 이 동화가 시사하는 바는 결코 가볍지 않다.[14]

이 책에서는 이혼 문제에 대한 아이들의 관점을 잘 나타낸다. 사이가 좋지 않은 부모님을 보며 남매는 자신들만의 방법으로 고민하고 해결하려 한다. 남매의 입장이 되어 실제로 해 볼 수 있는 부분이 있다면 아이들의 일상과 연계하는 것이 좋다. 예를 들어

---

14. 알라딘 인터넷 서점, 출판사 제공 책 소개(http://www.aladin.co.kr/shop/wproduct. aspx?ItemId=2901865)

책을 읽으면서 '집 안을 화목하게 하기'라는 미션을 만들고, 책 속 아이들이 하는 것처럼 자신도 직접 부모님을 위해 노력하는 것이다. 물론 부모님은 간접적으로 알아채시겠지만, 학생들만의 비밀 미션이라고 하면 학생들은 적극적으로 참여한다.

> 누나가 집 안을 빙 둘러보았어요. 나도 누나를 따라 고개를 돌렸어요.
> 우리가 벗어 놓은 옷은 빨래 바구니에 아무렇게나 담겨 있었고, 신문지는 거실 바닥에 펼쳐져 있었으며, 소파 위는 어제 가지고 놀던 장난감이 어지럽게 나뒹굴고 있었어요.
> "우리 청소하자!"
> 누나가 말했어요.
> "어떻게?"
> "① 빨래는 세탁기에 넣어서 돌리고, ② 장난감같이 작은 물건은 제자리에 갖다 놓고, ③ 방바닥은 청소기로 민 다음 걸레로 깨끗이 닦는 거야."
> 누나가 청소 박사처럼 말했어요.[15]

주인공 남매는 청소라는 방법을 생각해 낸다. ①~③ 외에 자신이 할 수 있는 방법을 모둠끼리 토의해 보도록 한다. 부모님을 기쁘게 하는 방법은 이 외에도 공부 열심히 하기, 안마하기 등이 있다. 여기서 하나를 골라서 완수하고 오는 미션을 준다. 학생들에게 '단, 부모님께서 눈치 채지 못하게 할 것'처럼 학생들만의 비밀

---

15. 《우리는 한편이야》, 64쪽

규칙을 첨가하면 더 즐겁게 참여한다. 이 방법을 실제로 하게 되면 부모님과의 관계도 좋아질 뿐 아니라 학생들이 책 속 상황을 자신의 상황인 것처럼 동일시하게 되어 더욱 읽기 활동에 몰입할 수 있다. 이후 학생들이 해 온 미션을 수업 시간에 발표하게 하거나 일기를 통해 확인하고 친구들과 공유하게 한다. 그 과정에서 《우리는 한편이야》처럼 다양한 에피소드들이 나올 수 있다.

> "우리 교실 바닥에 왁스를 칠했더니 매끌매끌 아주 좋아. 우리 방바닥에 왁스를 칠하자."
> 누나가 말했어요.
> "누나, 왁스 있어?"
> "없어."
> "있으면 좋은데."
> 그 때 머리에 떠오르는 게 있었어요. 나는 화장대에서 엄마가 얼굴에 바르는 크림을 가지고 왔어요.
> "누나, 이거 바르면 매끌매끌해!"
> "좋아."[16]

남매는 엄마가 얼굴에 바르는 크림을 보고 바닥에 바른 것이다. 주인공들의 천진난만한 행동은 읽는 학생들에게 웃음을 자아낸다. 그 덕분에 엄마의 화를 북돋는 효과를 불러 오지만 주인공 남매는 새로운 방법을 실행한다.

---

16. 《우리는 한편이야》, 66쪽

누나가 아빠 휴대전화로 전화를 걸었어요.

"아빠, 언제 집에 들어오세요?"

잠깐 있다가 누나가 또 말했어요.

"엄마가 아빠 들어오실 때 초코 아이스크림 사 오시래요. 아빠, 약속!"

누나는 이 말만 빠르게 하고 전화를 끊었어요.

나는 당장 따졌어요.

"누나, 왜 거짓말해."

"이건 착한 거짓말이야."

(중략)

아빠는 누나 말이 거짓이라는 걸 알 거예요. 엄마는 바닐라 아이스크림을 좋아해요. 초코 아이스크림을 좋아하는 사람은 우리 집에서 누나뿐이에요. 누나가 거짓말을 했으니까 아빠는 아이스크림을 사 오지 않을 거예요. 우리 아빠는 거짓말이 이 세상에서 제일 싫다고 말했어요.[17]

주인공 '나'는 아빠가 아이스크림을 사 오지 않을 거라고 예측했고, 누나는 아빠가 알아서 바닐라 아이스크림을 사 올 거라고 예측했다. 뒷부분을 읽지 않고, 학생들과 1차적으로 결과를 토의해 보도록 한다. 결과는 동생의 말처럼 아빠의 손에는 아무것도 들려 있지 않았다. 책에서 아빠가 아이스크림을 안 사 온 이유는 주인공의 생각도 맞지만, 엄마와의 관계가 악화되었기 때문이다. 책 속 등장인물을 파악해 보는 과정은 실제 가족이나 친구들의 성격을 예측해 보는 데도 도움이 된다.

---

17. 《우리는 한편이야》, 72쪽

학생들과 함께 주인공 남매가 한 것처럼 착한 거짓말 혹은 진심을 통해서 가족의 분위기를 좋게 만들 수 있는 방법을 토의해 보도록 한다. 학생들은 예를 들어 '금요일 저녁쯤 아빠가 들어오실 때 엄마가 좋아하는 음식을 사 오시게 한다.', '자신이 먹고 싶은 것을 이야기해서 온 가족이 같이 먹는다.' '부모님께 감사의 편지를 쓴다'와 같은 방법들을 생각해 낼 것이다.

주인공이 또래들이기 때문에 학생들은 쉽게 몰입할 수 있다. 청소하기, 부모님과 대화의 장 만들기 등 다양한 방법으로 가족과 화합을 도모하는 실천 활동을 하게 하면 책 속의 상황이 학생들의 삶으로 이어진다.

(4) 낯설게 바라보는 삶에서 가치 찾기

《우리는 한편이야》에서 엄마와 아빠의 이혼 위기가 해결되는 계기는 주인공 남매가 강아지 송설이를 찾는 과정에서 우연히 발생한다. 송설이의 어미인 설이가 송설이를 찾아왔기 때문이다.

아픈 다리를 끌고 세탁소로 갔어요.

그 때였어요. 아줌마 집 대문에서 송설이가 달려나오며 '멍멍' 짖는 게 아니겠어요? 나는 기절할 듯이 놀랐어요.

송설이가 어떻게 세탁소로 돌아왔을까요?

누나가 송설이를 안고 좋아하다가 아줌마에게 물었어요.

"아줌마, 아줌마가 송설이를 찾으셨어요?"

"아니다."

"그러면 어떻게 찾으셨어요?"

"송설이 엄마 아빠가 찾았다!"

아줌마가 어젯밤에 송이와 설이에게 이렇게 말했대요.

"니 새끼 찾아오너라."

그런데 아침에 일어나 보니 송설이가 설이 옆에서 자고 있더래요.

아줌마가 말했어요

"개가 사람보다 나아요. 지 새끼 찾아오는 거 봐요. 아, 요즘 자기가 낳은 자식도 나 몰라라 하는 사람이 얼마나 많아요? 그런 사람은 정말 개보다 못하지요. 안 그래요? 진경이 엄마?"

"네? 네…."[18]

세탁소 아주머니의 한마디에 엄마 아빠는 자신들의 행동을 반성하고는 별거를 하지 않기로 한다. 성격상의 문제로 별거를 넘어 이혼까지 생각한 관계에서 한 마디 말로 해결되는 것이 이해되지 않을 수 있지만, 한 가지 사건이 개인마다 다른 영향을 미칠수 있다는 점에서 엄마에게는 큰 영향을 준 것으로 봐야 한다. 실제 작가 또한 인터뷰에서 이러한 문학적 장치에 대해 밝히고 있다.

이 이야기에 나오는 엄마도 자기 일이 하고 싶었고 남편과의 불화도 있었지만 개가 제 새끼를 찾아오는 걸 보고 일순간에 자기의 모든 걸 포기하고 말지요. 개도 제 새끼를 찾는데 하물며 사람인 내가… 그렇게 생각한 거지요. 갑자기 어른들에게서

18. 《우리는 한편이야》, 118쪽

들은 말씀이 생각나네요. '어미의 마음속에는 부처가 들어앉아 있다.' 얼마나 의미심장한 말입니까! 그래서 엄마의 목소리를 낮춘 겁니다.[19]

우연한 계기로 엄마는 스스로의 모습을 반성한다. 이와 유사하게 어떤 말을 듣고 영향을 받아 변했던 경험을 발표하는 기회를 통해 사전 활동을 진행한다. 학생들은 "핸드폰을 하다가 숙제를 하려고 꺼냈는데 부모님이 그 모습을 보고 칭찬했는데, 마음이 이상했어요."와 같은 일상생활에서의 경험을 이야기할 것이다.

이를 확장해서 학생들에게도 일상생활의 사소한 부분에서 감동을 찾아보는 활동을 한다. 남들에게는 크게 의미가 없는 일이거나 사소하고 평범한 사건이 자신에게 큰 의미를 갖게 된 경험을 공유한다. 학생들에게 그러한 경험이 많지 않다면 함께 찾아보는 활동을 한다. 3~4학년 학생들은 게임 요소가 들어가면 더 즐겁게 참여하므로 기간이나 조건을 설정하여 '일주일 동안 일상생활 속에서 감동 찾기'와 같은 활동을 할 수 있다. 이때 다음과 같은 조건을 설정할 수 있다.

1. 다른 사람들에게 별일이 아니거나 평상시에도 많이 발생하는 사건이어야 함
2. 다른 사람들이 생각하지 못한 느낌이나 생각을 떠올려야 함

---

19. 《우리는 한편이야》, 126쪽

(5) 미술적 요소를 찾아서 미술 작품으로 표현하기

3~4학년군 시기에는 다양한 표현을 해 보는 활동이 필요하다는 점에서 이야기에서 다양한 표현 요소를 추출하는 것이 중요하다. 이 책 4~6장 표현하기의 사례를 통해 다양한 표현 방법을 알아봤다. 여러 과목과 연계가 가능한데 이야기와 연관된 주제를 미술 교과의 표현 방법과 연계할 수 있다는 점에서 미술 교과와의 연계가 가장 쉽다. 따라서 책을 읽으며 이야기 속에서 미술 작품으로 표현할 주제나 소재를 찾는 것이 좋다.

> "아이구, 답답해. 너하곤 말이 안 통해, 말이. 조화는 꽃 이름
> 이 아니고 가짜 꽃이란 뜻이야."
> "아, 알았다! 종이로 만든 꽃도 조화, 플라스틱으로 만든 꽃
> 도 조화구나!"
> "맞았어!"
> 누나가 칭찬해 주었어요.
> 누나가 스케치북에 크레파스로 장미꽃을 그리기 시작했어
> 요.
> 나는 누나가 그린 장미꽃에다 빨간 크레파스로 색칠을 했어
> 요.
> 갑자기 누나가 말했어요.
> "참, 아빠도 엄마한테 선물해야지."
> (중략)
> "엄마는 가짜 반지 좋아하지 않을걸!"
> 아빠가 도리질을 했어요.
> "우리 선생님께서 말씀하셨는데요, 선물은 마음으로 주고받

는 거래요."

"맞는 말이지."

"그러니까 빨리 그리세요, 아빠."[20]

　주인공 남매는 엄마의 기분을 풀어 주기 위해 선물을 준비한다. 선물을 준비할 시간이 없어서 종이로라도 선물을 만든 것이다. 남매는 선생님의 말씀대로 선물은 '마음으로 주고받는 것'이라고 이해한 것이다. 따라서 이와 연관하여 자신이 주고 싶은 사람에게 주고 싶은 선물을 그려 보는 활동을 진행할 수 있다. 유의할 점은 학생들이 실제가 아니라는 이유로 장난스러운 분위기를 만들지 않도록 해야 한다.

　《우리는 한편이야》에서 잃어버린 강아지 송설이를 찾기 위해 주인공 남매가 전단지를 만드는 장면이 나온다. 이와 연계하여 '자기 소개서'나 '친구 소개서' 만들기로 관찰 표현 수업을 진행할 수 있다.

　아빠가 말했어요.

"강아지를 찾는 전단을 만들어 골목골목 붙이자."

"그게 제일 빠르겠지요?"

　엄마가 하얀 도화지에 강아지를 그렸어요. 아빠는 그 밑에 이렇게 적었어요.

　'강아지를 찾습니다!'

---

20. 《우리는 한편이야》, 25쪽

아빠는 더 쓸게 없냐고 물었어요.

누나가 말했어요.

"아빠, '똥개'라는 말도 쓰세요. 그러면 우리 동네 아이들이
다 알아요."

"똥개?"

아빠가 크게 웃으며 '똥개'라고 썼어요. 그리고 '찾아 주시는
분에게 사례하겠음.'이라는 말도 썼어요. [21]

〈그림1〉 송설이를 찾는 전단지

　송설이를 찾기 위한 전단지에는 송설이를 그린 그림과 송설이
소개가 들어간다. 이와 같은 형식으로 '자기 소개서'나 '친구 소개
서'를 만든다. 예를 들어 '친구 소개서'를 만든다고 하면 친구들끼
리 짝을 지어 서로를 관찰한 다음 친구의 특징을 살려 그림을 그
린다. 나머지 여백에는 자신이 생각하는 친구의 성격, 장점, 특징
등을 쓴다. 이렇게 만든 친구 소개서는 교실 뒤편 학급 게시판에

---

21. 《우리는 한편이야》, 113쪽

게시할 수도 있다.

3. 5~6학년군: 성찰을 통한 내면의 깊이 읽기

고학년(5~6학년)은 내용 심화를 토대로 사고력이 자라는 시기로 4~6장에 제시된 활동을 비롯하여 다양한 활동들을 적용할 수 있다. 그러나 고학년 시기는 학업에 대한 부담감과 강요가 누적돼 학습에 대한 거부감이 커지는 시기이기도 하다. 따라서 책에 대해 거부감이 들지 않게 하면서 사고력을 높이는 활동을 구성해야 한다. 이러한 과정을 통해 학생들은 책을 자신의 삶과 연관시키며 지혜를 얻게 된다.

《마사코의 질문》은 9편의 단편으로 이루어진 동화집이다. 이 책을 선택한 이유는 3가지이다. 첫째, 작품성이 인정된 교과서 수록 도서다. 6학년 교과서에 단편 〈방구 아저씨〉가 수록되어 있는데, 이 작품은 제33회 세종아동문학상 수상작이기도 하다. 특히 작품 속 문체가 서정적이며, 고유어를 잘 살려 표현했다. 둘째, 다루고 있는 6편의 소설 배경이 일제강점기다. 이는 5~6학년군에서 학습하는 사회(국사)와 연관 지어 수업할 수 있으며, 학생들의 학습내용 이해로 심화시킬 수 있다. 일제강점기를 배경으로 이야기를 실증적으로 재구성했기 때문에 올바른 역사관을 확립

하는 데 도움이 된다. 셋째, 분량이 길지 않다는 점이다. 처음 깊이 읽기 수업을 하고 싶은 선생님들이 적용하기에 부담스럽지 않다. 차시 구성에 따라 다르지만 7~9차시 정도의 교과서 한 단원을 설정하여 적용해 볼 수 있다.

《이 세상에 태어나길 참 잘했다》에서처럼 표지와 제목을 통해 내용을 예상하는 수업도 가능하지만, 역사적 사건을 다루거나 시대적 상황이 잘 녹아 있는 이야기라면 책을 읽기 전 관련 내용을 설명해 배경 지식을 활성화하는 것이 효과적이다. 6개의 단편이 일제강점기를 배경으로 하고 있기에 1910년 한일합병부터 1945년 광복까지의 시기에 대해 미리 설명을 할 수 있다.

《마사코의 질문》 '일러두기'에서는 3·1 독립운동, 관동대지진, 조선교육령, 창씨개명, 정신대 등에 대한 간단한 내용을 다루고 있다. 책을 읽기 전 이것들을 연표로 작성해 보는 것도 학생들이 시대적 흐름을 이해하는 데 큰 도움이 된다. 9편의 단편을 다 읽기 부담스럽다면 학생들이 관심 있는 사건을 정하고, 그 사건에 맞는 작품을 읽는 방법도 가능하다.

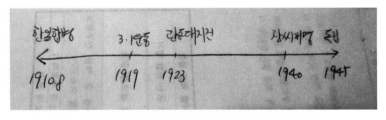

〈그림2〉《마사코의 질문》 '일러두기'를 통해 그린 일제강점기 시대 흐름 예시

〈꽃잎으로 쓴 글자〉

〈꽃잎으로 쓴 글자〉는 일제강점기 교실 속 이야기를 다루고 있다. 우리말 사용을 금지하기 위해 일본인인 다나카 선생님은 학생들끼리 서로를 감시하게 했다. 양심적인 승우는 친구의 비겁한 행동에 우리말을 사용했다가 선생님께 매를 맞는다. 학교에서 일어난 일을 부모님께 고하자 어머니는 승우에게 꽃으로 한글을 가르쳐 준다. 일제가 우리를 탄압하지만 우리의 뿌리인 얼, 말, 글을 잊지 말아야 한다며 한글의 아름다움과 가치를 보여 준다.

(1) 실제 경험을 통해 심층적으로 이해하기

백문불여일견(百聞不如一見)이라는 말이 있다. 백 번 듣는 것이 한 번 보는 것보다 못하다는 말로, 실제로 경험하는 것의 중요성을 말한다.

책에 묘사된 자연환경을 실제로 느껴 보는 방법이 있다. 〈꽃잎으로 쓴 글자〉의 첫 시작은 아름다운 자연환경에 대한 묘사로 시작한다.

> 아침에 일어나 창문을 여니 복사꽃이 하얗게 피었습니다. 뒤꼍 우물가가 환해졌습니다. 승우는 창가에 서서 가만히 나무를 바라봅니다. 연한 복사꽃 향내가 코끝을 간질입니다. 오늘은 나뭇가지에 올라앉아 하루 종일 꽃구경만 했으면 좋겠습니

다.[22]

복사꽃은 복숭아꽃을 말한다. 학생들은 복숭아를 자주 먹지만, 복숭아가 열리는 복사꽃을 본 적이 없는 경우가 많다. 이럴 경우에는 매체를 통해서 복사꽃을 보여 주는 간접적인 제시 방식과 직접 복사꽃을 보러 가는 직접적인 제시 방식이 있다. 교정에 복사꽃이 피어 있는 경우는 드물고, 복사꽃을 보기 위해 학교 밖으로 나가는 것은 무리가 있다면 간접적으로 학교 교정으로 나가 야외 수업을 하는 것도 좋은 방법이 된다. 교실 밖 교정에 핀 꽃나무 아래에서 책을 읽는 것이다. 교실 밖이라 학생들이 들떠서 집중하지 못하고 산만해지는 경우가 있으나, 반복적으로 야외에서 책을 읽으면 학생들은 서서히 적응하며 야외 수업을 즐기게 된다.

학생들과 함께 짧은 시간 동안 실제로 꽃구경을 하면서 여유로움을 느끼는 것도 이 부분을 읽으면서 할 수 있는 활동이다. 자신이 봤을 때 예쁜 꽃을 발견하고 구경하는 시간을 가짐으로써 주인공 승우의 마음에 공감할 수 있도록 한다.

자연을 직접 경험하는 것 외에도, 책 속에 나와 있는 곳으로 주제별 체험학습을 가는 것도 학습효과를 높일 수 있다.

승우는 문득 서대문 감옥소가 떠올랐습니다. 아마도 '얼어

---

22. 손연자 지음, 김재홍 그림, 〈꽃잎으로 쓴 글자〉, 《마사코의 질문》, 푸른책들, 2009., 11쪽

〈그림3〉 벚꽃나무 아래에서 책을 읽는 아이들

죽지 않으면'이라는 아버지의 말씀 때문이었나 봅니다. 아까도 오랏줄을 두르고 용수(죄수를 밖으로 데리고 다닐 때 얼굴을 보지 못하게 머리에 씌우던 갓의 한 가지)를 쓴 조선 사람들이 일본 순사한테 떠밀리어 감옥소로 들어가는 걸 보았습니다. 감옥소는 봄인데도 음산해 보였습니다. 문고리에 손이 척척 달라붙도록 추운 겨울에는 말할 것도 없습니다. 승우는 누더기 옷을 입은 어른들이 불도 안 때는 저 속에서 어떻게 꽁꽁 얼음이 어는 겨울을 견디나 그게 늘 궁금했습니다.[23]

주제별 체험학습이 배우는 내용과 연결되지 않는다면 학생들

23. 〈꽃잎으로 쓴 글자〉, 《마사코의 질문》, 21쪽

에게는 하루 신나게 놀고 오는 경험으로만 남게 된다. 〈꽃잎으로 쓴 글자〉에는 일제강점기 많은 독립 운동가가 고진 고문을 겪었던 서대문형무소가 나온다. 이와 연관하여 주제별 체험학습을 다녀오는 것도 이야기 속 상황을 이해하는 데 큰 도움이 될 수 있다. 책을 통해 느낀 점을 서대문형무소 안에서 직접 느껴 본다. 차가운 문고리를 만져 보는 것을 통해 간접적이나마 그 당시의 상황을 이해할 수 있다. 주제별 체험학습과 교과를 연계하기 위해서는 학년 교육과정 수립 시 미리 계획을 세워야 한다.

(2) 이야기 배경과 현재의 모습 비교하기

책에 묘사된 생활 모습과 현재의 생활 모습을 비교하는 활동도 진행할 수 있다. 이야기 속에 묘사된 배경은 우리가 살고 있는 현실이 투영되어 있을 뿐 다르다. 지금 나의 상황과 유사한 경우도 있지만 대부분의 소설 속 세상은 우리가 사는 상황과 차이가 있다. 특히, 역사와 연관된 소설 같은 경우는 조선시대, 근대, 일제강점기 등을 다루는 경우가 대부분이므로 현재 상황과 차이점이 많다. 따라서 이와 관련된 소설을 읽게 될 경우 현재 상황과 비교해 보는 활동도 진행할 수 있다. 이를 통해 소설의 3요소인 인물, 사건, 배경 중 배경에 대해 심도 있는 이해를 할 수 있게 된다. 배경에 대한 이해와 함께 역사 속 상황을 유추할 수도 있다.

교사가 현재의 모습과 다른 내용이 나올 경우 "지금의 상황과 어떻게 다르죠?"와 같은 발문을 통해서 정리하는 방법도 있고, 단서가 나올 경우 학생들이 스스로 표시하는 방법도 있다. 학생들의 사고력을 증진시킨다는 점에서 후자가 선호되며 학생들이 그 단서를 놓쳤을 경우를 대비하여 작품 중간마다 교사가 단서를 제시하고 학생들 간 토의를 통해 점검하는 것도 하나의 방법이 될 수 있다. 학생들이 책을 읽으면서 지금과 다른 그 시대를 알 수 있는 내용이 나오면 밑줄을 긋도록 한다.

누이들과 헤어져 교문을 들어선 승우는 운동장을 가로질러 뛰었습니다. 봄바람이 제법 매섭습니다. 화단에 있는 나무들이 쓰러졌다 일어났다 야단입니다. 걸상에 앉아 막 책가방을 내려놓는데 ① 아침 조례 시간을 알리는 사이렌이 울렸습니다.

복사꽃에다 너무 한눈을 팔았나 봅니다. 하마터면 지각을 할 뻔했습니다.

아이들은 걸상 등받이에다 허리를 붙이고 가슴을 쭉 펴고 앉았습니다. ② 선생님이 들어오시기 전에는 으레 칠판 쪽을 똑바로 보고 있어야 합니다.

(중략)

③ 아침 조례 시간의 첫마디는 으레 일본과 조선은 하나이고, 천황폐하는 우리들의 어버이시니 충성을 다해야 한다는 것이었습니다. 천황이란 말을 할 때의 선생님은 불에 덴 것처럼 깜짝 놀라서 차렷 자세를 했습니다.[24]

재미있는 놀이를 기대했던 아이들은 실망했습니다. 여기저기서 수런거리는 소리가 나지막하게 일어났습니다.

---

24. 〈꽃잎으로 쓴 글자〉, 《마사코의 질문》, 13쪽

"조용히 해라!"

④ <u>선생님은 얼굴이 빨개 가지고 출석부로 교탁을 탕탕 내려</u>
<u>쳤습니다.</u> 그 소리가 하도 커서 아이들은 모조리 어깨를 움츠
렸습니다.

⑤ <u>칠판 바로 위에 걸린 일장기에 아침 햇살이 퍼졌습니다.</u>
일장기 속의 둥근 해는 방금 솟은 듯 붉었습니다.[25]

제시된 5개의 문장은 현재와 다른 모습의 시대 상황을 묘사하
고 있다. 학생들이 자율적으로 찾아서 밑줄을 치게 하고, 서로 토
의하면서 오늘날의 학교와 다른 모습을 확인한다.

(3) 한글의 아름다움을 느끼고 시인 되어 보기

〈꽃잎으로 쓴 글자〉에서 작가가 하고 싶은 말은 무참한 탄압으
로도 지울 수 없는 한글의 아름다움이 아니었을까. 그런 의미에
서 주인공 승우의 엄마는 승우에게 시인이 되라고 했을 것이다.

"승우야. 이담에 어른이 되거든 넌 시인이 되거라. 조선말 조
선글로 가장 먼저 시를 쓴 시인이 되거라. 남을 밟고 올라서지
말고 남의 아픔을 잘 이해하는 시인이 되거라. 오늘부터 엄마
가 글을 가르쳐 주마."[26]

그리고 승우의 엄마는 승우에게 조선말의 아름다움을 꽃잎으

---

25. 〈꽃잎으로 쓴 글자〉, 《마사코의 질문》, 15쪽
26. 〈꽃잎으로 쓴 글자〉, 《마사코의 질문》, 25쪽

로 쓰면서 느끼게 해 준다.

> 옥색 치맛자락을 여미시며 엄마는 버선발로 사뿐히 뒤꼍으로 나가셨습니다. 오래지 않아 치마 가득 꽃바람을 묻히시고 엄마는 방으로 들어오셨습니다. 엄마 손엔 복사꽃잎 소복한 배자 보시기가 들려 있었습니다.
> 엄마는 다락에서 귀한 손님이 오셨을 때만 내놓으시던 팔각 소반을 꺼내셨습니다. 그리곤 꽃잎으로 그 위에다 글자를 쓰셨습니다.(중략)
> 그러자,
> 꽃잎으로 쓴 산이 우뚝 솟았습니다.
> 꽃잎으로 쓴 하늘이 새파래졌습니다.
> 꽃잎별은 잘강잘강 맑은 소리를 냈습니다.
> 팔각 소반 위의 글자들은 향기롭고 보드랍고 고왔습니다.[27]

승우는 꽃잎으로 쓴 글자들이 살아 숨 쉬는 것을 느끼곤 눈물을 흘린다. 학생들에게 책에서 나온 것처럼 밖으로 나가서 떨어진 꽃잎들을 모아 글씨를 만들어 보는 활동도 진행할 수 있다. 꽃잎이 없을 경우는 낙엽으로도 대체 가능하다. 미술 교과와 연계하여 자연환경을 이용한 작품 만들기 활동으로도 확장할 수 있다. 다음에 나오는 '그림5'의 한국예술종합학교 수위 아저씨가 낙엽으로 쓴 것처럼 짧은 문장을 만들 수도 있다. 또한 낙엽 위에 글자를 쓸 수도 있다. 단순히 글을 쓰는 것보다는 '가을을 가장

---

27. 〈꽃잎으로 쓴 글자〉, 《마사코의 질문》, 26쪽

잘 나타낼 수 있는 단어나 문구 쓰기'나 '자신이 생각하는 소중한 가치 쓰기'와 같이 주제를 정해 주어야 학생들이 글을 쓰는 데 망설임을 줄일 수 있다. 꽃잎을 구하기 힘들 경우는 색종이를 찢어서 꽃잎처럼 글씨를 써 보는 대체 활동도 있다.

〈그림4〉 낙엽에 글쓰기-'사랑'

〈그림5〉 한국예술종합대학 수위 아저씨의 낙엽 글씨

〈그림6〉 대체 활동 - 색종이로 글씨 쓰기

이러한 활동을 통해 학생들은 주인공 승우의 가슴이 울렁거린 것처럼 감동을 받는다. 작품을 다 읽은 후에는 이 감동을 한글만 사용하여 시로 표현하는 활동을 한다. 여기서도 시의 주제를 〈꽃잎으로 쓴 글자〉와 연관 지어 '한글', '자연' 등으로 한정하는 것이 좋다. 3장에서 밝힌 것처럼 시 쓰기 지도는 이오덕의 《삶을 가꾸는 글쓰기 교육》을 참고하면 좋다.

〈잎새에 이는 바람〉

어떤 소설은 실제 인물을 주인공으로 하기도 한다. 〈잎새에 이는 바람〉은 제목에서 알 수 있듯이 윤동주 시인의 이야기다. 실제 윤동주는 일본의 후쿠오카 형무소에서 생을 마감했는데, 일제의 생체 실험으로 사망에 이르렀다는 설이 있으나 확실하지는 않다. 〈잎새에 이는 바람〉은 후쿠오카 형무소에서 윤동주 시인이 생체 실험을 당하면서도 감동적인 시들을 읊조리며 힘든 현실을 초월한 독립에의 의지를 담고 있다. 그리고 가상의 어린아이와 시인의 대화 속에는 시인의 한(恨)이 고스란히 묻어난다.

〈잎새에 이는 바람〉과 같이 실존 인물을 다루고 있다면 그 인물과 책 속의 상황을 연계하는 것도 재미있는 수업이 된다. 본격적으로 책을 읽기 전 배경지식 활성화를 위해 인물에 대해 조사해 볼 수 있고, 반대로 책을 읽은 후 궁금한 점을 토대로 인물에 대해 조사해 볼 수도 있다.

(1) 간접 경험을 통한 등장인물의 심정 이해하기

학생들이 서대문형무소를 직접 가 본다고 하더라도 실제 어떤 일이 일어났는지 모른다면 큰 의미가 없다. 이에 학생들에게 책

을 읽으며 실제 투옥 상황을 묘사한 부분을 찾고 이를 상상해 보
거나 간접적으로 체험하게 하면 작품 속 상황을 이해하는 데 도
움이 될 수 있다.

시인은 다시 북 3사 108호, 사방이 꽉 막힌 독방으로 돌아옵
니다. 지난 해 초여름 오후, 간수의 지시에 따라 얇고 푸른 이
불을 받쳐 들고 그 위에 베개와 밥통 하나를 얹고 들어섰던 방
입니다. ① 낮에도 십 촉짜리 알전구가 없으면 앞이 안 보이는
방은 누우면 발이 벽에 닿을 정도인 관 속 같은 방입니다.
② 간수가 쇠창살문을 열자 포르말린과 오물 냄새가 사정없
이 코를 찌릅니다. 형무소로 온 지 일 년이 되어 가는 지금도
이 냄새는 몹시 역겹습니다. 시인은 나오려는 구역질을 간신히
참으며 구석에 놓인 간장통 모양의 나무 변기를 외면합니다.**28**

③ 간수가 투망을 짜라고 일감을 넣어 줍니다. 시인은 떨리
는 손으로 명주실을 집어 듭니다. 독방 감옥에서 일을 하는 것
도 형벌이고 일 없이 하루 종일 앉아 있는 것도 형벌입니다. 그
동안 시인은 손이 닳도록 풀을 묻혀 봉투를 붙였고 목장갑의
코를 꿰었고 이제는 명주실로 어망을 뜹니다.**29**

①~③을 통해 학생들은 일제강점기의 실제 옥살이가 묘사된
부분을 발견할 수 있다. 학생들이 실제로 느껴 볼 수는 없지만,
간접적으로나마 관 크기와 비슷한 작은 공간에 아무 말도 하지

---

28. 〈잎새에 이는 바람〉, 《마사코의 질문》, 114쪽
29. 〈잎새에 이는 바람〉, 《마사코의 질문》, 117쪽

못한 채 5분 정도 누워만 있어도 학생들은 외로움이나 고독감을 느낄 수 있다.[30]

(2) 한 작가가 쓴 여러 시 감상하기

이 작품에서 두드러지는 것은 윤동주가 시를 쓸 때의 감정이나 상황을 잘 엮어 냈다는 점이다. 이 점을 찾으며 책을 읽으면 학생들은 시인의 생각이나 느낌이 시를 쓰는 바탕이 된다는 것을 이해할 수 있다. 예를 들어 늙은 의사(옥의)는 생체 실험을 하며 죄수들에게 주사를 놓지만, 자신이 하고 있는 일에 대해 죄책감을 느낀다. 처음 생체 실험을 할 때는 호기심이 컸지만, 250명의 죄수들이 죽어 나가고 앙상하게 변해 가는 모습을 보면서 딱하다는 표정을 짓기 때문이다. 이에 〈잎새에 이는 바람〉에서는 〈병원〉이란 시를 발췌하여 옥의의 감정과 상황을 보여 준다.

> 옥의가 재촉을 합니다. 차례가 된 시인은 잠자코 뼈만 남은 팔을 내밉니다. 10cc 정도의 이름을 알 수 없는 주사액이 혈관으로 흘러듭니다.
> '나의 늙은 의사는 젊은이의 병을 모른다. …이 지나친 시련, 이 지나친 피로, 나는 성내서는 안 된다. …
> 시인은 속으로 중얼거립니다.[31]

---

30. 윤동주 시인과 관련된 내용 및 시의 원본은 온라인 연세대학교 윤동주기념사업회 인터넷 사이트(http://yoondongju.yonsei.ac.kr/)에 들어가면 확인할 수 있다.

31. 〈잎새에 이는 바람〉, 《마사코의 질문》, 114쪽

여기서 작가는 〈병원〉이 쓰였을 때의 상황을 가정하여 썼지만, 이야기의 상황과 시의 내용은 너무나 닮아 있다. 이 부분은 발췌되어 있기 때문에 시 전문을 찾아 학생들과 수업하는 것이 효과적이다.

병원[32]

윤동주

살구나무 그늘로 얼굴을 가리고, 병원 뒤뜰에 누워, 젊은 여자가 흰옷 아래로 하얀 다리를 드러내 놓고 일광욕을 한다. 한나절이 기울도록 가슴을 앓는다는 이 여자를 찾아오는 이, 나비 한 마리도 없다. 슬프지도 않은 살구나무 가지에는 바람조차 없다.

나도 모를 아픔을 오래 참다 처음으로 이곳에 찾아왔다. 그러나 나의 늙은 의사는 젊은이의 병을 모른다. 나한테는 병이 없다고 한다. 이 지나친 시련, 이 지나친 피로, 나는 성내서는 안 된다.

여자는 자리에서 일어나 옷깃을 여미고 화단에서 금잔화 한 포기를 따 가슴에 꽂고 병실 안으로 사라진다. 나는 그 여자의 건강이 ─ 아니 내 건강도 속히 회복되기를 바라며 그가 누웠던 자리에 누워본다.

---

32. 윤동주, 〈병원〉, 《선생님과 함께 읽는 윤동주》(조제도), 실천문학사, 2006, 20쪽

실제 이 작품은 윤동주가 옥살이 전 전문학교 재학 당시인 1940년에 쓴 것으로 알려져 있어 옥살이와 연관 짓기는 어렵다. 〈병원〉 안에서 젊은 여자는 누구를 말하는지, 병이 없지만 왜 병원을 찾았는지에 대해 생각해 볼 수 있는 발문이 필요하다. 초등학교 수준에서는 학생들이 이 시 속에 사용된 시어의 의미와 시적 분위기를 이해할 수 있을 정도로 지도하면 충분하다. 문학적 장치나 원리를 사용하여 시를 분석하게 될 경우 자칫 시를 느끼는 것이 아닌 공부의 대상으로 받아들일 수 있기 때문에 조심해야 한다.

윤동주 시인의 대표적인 시인 〈별 헤는 밤〉도 나온다. 단절되고 외로운 감옥 속에서 시인이 하루하루를 버티게 하는 힘은 바로 그리움과 희망이다. 고향 북간도에 대한 그리움, 마을 사람들과 함께 노루와 멧돼지를 잡던 일, 아버지와 어머니에 대한 그리움, 언젠가 나비가 날아온다는 희망이 그런 것이다.

간수의 발소리가 멀어집니다. 밤이나 낮이나 켜 있는 십 촉짜리 알전구가 죽음처럼 어둡습니다. 시인은 초롱초롱 빛나던 고향의 별빛을 떠올립니다.
'…별 하나에 추억과 별 하나에 사랑과 별 하나에 쓸쓸함과 별 하나에 동경과 별 하나에 (중략)'
그러나 어머님, 저는 이렇게 조롱에 갇힌 새가 되었습니다.
시인은 가만가만 터져 나오는 울음을 그대로 둔 채 어두운

벽을 쾅쾅 두들깁니다.[33]

시인의 간절한 마음이 느껴진다. 죽음을 느끼는 상황 속에서
별 하나하나에 그의 감정을 담는다. 이렇게 스스로를 위안해도
여전히 갇혀 있는 현실에 시적 화자는 흐느껴 울 수밖에 없다.

(3) 뒷이야기 상상하여 창작해 보기

창작은 학생들이 하는 활동 중에서 가장 어려운 활동이라고 할
수 있다. 이전 상황의 개연성을 고려하면서 뒷이야기를 추측해야
하기 때문이다. 창작 활동은 내용 이해를 중심으로 하는 3~4학년
군에서도 적용 가능하지만 3~4학년은 상상력을 풀어 내는 형태
로 진행될 뿐, 이야기의 구성과 체계성을 갖기에는 한계가 있다.
반면에 5~6학년은 비판력과 논리적 사고력이 커지는 특성이 있
기에 적용하기에 적절하다.

학생들은 이야기가 끝난 후 어떻게 다음 이야기가 진행될지 궁
금해한다. 〈잎새에 이는 바람〉에서는 윤동주 시인이 죽은 이후
의 이야기가 나온다. 윤동주의 영혼과 여섯 살배기 남자아이가
만나 대화를 나누는 장면인데, 현실성은 없지만 작품의 흐름 속
에 감정을 극대화시킨다. 이럴 경우 윤동주의 영혼과 남자아이가
만나 대화를 나누기 전까지 읽은 후, 뒷이야기가 어떻게 될지 생
각해 보도록 한다.

---

33. 〈잎새에 이는 바람〉, 《마사코의 질문》, 115쪽

— 1945년 2월 16일 금요일 오전 3시 36분 사망. 27세 2개월.

간수는 수첩을 꺼내어 적습니다. 그러고는 사상범이 있다는
표시로 쇠창살문 옆에다 달아 놓았던 '엄정' 패찰을 뗍니다.

복도를 달려오는 사람들의 발걸음 소리가 밀폐된, 어두운 방
을 울립니다. [34]

학생들끼리 서로 어떤 이야기가 이어질지 짧게 써 보기 전에
창작에 대한 설명이 필요하다. 흔히 '막장 드라마'라고 불리는 이
야기들의 특징은 급작스러운 전개나 말도 안 되는 상황으로 이야
기가 전개된다. 따라서 소설의 3요소인 인물, 사건, 배경을 중심
으로 설명이 필요하다.

창작을 하려면 등장인물의 성격을 알고 있어야 한다. 삶에 대
해 어떤 생각을 갖고 있는지 알기 위해 등장인물 카드를 만들거
나, 다른 인물들과 어떤 관계를 맺고 있는지 인물 관계도를 그리
는 것도 효과적이다. 이런 활동이 등장인물을 이해하는 것이라
면 학생들 스스로 이어질 내용에 등장하는 인물의 성격과 유사한
지 반복적으로 점검해야 한다. 이러한 기준은 다른 친구들이 쓴
이야기를 읽어 보면서 이야기가 적절한지 판단할 수 있는 근거가
되기도 한다.

배경은 공간적 배경과 시간적 배경이 있다. 열린 결말일 경우
학생들이 앞부분에 제시된 공간적 배경과 시간적 배경을 이어가
는 것이 좋다. 〈잎새에 이는 바람〉처럼 시인이 이미 사망한 경우

---

34. 〈잎새에 이는 바람〉, 《마사코의 질문》, 125쪽

라면 책 속에 나와 있는 배경과 연결하도록 한다. 부모님이 계신 북간도(공간적 배경)에서 윤동주 시인이 죽은 시기(시간적 배경)나 시인이 그리워한 독립한 시기(시간적 배경)의 우리나라(공간적)도 적절하다.

2. 아이와 시비
어느 일요일입니다. 여섯 살배기 남자 아이가 대학교 교정 안에 있는 시비(시를 써 놓은 비석) 앞에 서서 소리 내어 시를 읽습니다.
"죽는 날까지 하늘을 우러러 한 점 부끄럼이 없기를, 잎새에 이는 바람에도 나는 괴로워했다. 별을 노래한 마음으로 모든 죽어 가는 것을 사랑해야지. 그리고 나에게 주어진 길을 걸어가야겠다.
아이는 방금 까만 돌 위에 내리닫이로 써 있는 시를 읽은 게 아주 대견합니다.[35]

〈잎새에 이는 바람〉에서는 대학교 교정이라는 공간적 배경과 최근 어느 일요일이라는 시간적 배경을 정했다. 공간적 배경과 시간적 배경이 많이 변했는데 학생들이 이런 방식으로 배경을 바꿀 경우 '몇 년 후'와 같이 불분명한 시간, 예상할 수 없는 공간으로 설정할 수 있다. 이렇게 되면 전혀 다른 이야기로 흘러갈 수 있다. 따라서 이야기가 급격하게 변화하지 않도록 교사가 최소한의 제한 조건을 줄 필요가 있다.

---

35. 〈잎새에 이는 바람〉, 《마사코의 질문》, 126쪽

사건은 학생들만의 생각을 표출할 수 있는 가장 열린 영역이다. 이야기가 끝났다는 말은 진행되던 사건이 종결되었음을 의미한다. 따라서 학생들로 하여금 이어질 사건을 창의적으로 선택하도록 한다. 자신이 선정한 사건을 위해서 이전의 이야기에 맞게 배경을 설정하고 그 안에서 등장인물의 성격을 잘 드러내도록 지도한다.

학생들이 쓴 뒷이야기를 문집처럼 엮거나 간단한 전시회를 개최하는 것도 좋다. 중요한 것은 학생들끼리 돌려 읽기를 통하여 다른 친구들의 이야기를 읽는 것이다. 돌려 읽기는 다른 친구들의 생각을 공유한다는 점, 각자 자신이 세운 기준에 맞는 이야기를 구성했는지 작품을 비평적으로 읽게 된다는 점, 이어질 이야기를 통해 흥미와 관심을 높일 수 있다는 점에서 장점이 있다.

이제는 깊이 읽기

발행일	2016년 2월 29일 초판 1쇄 발행
지은이	양효준
발행인	방득일
편 집	신윤철
디자인	강수경
마케팅	김지훈

발행처	맘에드림
주 소	서울시 중구 퇴계로48길 26(묵정동 31-2) 2층
전 화	02-2269-0425
팩 스	02-2269-0426
e-mail	nurio1@naver.com

ISBN 978-89-97206-40-7 03370

삶과 교육을 바꾸는
맘에드림 출판사 교육 도서

나는 혁신학교에 간다

경태영 지음 / 값 14,000원

공교육을 바꾸겠다는 거대한 희망을 품고 시작된 '혁신학교'. 이 책은 일곱 개 혁신학교의 이야기를 담고 있다. 지금 우리 교육이 변화하는 생생한 현장의 모습과 아이들이 꿈을 키우고 행복하게 공부하는 희망의 터로 새롭게 자리매김하는 학교들을 이 책에서 만날 수 있다.

혁신학교란 무엇인가

김성천 지음 / 값 15,000원

교육 공동체가 만들어내는 우리 시대 혁신학교 들여다보기. 혁신학교 전반에 관한 이야기를 다루고 있는 책으로, 공교육 안에서 혁신학교가 생기게 된 역사에서부터 혁신학교의 핵심 가치, 이론적 토대, 원리와 원칙, 성공적인 혁신학교의 모습을 보이고 있는 단위 학교의 모습까지 담아냈다.

학부모가 알아야 할 혁신학교의 모든 것

김성천, 오재길 지음 / 값 15,000원

학부모들을 위한 혁신학교 지침서!
'혁신학교에서는 무엇을, 어떻게 가르치고 있는지, 교사·학생·학부모는 어떻게 만나서 대화하고 관계를 맺어가는지, 어떤 교육 목표를 지향하고 있는지 등 이 책은 대한민국 학부모들의 궁금증에 친절하게 답을 한다.

덕양중학교 혁신학교 도전기

김삼진 외 지음 / 값 14,500원

이 책의 1부는 지난 4년 동안 덕양중학교가 시도한 혁신과 도전, 성장을 사실과 경험에 기반한 스토리텔링 방식의 성장기로 전개하고 있다. 그리고 2부는 지역사회와 협력하여 펼치고 있는 교육 프로그램, 배움의 공동체 수업 등을 현장 사례 중심의 교육적 에세이 형태로 담고 있다.

학교 바꾸기 그 후 12년

권새봄 외 지음 / 값 14,500원

MBC PD 수첩에 방영되어 화제가 되었던 남한산초등학교.
아이들이 모두 행복하고, 얼굴 표정이 밝은 아이들. 학교 가는 것
을 무엇보다 좋아하고, 방학을 싫어하는 아이들. 수업과 발표를
즐겼던 이 학교를 졸업한 아이들이 그 후 12년의 삶을 세상에 이
야기한다.

교사는 수업으로 성장한다

박현숙 지음 / 값 12,000원

그동안 교사는 수업에서 아이들을 만나지 못해왔다. 관계와
만남이 없는 성장의 결손을 낳았다. 그리하여 우리 아이들과
교사들은 모두 참 아프고 외로웠다. 이 책에서는 교사, 학생,
학부모, 지역사회가 공동체로서 서로 관계를 맺을 때에만 배움은
즐거운 활동으로서 모두가 성장하는 삶의 일부가 될 수 있음을
보여준다.

교사와 학부모가 함께 읽는 주제 통합 수업

김정안 외 지음 / 값 15,000원

'서울형 혁신학교'로 지정된 7개 혁신학교들이 지난 1~2년
동안 운영한 주제 중심 통합 교육 과정과 수업 사례를 소개한
책이다. 이 학교들의 교육과정은 전국적으로 이루어지는
혁신학교들의 성과를 반영하였고, 자신의 지역사회의 실제
환경과 경험을 살려 실제 수업에 적용한 것이다.

혁신교육 미래를 말한다

서용선 외 지음 / 값 14,000원

혁신교육은 2009년 이후 공교육 되살리기의 새로운 희망이
되어왔다. 이러한 정책을 입안하고 추진하는 데 기여해왔던
6명의 교사 출신 연구자들이 혁신교육 발전에 필요한 정책
과제들을 모아 하나의 책으로 제시한다. 이 책은 교육철학,
교육과정, 교육행정과 학교 운영(거버넌스) 등에서 주요
이슈들을 정리하고 혁신교육의 성과와 과제가 무엇인가를
보여준다.

수업을 살리는 교육과정

서우철 외 지음 / 값 16,500원

최근 교육과정을 재구성하는 논의가 활발한 가운데, 이 책에서는 개별 교과목과 교과서의 형식에 얽매이지 않고 아이들의 발달을 고려하여 주제를 중심으로 교육과정을 재구성하여 통합적으로 운영하는 방법과 구체적인 실천 사례를 설명하고 있다. 이러한 과정은 같은 학년을 맡고 있는 교사들의 토론과 협력을 통해서 이루어진 것임을 이야기한다.

수업 딜레마

이규철 지음 / 값 14,000원

이 책을 관통하는 키워드는 '사람'이다. 저자의 노하우를 전수하는 것이 아니라, 수업 속에서 딜레마에 맞닥뜨려 고통받고 있는 선생님들의 고민을 담고, 신념을 담고, 그것을 이겨내기 위한 한 분 한 분의 마음을 담고 있다. 이런 고민 속에 이 책을 집어 든 나를 귀하게 여기며 다시 한 번 교사로 잘 살아보고 싶은 도전을 하게 한다.

좋은 엄마가 스마트폰을 이긴다

깨끗한미디어를위한교사운동 지음 / 값 13,500원

스마트폰에 대한 아이들의 집착은 대단하다. 스마트폰은 '재미있고 편리하다.' 그러나 스마트폰 때문에 아이들은 시간을 빼앗기고, 건강이 나빠지고, 대화가 사라지며, 공부와 휴식, 수면마저 방해를 받는다. 이 책은 이러한 사례들을 생생하게 소개하고 부모들에게 아이들의 스마트폰 사용에 어떻게 대응해야 하는지 대안을 제시한다.

엄선생의 학급운영 레시피

엄은남 지음 / 값 14,000원

34년 경력의 현직 교사가 쓴 생동감 넘치는 학급운영 지침서. 초등학교에서 아이들은 문자와 숫자를 익히는 것보다 학교와 교실에서 낯설고 모험적인 사건을 겪으면서 더 많은 것을 배운다. 이 책은 초등학교에서 교과서 지식보다 더 중요한 역할을 하는 학교생활과 학급문화를 만드는 데 담임교사의 역할을 다룬다. 교사와 아이들이 서로 존중하고 신뢰하는 관계를 어떻게 만들어야 하는지 구체적인 경험과 사례로 설명해준다.

진짜 공부
김지수 외 지음 / 값 15,000원

혁신학교가 추구하는 '진짜 공부'와 '진짜 스펙'이 무엇인지
보여주는, 졸업생들의 생동감 넘치는 경험담. 12명의
졸업생들은 학교에서 탐방, 글쓰기, 독서, 발표, 토론, 연구,
동아리, 학생회 활동을 통해 자신들이 생각하지도 못한 진짜
공부를 경험했음을 보여준다. 이 책을 통해 수능시험이 아니라
정말로 청소년 스스로 하고 싶은 즐기면서 성장하는 것이 우리
사회에 필요한 것임을 새삼 느낄 수 있다.

수업 디자인
남경운, 서동석, 이경은 지음 / 값 15,000원

서울형 혁신학교의 대표적인 수업 혁신을 담은 이야기. 아이들이
서로 협력하면서 배우는 수업을 목표로 삼은 저자들은 범교과
수업모임을 통한 공동 수업설계를 대안으로 제시한다. 아이들은
교사의 설명을 통해 배우는 것이 아니라 서로 '옥신각신'하며
함께 문제에 도전할 때 수업에 몰입하고 배우게 된다. 이 책은
이러한 수업을 위해서 교사들이 교과를 넘어 어떻게 협력하고
수업을 연구해야 하는지 잘 보여준다.

아이들이 가진 생각의 힘
데보라 마이어 지음 / 정훈 옮김 / 값 15,000원

미국 공교육 개혁의 전설적 인물 데보라 마이어가 전하는 교육
개혁에 대한 경이롭고도 신선한 제언. 이 책은 학교 혁신의
생생한 기록을 통해 우리가 학교에서 무엇을 왜 가르치고 배워야
하는지에 대한 근원적인 성찰을 담고 있다. 아이들이 지성적으로
생각하는 마음의 습관을 배우는 것이 얼마나 중요하고 그것을
위해 학교가 무엇을 해야 하는지를 일깨워준다.

어! 교육과정? 아하! 교육과정 재구성!
박현숙 · 이경숙 지음 / 값 16,500원

교육과정 재구성을 고민하는 교사를 위한 현장 지침서. 이
책은 저자들이 학교 현장에서 교육과정 재구성이라는 화두를
고민하고, 실행한 사례들이 담겨져 있다. 책의 내용은 주제
통합 수업, 교과 통합 수업, 범교과 주제 학습, 교과 체험 학습,
프로젝트 수업 등 학교 현장에서 적용해 큰 성과를 본 것들을
세밀하게 소개하면서 교육과정 재구성 작업의 노하우를 펼쳐
보인다.

행복한 나는 혁신학교 학부모입니다

서울형혁신학교학부모네트워크 지음 / 값 16,000원

이 책은 학부모가 자신의 눈높이에서 일러주는 아이들의 혁신학교 적응기일 뿐 아니라, 학부모 역시 학교를 통해 자신의 삶을 고양시켜가는 부모 성장기라는 점에서 대한민국의 모든 학부모에게 건네는 희망 보고서이기도 하다. 혁신학교가 궁금한 학부모들이 이 책을 통해 혁신학교 학부모로서의 체험을 미리 하는 데 부족함이 없을 것이다.

일반고 리모델링 혁신고가 정답이다

김인호, 오안근 지음 / 값 15,000원

교육 환경이 열악한 지역에 있던, 서울의 한 일반계 고등학교가 혁신학교로서 4년간 도전과 변화를 겪으면서 쌓은 진로, 진학의 비결을 우리 사회 모든 학생, 학부모, 교사, 시민 등에게 낱낱이 소개해주는 책. 이 책은 무엇보다 '혁신학교는 대학 입시에 도움이 안 된다.'는 세간의 편견을 말끔히 떨어 없앤다. 이 책에서 저자들은 '결과' 중심 교육과정을 '과정' 중심으로 바꾸고, 교내 대회와 동아리 활동, 봉사 활동을 장려함으로써 대학 진학이란 놀라운 결과가 어떻게 이루어질 수 있었는지 보여주고 있다.

우리가 신뢰하는 학교, 어떻게 만들 것인가?

데보라 마이어 지음 / 서용선 옮김 / 값 15,000원

이 책의 저자인 데보라 마이어는 보수와 진보를 막론하고 미국 공교육 개혁 분야에서 가장 신뢰받는 실천가이자 이론가로 평가받는다. 학교 안에서 '신뢰의 붕괴'를 오늘날 공교육이 직면한 가장 큰 도전으로 인식한다. 이 책의 원제 'In Schools We Trust'에서 나타나듯, 저자는 신뢰할 수 있는 공교육의 조건이 무엇인지 자신의 경험 속에서 제안하고, 탐색하고, 성찰한다.

교사, 어떻게 살아야 하는가

김성천 외 지음 / 값 15,000원

오랫동안 교육 현장에서 교육과 연구를 병행해온 저자 5인이 쓴 '신규 교사를 위한 이 시대의 교사론'. 이 책은 학교 구성원과의 관계 맺기부터 학교 현장에서 맞닥뜨리게 되는 여러 가지 문제들과 극복 방법, 교육 개혁에 어떻게 주체로 설 수 있는지, 어떤 과정을 통해 개인의 성장을 도모해야 하는지 등 신규 교사의 궁금점에 대해 두루 답하고 있다.

리셋, 교육과정 재구성
서울신은초등학교 교육과정 연구회 모임 지음 / 값 16,000원

서울형 혁신학교인 서울신은초등학교 교사들이 1학년부터 6학년까지 모든 학년의 교육과정을 재구성하고 실천한 경험을 모두 담았다. 이 책에 소개된 혁신학교 4년의 경험은 진정한 학습이란 몸과 마음을 통해 경험함으로써, 생각이나 감정을 다른 사람과 주고받음으로써, 과거 경험을 새로운 지식으로 다시 생각함으로써 실현된다는 점을 잘 보여주고 있다.

다섯 빛깔 교육이야기
이상님 지음 / 값 16,000원

충북 혁신학교(행복씨앗학교)인 청주 동화초등학교의 동화 작가 출신 선생님이 아이들과 함께 보낸 한해살이 이야기다. 이오덕 선생의 "아이들의 삶을 가꾸는 교육"을 고민하던 저자가 동화초 아이들을 만나면서 초등학생의 특성에 맞도록 활동 중심의 교육과정을 재구성하는 한편, 표현 위주의 교육을 위한 생활 글쓰기 교육을 실천하면서, 학교 교육을 아이들의 놀이와 생활, 삶과 연결시키고자 노력한 교단 일지를 바탕으로 구성되었다.

만들자, 학교협동조합
박주희 · 주수원 지음 / 값 14,500원

이 책은 학교협동조합이 무엇인지, 어떤 유형의 학교협동조합이 가능한지, 전국적으로 현재 학교협동조합의 추진 상황은 어떠한지 국내외 사례를 통해 소개하고 안내하는 한편, 학교협동조합을 운영하는 원리와 구체적인 교육방법을 상세하게 풀어놓고 있다. 저자들의 실천적 지침들을 따라가다 보면 학교협동조합은 더 이상 상상이 아니라 학교 구성원의 필요와 의지, 실천으로 극복할 수 있는 실현 가능한 미래라는 점을 알게 된다.

땀샘 최진수의 초등 수업 백과
최진수 지음 / 값 21,000원

초등학교에서 20여 년간 아이들을 가르쳐온 저자가 초등학교 수업에 대해서 기록하고 연구하고 실천하며 쌓아온 경험을 바탕으로 초등학생들과 수업을 함께하는 방법을 담고 있다. 아이들의 학습 동기, 아이들이 수업에 참여하는 방법, 칠판과 공책을 사용하는 방법, 모둠 활동, 교과별 수업, 조사와 발표 등 초등학교 교사가 아이들을 가르칠 때 알아야 할 가장 기본적이면서도 가장 중요한 모든 것을 다루고 있다.

혁신 교육 내비게이터 곽노현입니다

곽노현 편저 · 해제 / 값 17,000원

서울시 18대 교육감이자 첫 번째 진보 교육감으로서 혁신 교육을 펼쳤던, 곽노현은 우리 사회 전반을 아우르는 주요 교육 현안들을 이 책에서 포괄적으로 다루고 있다. 2014년 3월부터 1년간 방송된 교육 전문 팟캐스트 '나비 프로젝트' 인터뷰에 출연한 전문가들과 나눈 대화와 그에 대한 성찰적 후기를 담고 있다. 이 책은 그야말로 우리가 '지금 알아야 할 최소한의 교육 이야기'를 포괄하고 있다.

무엇이 학교 혁신을 지속가능하게 하는가

권성호, 김현철, 유병규 정진헌, 정훈 지음 / 값 14,500원

독일 '괴팅겐 통합학교', 미국 '센트럴파크이스트 중등학교', 한국 혁신학교의 사례들을 통해 성공적인 학교 혁신의 공통점을 찾아내고 그것을 지속가능하도록 만들기 위해서 필요한 것은 무엇인지를 보여준다. 독자들은 이 책에서 괴팅겐 통합학교의 볼프강 교장이 말한 것처럼 "좋은 학교"를 만들기 위한 학교 혁신에 세계적으로 보편적이라고 할 만한 공통점을 찾을 수 있다.

교과를 꽃 피게하는 독서 수업

시흥 혁신교육지구 중등 독서교육 연구회 지음 / 값 16,500원

이 책은 지난 5년 동안 진행된 혁신교육지구 사업의 일환으로 학교에서 고군분투하며 독서교육을 이끌어왔던 독서지도사들이 실천 경험을 엮어낸 것으로 청소년기 학생들에게 장래 진로, 사랑, 우정, 삶의 지혜를 찾는 데 도움을 주는 독서교육을 잘 보여주고 있다. 특히 이 책에 소개된 국어, 수학, 과학, 사회, 도덕, 미술, 역사 등 다양한 교과와 연계한 협력수업은 독서교육의 새로운 전망을 보여주는 결실이다.

혁신학교의 거의 모든 것

김성천, 서용선, 홍섭근 지음 / 값 15,000원

저자들은 이 책에서 혁신학교에 대한 100가지 질문에 답하면서 혁신학교의 역사, 배경, 현황, 평가와 전망을 구체적인 증거를 통해 설명하고 있다. 이 책에 서술된 혁신학교에 관한 100문 100답을 통하여 우리 사회에 필요한 교육은 무엇인지, 교사와 학생들이 더 즐겁게 가르치고 배우면서 성장할 수 있는 교육을 위해 필요한 것이 무엇인지, 그것을 위해서 우리 사회 시민 각자가 자신의 위치에서 무엇을 하면 좋은가를 더 깊이 생각해볼 기회를 얻을 것이다.

교실 속 비주얼씽킹

김해동 / 값 14,500원

이 책은 비주얼씽킹 기본기부터 시작하여 교과별 수업, 생활교육, 학급운영 등에 비주얼씽킹을 응용하는 방법을 설명하고 있다. 특히 교사들이 초등학교 1학년부터 고등학교 3학년까지 국어, 수학, 영어, 과학, 사회 등 모든 교과 수업에 비주얼씽킹을 활용할 수 있도록 수업 지도안을 상세하면서도 간결하게 제시하고 있다. 또한 독자들이 책 내용에 대해 더욱 풍부한 이미지와 자료를 접할 수 있도록 저자의 블로그로 연결되는 QR코드를 담고 있다.

교육과정-수업-평가 어떻게 혁신할 것인가

이형빈 지음 / 값 15,500원

이 책은 교육과정 사회학자 번스타인(Basil Bernstein)이 제시한 '재맥락화(recontextualized)'의 관점에 따라 저자가 장기간에 걸쳐 일반 학교 한 곳과 혁신학교 두 곳의 수업을 현장에서 면밀하게 관찰하고 심층 인터뷰와 설문조사를 통한 연구를 바탕으로 무기력과 불평등을 재생산하는 교실을 민주적이고 평등한 구조로 바꾸기 위해 교육과정-수업-평가를 어떻게 혁신해야 하는지 제안하는 내용을 담고 있다.

혁신학교 효과

한희정 지음 / 값 15,000원

이 책에서 혁신학교 효과를 살펴보기 위해서 저자는 혁신학교가 OECD DeSeCo 프로젝트에 제시된 '핵심 역량'을 가르치고 있는지, 학생·학부모·교사가 서로 배우는 교육 공동체를 이루고 있는지, 학생의 발달을 위한 다양한 교육과정을 운영하고 있는지, 교사의 자율성과 전문성을 강화하고 있는지, 자치적이고 민주적인 학교문화를 가지고 있는지, 지역사회와 협력하고 있는지를 다른 일반 학교와 비교하여 설명한다.

교실 속 생태 환경 이야기

김광철 지음 / 값 15,000원

아이들이 자연과 친해지고 즐길 수 있도록 교육하는 것은 쉬운 일이 아니다. 특히 도시 지역에서는 더욱 어렵다. 그래서 이 책은 도시 지역 학교에서도 쉽게 실천에 옮길 수 있는 다양한 생태·환경교육을 폭넓게 다루고 있다. 이 책에서 저자는 계절에 따라 할 수 있는 20가지 환경교육 프로그램을 제시하고, 그 방법, 순서, 재료 등을 상세히 설명해준다

독자 여러분의 소중한 원고를 기다립니다

맘에드림 출판사는 독자 여러분의 소중한 원고를 기다리고
있습니다. 원고가 있으신 분은 nurio1@naver.com으로
원고의 간단한 소개와 연락처를 보내주시면 빠른 시간에
검토하여 연락을 드리겠습니다.